Chi Huang mit Irwin Tang
DER SLUMDOC

Chi Huang mit Irwin Tang

DER SLUMDOG

francke

Über den Autor:
Dr. Chi Huang arbeitete als Dozent für Kinderheilkunde, medizinischer Direktor der Pädiatrie und Facharzt für Innere Medizin am *Bosten Medical Center*. Heute ist er Vorstandsmitglied des *Lahey Hospital Medical Center* sowie Leiter der medizinischen Abteilung und Professor an der *Tufts Medical School*. Seit 15 Jahren setzt er sich für Straßenkinder ein. Er ist Gründer der gemeinnützigen Organisation *Kaya Children International* (www.kayachildren.org). Zusammen mit seiner Frau Kristin hat er 3 Töchter.

Bibliografische Information Der Deutschen Bibliothek
Die Deutsche Bibliothek verzeichnet diese Publikation in der Deutschen Nationalbibliografie; detaillierte bibliografische Daten sind im Internet über http://dnb.ddb.de abrufbar.

ISBN 978-3-86827-372-4
Alle Rechte vorbehalten
When Invisible Children Sing, German
Copyright © 2006 by Chi Cheng Huang
German edition © 2013 by Verlag der Francke-Buchhandlung GmbH,
35037 Marburg an der Lahn
with permission of Tyndale House Publishers, Inc. All rights reserved
Deutsch von Thomas Weißenborn
Umschlagbild: © iStockphoto.com / Christian Martínez Kempin
Umschlaggestaltung: Verlag der Francke-Buchhandlung GmbH /
Sven Gerhardt
Satz: Verlag der Francke-Buchhandlung GmbH
Druck & Bindung: CPI Moravia Books, Korneuburg

www.francke-buch.de

INHALTSVERZEICHNIS

Widmung

Dieses Buch ist Georg und Deb Veth gewidmet, die es mir in schwierigen Zeiten möglich gemacht haben, meinen Träumen zu folgen und mich um unsere Kinder zu kümmern, meiner Schwester (Mingfang Huang) und den Millionen von Straßenkindern weltweit.

EINFÜHRUNG

Wütend. Das ist sicher nicht das beste Wort, um einen zukünftigen Arzt zu charakterisieren oder irgendjemand anderen, der sich gern um Straßenkinder kümmern würde. Doch wütend beschreibt am besten, wie ich mich als Kind gefühlt habe. Wenn ich mit meinen kindlichen Augen einen Blick auf das Schwarz-weiß der Welt warf, wurde ich wütend und war verwirrt über Ungerechtigkeiten wie Armut und Hunger. Ich war auch wütend darüber, beim Basketball zu den Verlierern zu gehören. Ich war wütend, weil man mir in einem englischen Grammatiktest ungerechterweise drei Punkte abgezogen hatte. Ich war wütend, weil meine kleine Schwester mehr und bessere Geschenke bekam als ich. In seiner liebevollen Art nannte mein Vater meine Wut eine „Laune". Wenn meine Mutter diese Laune mitbekam, rollte sie mit den Augen, schüttelte den Kopf, warf ihn in den Nacken und lachte.

Weihnachten 1987. Der Tag, an dem sich mein Leben veränderte. Der Tag, an dem ich anfing, alles, was ich bisher gedacht hatte, infrage zu stellen. Warum lebte ich, wo doch so viele andere starben – an Krebs, AIDS, Tuberkulose, Krieg und Hunger? Warum war ich im amerikanischen Bundesstaat South Carolina zur Welt gekommen und nicht in irgendeinem Entwicklungsland, wo man von weniger als einem Dollar pro Tag leben musste? Warum hatte ich zwei liebevolle Eltern statt bösartigen, die mich jeden Abend misshandelten? Warum sorgte man dafür, dass ich eine gute Ausbildung bekam, und ließ nicht einfach nur die Jahre verstreichen? War das Glück? Schicksal?

Der Sinn des Lebens. Als Agnostiker hatte ich davon offiziell keine Ahnung, ich hinterfragte alles und war ständig auf der Suche. An der *Texas A&M University* hatte ich den Existentialismus kennengelernt, der ungefähr Folgendes behauptet: Wir alle sind wie Ameisen, die herumkrabbeln und alles Mögliche tun. Oder auch einfach gar nichts. Das machte irgendwie Sinn in einer Welt, die anscheinend keinen Sinn machte.

Weil ich in North Carolina und Texas aufwuchs, hatte ich aber auch das Wort *Jesus* schon oft gehört, sowohl in Gebeten wie auch in Flüchen. Teilweise gezwungenermaßen, teilweise aus einem Schuldgefühl heraus bin ich gelegentlich mit einem christlichen Freund in den Gottesdienst gegangen, doch meistens habe ich mich davor gedrückt. Den Großteil dessen, was sie einem in der Kirche erzählten, hielt ich für einen Haufen Lügen. Schließlich hatte ich einige dieser Christen beobachtet und gesehen, wie sie ihre Woche zwischen Montag und Samstag zugebracht haben.

Trotzdem schlug ich aus lauter Verzweiflung eines Tages die Bibel auf, weil ich nach einer Antwort auf das Chaos und die Sinnlosigkeit um mich herum suchte. Als ich die Prophetien des Alten Testaments mit den Ereignissen um Jesus verglich, stellte ich mir dieselben Fragen wie Jahre zuvor Josh McDowell: Wer war dieser Jesus? War er ein Lügner, der den Trick drauf hatte, wie man Wunder macht? War er ein Wahnsinniger, der sich und anderen suggerieren konnte, dass er der Sohn Gottes sei? Oder ist Jesus der Messias, der Sohn Gottes, so wie ihn das Alte Testament prophezeit hatte?

Nach drei Jahren sorgfältigen Studiums und trotz heftiger äußerer und innerer Widerstände war ich an einem Punkt angelangt, an dem mich alles Forschen und Grübeln dem Glauben nicht näher brachte. Ich stand an der Bruchkante eines Abgrunds und mein *Verstand* hatte die Beweise dafür akzeptiert, dass Gott und Christus tatsächlich existierten, aber mein *Herz* war Lichtjahre weit weg. Ich warf einen Blick in den Abgrund und machte den sprichwörtlichen Glaubensschritt, in der Hoffnung, damit irgendwie auf der anderen Seite anzukommen. Es funktionierte und mein Herz öffnete sich nach und nach dem sanften Werben Gottes in der Bibel. Ich wurde Christ. Zwar habe ich auch heute noch ein paar Fragen, die ich Gott im Himmel einmal stellen muss, dennoch half mir mein Glaube, in dieser verrückten Welt einen Sinn zu finden. Er machte es mir möglich, Struktur in meine diffuse Mitmenschlichkeit zu bringen. Schließlich verwandelte sich einiges von meiner Wut in Leidenschaft.

Zunächst wollte ich Politiker werden. Als Collegestudent schloss ich mich einer Friedensmission der Quäker an, die den ersten Balkankrieg beenden wollte. In Belgrad angekommen sah mich ein Flüchtlingsmädchen mit Namen Nadia mit großen nussbraunen Augen an und fragte: „Wo ist mein Vater?" Vielleicht war er tot. Vielleicht brachte er gerade andere um. „Ich weiß es nicht", sagte ich. „Ich weiß es nicht."

„Warum bringst du Kroaten um?", fragte ich einen achtzehnjährigen serbischen Soldaten namens Thomas. „Chi, wenn ich nicht auf den Panzer schieße, dann ist da gleich ein Gewehr direkt hinter meinem Kopf, das mich umlegen wird. Es ist nicht schwer, jemanden umzubringen. Was schwerfällt, ist der Gedanke, dass mein bester Freund, ein Kroate, auf der anderen Seite ist und mich umbringen will."

Im zerfallenden Jugoslawien habe ich meinen Wunsch begraben, Politiker zu werden. Diese Leute sind es gewöhnt, im luftleeren Raum endlose Debatten zu führen, ich aber war zu ungeduldig, zu leidenschaftlich, zu schnell bereit, meine ehrliche Wut herauszulassen, um einer von ihnen zu werden.

Also bewarb ich mich an der medizinischen Fakultät der *Harvard University*. Als ich das Schreiben bekam, wonach ich aufgenommen sei, starrte ich es zunächst einmal perplex an, dann packte ich meine Koffer und zog mit schlotternden Knien nach Norden über die Mason-Dixon-Linie, die einst Nord- und Südstaaten voneinander getrennt hatte.

Beim Medizinstudium fiel es mir schwer, mit einem Kommilitonen Schritt zu halten. Während sie zwei Tage für einen Test lernten, brauchte ich eine ganze Woche dazu. Dabei hatte ich sehr gute Lehrer und praktizierte in großartigen Krankenhäusern. Nach vier Jahren brauchte ich nur noch ein paar Scheine und hätte meine Karriere als Arzt beginnen können. Soll man es einen unglücklichen Zufall nennen, dass ich in diesen Tagen noch einmal den Aufsatz las, mit dem ich bei meiner Bewerbung die Gründe für mein Interesse an der Medizin dargelegt hatte? War das wirklich ich, der diese Worte geschrieben hatte? Mein Gesicht brannte, so peinlich war es mir, während ich noch einmal die Worte flüsterte: *Die Welt retten? Ein Heilmittel für Krebs?* Hatte ich das damals wirklich geglaubt? *Heuchler.*

Nennen Sie es jugendlichen Übermut, wenn Sie nett sein möchten, aber ich wollte wirklich die Welt ändern. Und nach vier Jahren Medizinstudium voller Leidenschaft und mit Hunderten von Stunden harter Arbeit auf dem Buckel hatte ich die Welt noch keinen Deut geändert. Ich fürchtete eher, dass die Welt *mich* verändert, *mich* weicher gemacht, *mich* eingekauft hatte. Ich entschied mich, mein Examen zu verschieben, und bat *Harvard* um ein Sabbatjahr, das mir erlaubt wurde. Mein Vater hatte Angst, dass ich der medizinischen Fakultät, bei der ich mit hunderttausend Dollar in der Kreide stand, den Rücken kehren und mich den Jesuiten anschließen könnte. Als ich das meiner Mutter erzählte, rollte sie mit den Augen, schüttelte den Kopf, warf ihn in den Nacken und lachte.

Während der ersten sechs Monate meines Sabbatjahres studierte ich das Alte und Neue Testament Seite für Seite, was schwierig und herausfordernd für mich war. Als Mensch der Tat wurde ich langsam kribbelig, da ich ja eigentlich nur helfen wollte. Dabei wusste ich gar nicht wirklich, was *helfen* bedeutete, sich *kümmern*, sich um etwas *sorgen* – ich wusste nur, dass ich genau das tun wollte. Mir war auch noch etwas anderes klar, etwas, was ich seit meiner frühesten Kindheit wusste: Ich wollte mit den ärmsten und ausgestoßensten Kindern arbeiten. Ich wollte unterernährte Kinder behandeln, im Dschungel leben und ihre Krankheiten heilen. Ich wollte mich um Kinder mit AIDS kümmern. Ich wollte Straßenkinder behandeln, die, na ja, eben auf der Straße lebten.

Also stopfte ich Dutzende von Briefen in den Postkasten:

> *Sehr geehrte Organisation X,*
> *ich bin ein Medizinstudent der Harvard Universität im achten Semester und suche eine Möglichkeit, bis zu sechs Monate lang irgendwo zu helfen ... Ich wäre überglücklich, wenn es bei Ihnen eine offene Stelle für ehrenamtliche Arbeit gäbe.*
> *Hochachtungsvoll,*
> *Chi Huang*

Eine Handvoll Organisationen antwortete und eine von ihnen entsprach genau meinen Vorstellungen. *Scott Womack*, der Pastor der *Iglesia de la Comunidad*, lud mich ein, in einem armen lateinamerikanischen Land namens Bolivien mit Straßenkindern zu arbeiten. Genauso wie ich bei meiner Bewerbung in *Harvard* nicht wusste, dass das in Boston war, wusste ich nun gerade einmal, dass Bolivien südlich von Boston lag.

Ebenso wenig wusste ich über Straßenkinder, außer, dass es Minderjährige waren, die auf der Straße lebten. Ich hatte *Oliver Twist* von *Charles Dickens* gelesen oder vielleicht auch nur den Film gesehen. War nicht *Oliver Twist* ein Straßenkind gewesen? 1997 gab es nur sehr wenige Bücher über diese Randgruppe und ich sah keinen Sinn darin, sie mir alle zu besorgen. War ich nicht *Arzt* – wenigstens beinahe – und das waren *Kinder*? Dafür sollte doch wohl mein Fachwissen und mein Stethoskop ausreichen.

Als der Abflugtermin nach La Paz näher rückte, bekam ich es mit der Angst zu tun. Trugen diese Straßenkinder vielleicht Messer mit sich herum? Schnupften sie Kokain? Würden sie mich akzeptieren oder umbringen? Wie sollte ich überhaupt Kontakt zu ihnen aufnehmen? Gab es da so etwas wie eine Bude mit einem Schild daran: „Kommen Sie, staunen Sie, sehen Sie Straßenkinder – fünf Cent das Stück"?

Was könnte ich in ihrem Leben bewirken? Ich war kein Sozialarbeiter, kein Psychologe, Lehrer oder Pfarrer – noch nicht einmal ein fertig ausgebildeter Arzt. Nur ein Mitte zwanzigjähriger, wohlbehüteter, idealistischer Medizinstudent, der keinen Schimmer hatte, was er konkret tun sollte, und ein Flugticket nach La Paz besaß.

Viele Autoren demonstrieren ihr Wissen gerne, indem sie in den Vorworten zu ihren Büchern Statistiken aufführen über die Leute, die sie beschreiben. Ich wusste nur eins, als ich damals in La Paz aus dem Flugzeug stieg: *nichts*. Diese Einführung in die Welt der Straßenkinder muss also ohne Zahlen und Hintergrundinfos auskommen.

Eins jedoch kann ich mit Sicherheit festhalten: Nach einem Jahr Bolivien saß ich auf den kalten Zementblöcken in der Innenstadt von La Paz und fragte mich, was ich im Leben all der Straßenkinder um mich herum verändert hatte. Also stellte ich diese Frage einer jugendlichen Prostituierten: „Was möchtest du von mir?"

Sie wollte kein Geld, keine Drogen, keine anderen Seelentröster dieser Art.

Sie meinte, sie möchte, dass ich in ihrem Leben bleibe.

Sie bat mich, den obdachlosen Kindern ein Zuhause zu bauen.

Sie bat mich, anderen von ihrem Leben und dem Leben anderer Kinder auf der Straße zu erzählen.

Dieses Buch soll das letzte der drei Versprechen einlösen, auch wenn seitdem schon zehn Jahre vergangen sind. Ich versuche, fünf Straßenkinder zu porträtieren – *Mercedes, Gabriel, Daniela, Vickie* und *Rosa* – und zwar so unvoreingenommen wie möglich. Es sind richtige Kinder, die in einer sehr rauen Umgebung aufwachsen. Deshalb ist auch ihre

Ausdrucksweise oft rau. So oft wie möglich übernehme ich ihre Worte, weil ich ein authentisches Bild ihres Lebens zeichnen möchte. Über mich selbst schreibe ich eher weniger, von Natur aus rede ich nicht gern über mein Privatleben. Stattdessen versuche ich, mein Leben und meinen Veränderungsprozess zu beschreiben. Damit Sie die Kinder durch meine Augen sehen lernen, lasse ich auch die negativen Seiten nicht aus – wahrscheinlich zum Ärger meiner Eltern. In den letzten zehn Jahren haben die Straßenkinder mich verändert und ich sie. Letztlich soll das hier ihre Geschichte sein und nicht meine. Ich leihe Ihnen, liebe Leser, nur meine Brille, damit Sie die Kinder *sehen* können.

1. WIR HABEN AUF DICH GEWARTET

12:00 Uhr, 1. August 1997
Plaza San Francisco, Innenstadt von La Paz, Bolivien

Ein Kind. Die Hände des Jungen fallen als Erstes auf, bilden so etwas wie eine Schale, so als würde er Wasser schöpfen wollen – aber sie sind leer. Seine Augen beobachten jede meiner Bewegungen. Sein Blick ist glasig – zu wenig Schlaf, zu viele schnelle Rückzüge in die Kanalisation um 3 Uhr morgens, zu viele schmerzhafte Zuckungen, weil er vergessen will. Er hat alles gesehen, selbst die Augen derer, die geradewegs durch ihn hindurchblicken. Er ist unsichtbar.

Ich greife in meine Tasche und suche nach dem kleinen Metallstück, das ihn etwas sichtbarer macht. Diese Metallstücke sind beinahe magisch, jedenfalls wirken sie so. Der Junge starrt mich an und wartet. Er spricht nur ein gebrochenes Spanisch. Er ist Aymaraner – in ihm pulsiert das Blut der Ureinwohner der Anden. Ich fingere an dem Metallstück herum. Es fällt auf den Boden.

Die Straße. Das ist seine Arbeitsstelle, sein Bett, sein Tisch, sein Teller, sein Familiensilber. Das ist sein Zuhause, Mutter Straße. Ich hebe das Metallstück auf und lege es in seine gekrümmten Hände. Jetzt sind sie nicht mehr leer. Jetzt ist er nicht mehr so unsichtbar.

Geld. Das Metallstück ist hier als *Boliviano* bekannt. Es ist die Währung von Bolivien, eines von ihnen ist ungefähr zwanzig amerikanische Cent wert.

Alle lieben Kinder, jedenfalls solange sie zu jemandem gehören. Wenn sie sich auf der Straße herumtreiben, werden sie nur noch von wenigen geschätzt. Und die Kinder wissen das. Diese gekrümmten Hände betteln nie um Liebe. Sie wollen Geld.

Ich bücke mich und frage ihn nach seinem Namen. Er sieht mir ins Gesicht. Er weiß, dass ich neu bin in La Paz. Er weiß, dass ich heute zum ersten Mal in diesen Straßen unterwegs bin. Er weiß, dass er mir sehr leicht Geld aus der Tasche ziehen kann. Aber er weiß nicht, was ich jetzt von ihm will. Die meisten Leute lassen ihm eine Münze in die Hand fallen und gehen weiter, verschwinden in ihre eigene Bedeutungslosigkeit auf diesen Straßen.

Der Junge sieht mir direkt in die Augen und geht weg.

* * *

Der Hügel ist steil und mit Kopfsteinpflaster bedeckt. Die Steine bohren sich in meine Sohlen, während ich mich vornüberbeuge und hastig hinaufeile, wie ich das normalerweise tue, um so schnell wie möglich zum Waisenhaus für Mädchen oben auf dem Hügel zu gelangen.

Als ich schließlich an der Pforte des *Yassela*-Hauses für Straßenmädchen angekommen bin, stemme ich die Arme in die Seiten und bin kurz davor, mich zu übergeben. Ein kleines Mädchen rennt vorbei und kichert. Manche Bergsteiger tragen schon in dreitausend Metern Höhe Sauerstoffmasken. Paceños – die Einwohner von La Paz – verbringen ihr ganzes Leben oberhalb von viertausend Metern.

Ich werfe einen Blick auf die schneebedeckten, zerklüfteten Gipfel der Anden. Jedes Jahr wälzen sich Unmengen von Schlamm diese Berge hinunter, machen den Boden des Altiplano fruchtbar, jener rund achthundert Kilometer breiten Hochebene, auf der La Paz liegt. Die Berge schützen die rund zwei Millionen Paceños nur unzureichend vor den eisigen Winden, die durch den Altiplano fegen. Hier kann es nachts furchtbar kalt werden.

Völlig außer Puste beuge ich mich vor, um vor der Pforte des Waisenhauses zu Atem zu kommen. Ein kleiner Augapfel starrt durch ein niedriges Guckloch und studiert mein Gesicht. Das Guckloch wird zugeschoben, man hört Füße, die sich trappelnd entfernen, und eine schrille Mädchenstimme, die ruft: „Ein komischer Chinese! Es ist ein komischer Chinese!" Die Tür wird weit geöffnet und erlaubt den Blick auf eine *Mestizin* mittleren Alters, die ihre Hände vor einer über und über bekleckerten Schürze gefaltet hat. „Dr. *Chi*", sagt sie. „Sie sind ja schon da. Ich bin Señora *Lola*."

Señora *Lola* führt mich die Treppe hinunter in einen gemütlichen Versammlungsraum, wo Mädchen zwischen drei und sechzehn Jahren schweigend in Dreier- und Vierergruppen zusammensitzen und stricken. Ich stelle mich in die Mitte des Raumes. „Hallo, mein Name ist *Chi*. Ich werde in den nächsten sechs Monaten der Arzt in diesem Waisenhaus sein." Die Mädchen blicken kurz zu mir hinauf, dann stricken sie weiter.

Nur ein kleines Mädchen starrt mich mit ihren blinzelnden, glänzenden Augen an. Ihre makellose Schokoladenhaut hebt sich wunderschön von ihrem einfachen rosa Kleidchen ab, das sie sich bis über die Nasenspitze hochgezogen hat. Sie lässt es nur langsam sinken, ganz langsam, und dann macht sie einen vorsichtigen Schritt auf mich zu. „Willst du mein Zimmer sehen?"

Ich lege meine Finger in ihre Hand. „Sicher. Wie heißt du?"

„*Sara*."

„Ich bin *Chi*", sage ich.

„*Chinito*", sagt sie. Chinese.

„Ehrlich gesagt", antworte ich, „heiße ich einfach nur *Chi. Chi Huang*."

Señora *Lola* und ich folgen ihr in ihr Zimmer. Ein schimmeliger Geruch erfüllt die Luft. Poster mit Teenie-Stars verschönern die blassrosa gestrichenen Wände. *Sara* hüpft auf ihr Bett. Sie holt eine verschlissene Puppe unter der Decke hervor, deren Kopf nur durch eine Sicherheitsnadel am Körper gehalten wird. Die Puppe hat nur noch ein schwarzes Plastikauge, von dem anderen ist nur der Abdruck geblieben.

„Das ist *Isabel*", stellt *Sara* sie mir vor.

Ich knie mich hin, sodass ich mit der Puppe auf Augenhöhe bin. „*Isabel*, wie lange bist du schon hier?"

„Sehr lange", sagt *Sara*.

„Gefällt es dir hier, *Isabel*?"

„Manchmal."

„Manchmal?"

„Ich vermisse meine Mama."

„Wo ist denn deine Mama?"

„In El Alto."

„Wo ist El Alto?"

„Es ist ganz oben, in den Bergen. Es ist weit, weit weg. Und es ist sehr, sehr arm."

„Warum bist du hier, *Isabel*?"

„Weil Mama nicht genug Geld hat. Wir können nicht bei ihr leben."

„Siehst du deine Mama ab und zu?"

„Ja. Sie kommt uns jede Woche besuchen."

Saras Schultern sacken nach unten, ihr Blick wirkt abwesend.

„Zeigst du mir auch den Rest des Hauses?", frage ich sie. *Saras* Gesicht hellt sich wieder auf, dann springt sie vom Bett herunter und rennt aus dem Zimmer. Wir gehen über den betonierten Innenhof, wo mich eine Schwester am Arm festhält.

Schwester *Olivia* ist eine große, starke Frau. Mit ihrer rosigen Haut und dem streng zu einem Knoten zusammengebundenen silbernen Haar sieht sie aus wie eine spanische Gräfin. „*Chi*", sagt sie. „Ich weiß, dass heute Ihr erster Tag hier ist, aber Sie müssen einen Blick auf den Arm eines Mädchens werfen." Sie hebt ihre Augenbrauen und sieht mir direkt in die Augen. „Ihr Name ist *Mercedes*."

In dem Schlafraum stehen sechs Stockbetten. *Mercedes* – sie ist ungefähr fünfzehn Jahre alt – sitzt auf ihrem Bett, das zu den unteren gehört und ordentlich gemacht ist. Ihre Haare sehen aus wie ein Vogelnest, unter dem ein Gesicht hervorscheint. Ihre Kleidung hängt lose über ihren dünnen Gliedmaßen, ihr ausgebleichtes Sweatshirt ist schon viel zu oft geschrubbt worden. Ihre Haut schimmert dunkeloliv; ihre braunen Augen werden von einem dunklen Make-up eingerahmt. Sie blickt nach unten und in die Ferne, ist ganz in einen Bettpfosten vertieft.

„Ich heiße *Chi*", sage ich, während ich mich auf das Bett neben dem ihren setze. „Ich bin der neue Arzt in diesem Waisenhaus. Wie heißt du?", frage ich. Sie studiert weiterhin sehr eingehend den Bettpfosten. Eine einsame Glühlampe an der Zimmerdecke taucht alles in ein grelles Licht. „Señora Olivia möchte, dass ich mir deinen Arm einmal anschaue."

Keine Reaktion.

„Kann ich ihn mir nur kurz ansehen?", frage ich freundlich.

„Nein", sagt sie.

„Warum erzählst du mir nicht einfach, wie er aussieht, wenn du ihn mir schon nicht zeigen willst? Ist er rot? Blutet er irgendwo?

„Nein."

„Was ist dann geschehen?"

„Ich habe einen Schnitt."

„Wann ist das passiert?"

„Gestern Nacht."

„Wie ist der Schnitt in deinen Arm gekommen?"

„Ich habe mich geschnitten", sagt sie.

„Womit?"

„Mit einer Gilette", sagt sie. Mit einer Rasierklinge.

Ich versuche meinen Atem unter Kontrolle zu bekommen. „Warum?"

„Weil ich es wollte."

„Warst du böse auf dich selbst? Warst du traurig?"

„Nein, es hat mir einfach nur Spaß gemacht." Sie tut alles, um mich nicht ansehen zu müssen. „Es fühlt sich gut an. Ich mag es, mich zu schneiden", sagt sie.

Ich fühle, wie sich mein Magen herumdreht. „Tut das nicht weh?"

„Es tut erst hinterher weh", sagt sie. Aus ihrem Bekenntnis sind kein Stolz herauszuhören, aber auch keine Schuldgefühle. Mir ist schlecht, ich bin verwirrt, in meiner Kehle zieht sich Ärger zusammen. Wenn sie doch wissen muss, wie schwer das bloße Überleben für sie ist, warum macht sie es sich dann *noch* schwerer?

„Eitert deine Wunde?"

„Ja", sagt sie.

„Dann muss ich sie behandeln."

„Sie muss nicht behandelt werden", entgegnet sie mir.

„Wenn du sie nicht behandeln lässt, wird das Gewebe rund um deine Wunde absterben", sage ich. „Du wirst nicht nur eine Hautinfektion bekommen, sondern auch eine in deinen Muskeln und Knochen." Sie starrt ins Leere. „Und wenn du eine Infektion in deinen Muskeln und Knochen bekommst, dann muss ich dir die Hand abnehmen."

Sie sieht mich an, und zum ersten Mal entdecke ich in ihren Augen das junge Mädchen, das sie ist. Sie fragt sich, wer ich bin, warum ich hier bin und ob sie mir vertrauen kann. Sie sieht einen langen Augenblick in eine andere Richtung. „Okay", sagt sie.

Wir gehen ins Behandlungszimmer des Waisenhauses, einen kleinen Raum voller Mullbinden und Wasserstoffperoxid. Mercedes setzt sich auf den hölzernen Untersuchungstisch.

„Es ist jetzt zwei Uhr nachmittags. Wann ungefähr hast du dich geschnitten?", frage ich.

„Um Mitternacht."

„Vierzehn Stunden. Ich kann deine Wunde nicht mehr nähen. Wenn ich sie zunähe, dann schließe ich die Bakterien mit ein und sorge dafür, dass sie in deinem Arm bleiben. Wir werden also deine Wunde nur desinfizieren und bandagieren. Bitte mache deinen Arm frei."

Sie macht ihren rechten Arm frei. Ich verberge mein Keuchen in einem tiefen Atemzug. Über zwanzig Rasierklingenschnitte befinden sich auf der Innenseite ihres Armes, sie ziehen sich vom Handgelenk bis zum Ellenbogen. An der Farbe und Beschaffenheit der Narben kann ich erkennen, dass sie unterschiedlichen Alters sind. Ritzt sie sich schon, seit sie zwölf ist? Zehn?

„Mach bitte deinen anderen Arm frei", sage ich.

Dutzende paralleler Narben überziehen ihn wie den anderen.

„Hast du irgendwo anders noch mehr Rasierklingennarben?"

„Nein", behauptet sie mit einem Zucken in den Augen.

Sie lügt mich an. Aber habe ich das Recht, darauf zu bestehen, dass sie mir ihre anderen Schnitte zeigt? Wenn schon nicht das Recht, dann habe ich doch wenigstens die Pflicht. Doch wenn ich darauf bestehe, verspiele ich dann nicht das Vertrauen, was ich aufgebaut habe?

„Hast du irgendwelche Rasierklingenspuren auf deinen Beinen?", frage ich *Mercedes*.

„Nein."

„Das ist unsere erste Begegnung, *Mercedes*, ich weiß. Aber ich muss dich komplett untersuchen. Lügst du mich an?"

Unvermittelt schreit Schwester *Olivia* sie an. „Wie du deinem Körper nur so etwas antun kannst, und das noch unter den Augen Gottes, ist mir ein Rätsel! Du hast keine Liebe für dich selbst und den Herrn liebst du auch nicht!" Nur das Gift, das diesem Kind entgegengeschleudert wird, kann mich von dem Schrecken ablenken, der sich da vor meinen Augen ausbreitet. Fünf Rasierklingennarben von jeweils sechs Zentimetern Länge auf jedem ihrer Unterschenkel. Längere Narben auf ihrem Bauch, sie ziehen sich von einer Seite ihres Rippenbogens zur anderen. Ist das hier real? Es kommt mir vor, als hätte ich eine kleine Nebenrolle in einem tragischen Theaterstück. Aus den Narben, die sich durch andere Narben ziehen, zu schließen, hat sie sich mindestens zweihundert Mal geritzt. Wenn sie so weitermacht, wird sie als Erwachsene einen Körper haben, der – abgesehen vom Gesicht – über und über mit einer Straßenkarte aus Narben bedeckt ist.

„Hast du das alles selbst getan?", frage ich *Mercedes*.

„Ja", äußert sie roboterartig. In dem Augenblick, in dem Schwester *Olivia* mit ihrer Tirade angefangen hat, hat *Mercedes* die Realität ausgeblendet.

„Sie ist eine Ritzerin", stellt Schwester *Olivia* fest.

Ich säubere ihre Armwunde und bandagiere sie. Ein ekliger Geruch strömt aus ihrem Unterleib und wird immer schlimmer. Da ich *Mercedes* nicht verärgern möchte, weil ich zu würgen anfange, öffne ich das Fenster und die Tür, um frische Luft hereinzulassen. Der Gestank erinnert mich an einen Mann, dem ich nach zwei Wochen Verstopfung Erleichterung verschafft habe. Sie aber ist fünfzehn! Sie sollte sauber und fröhlich sein. Ich hole tief Luft und suche nach einem Spekulum, aber dann fällt mir wieder ein, wo wir sind. Weil ich keine medizinische Ausrüstung dabei habe, untersuche ich ihre Scheide von Hand. Während ich sie nach Herpesspuren absuche, fließt ständig grüner Eiter aus ihr heraus.

Ich sitze wie benommen da. So etwas hatte ich nicht erwartet. Ich hatte gehofft, sanftmütige Kinder vorzufinden, die nichts weiter brauchen als ein paar Antibiotika und eine Pause im Leben. Was immer ich mir vorgestellt hatte – jetzt bin ich hier und frage mich, was um alles in der Welt ich diesen Kindern anzubieten habe.

„Du hast vermutlich eine Geschlechtskrankheit", informiere ich *Mercedes*.

Sie sieht mich sehr seltsam an.

„Du darfst nie wieder Sex haben, *Mercedes*!", schreit Schwester *Olivia*. „Gott hat dich bestraft!"

„Bitte", beschwöre ich Schwester *Olivia*, „lassen Sie mich das machen." Ich nehme einen beruhigenden Atemzug und sehe *Mercedes* in die Augen. „Du hast eine sexuelle Infektion", sage ich ihr, wobei meine Worte weder an ihrem Gesichtsausdruck noch an ihrer Atmung etwas ändern.

„Bitte nehmen Sie diese Proben an sich, Señora", trage ich Schwester *Olivia* auf. „Ich bin gleich wieder da."

Ich gehe zur Apotheke in der Nachbarschaft und komme mit genügend Antibiotika wieder, um die meisten Geschlechtskrankheiten bekämpfen zu können. Nachdem ich *Mercedes* genau erklärt habe, was sie wann nehmen soll, bitte ich Schwester *Olivia*, die Blutprobe und die

Abstriche ans nächste Labor zu senden, damit es *Mercedes'* Krankheit identifizieren kann.

Und dann gehe ich hinüber ins Waisenhaus für Jungen.

* * *

Bururu.

Das sagen die Straßenkinder, wenn ihnen kalt ist. Man kann hören, wie sie es nachts sagen, wenn der kalte Wind durch die Straßen bläst.

„Willkommen im *Bururu*-Heim für Straßenjungen." Señora *Lydia* öffnet die Tür des *Bururu* und zeigt nach Osten. „Wie Sie sehen können, befinden wir uns im Innenstadtbereich, nicht weit von der alten Kathedrale San Francisco entfernt und in der Nähe des großen Platzes, der als Plaza San Francisco bekannt ist, wo die *Campesino*-Frauen ihre Stände aufbauen und die Straßenkinder Getränke verkaufen und Schuhe putzen."

Ich gehe an Señora *Lydia* vorbei und setze einen Fuß auf die Schwelle des *Bururu*.

Rrrums! Ein Jungenquartett greift mich an und bringt mich ins Schwanken, aber nicht zu Fall. Jeder von ihnen greift sich einen meiner Arme oder eines meiner Beine und kichert unablässig vor sich hin. Schließlich gelingt es mir, Luft zu holen, und spielerisch boxe ich einem feisten Jungen gegen die Brust, schwinge einen dünnen Jungen an den Armen herum, zerre einen Jungen in einem Fußballtrikot durch den Raum und versuche erfolglos, den vierten von meinem Bein abzuschütteln. Mein Rücken wird mit jedem Kichern etwas schwächer und sie ziehen mich langsam aber sicher herab auf die braunen spanischen Fließen.

Dann spricht mich einer an. Er unterbricht sich, um zu sehen, ob ich ihn verstehen kann – was ich nicht kann –, dann redet er weiter. Ich bin mir noch nicht einmal sicher, ob er *Aymara* spricht – das von 1,6 Millionen Menschen rund um den Titicacasee gesprochen wird – oder *Quechua*, die offizielle Sprache des Inkareiches, die von 13 Millionen Menschen entlang der Anden gesprochen wird. Ein zweiter Junge versucht zu erklären, was der erste gesagt hat. Er spricht eine andere, ebenso unverständliche Sprache. Langsam merke ich jedoch, dass Worte wie *la* und *el* herausstechen. Das sind spanische Artikel, eine Sprache, die ich wenigstens gebrochen spreche.

„Ich bin *Chi*", erzähle ich ihnen. „Ich bin euer Arzt."

Der Junge im Fußballtrikot erzählt mir: „Ich bin Marcos. Ich bin Fußballspieler. Wenn ich groß bin, spiele ich nicht mehr in der Straßenliga. Dann wirst du mich nur im Stadion sehen können. Spielst du auch Fußball?"

Noch bevor ich etwas antworten kann, sagen alle Jungen: „Nach oben. Lass uns nach oben gehen!"

„Was ist denn oben?", frage ich.

„Die Schlafzimmer", erzählt mir Marcos.

Raum 1 stinkt wie Füße, die seit vierzehn Tagen nicht mehr gewaschen wurden. Ein Dutzend Decken liegt Seite an Seite, um die Schlafterritorien der Jungen zu markieren. Ich gehe zu einer wunderschönen, in leuchtenden Farben gehaltenen Decke und hebe sie auf. Die bolivianischen Frauen – *„Cholitas"* – weben diese Decken und jeder von den Jungen scheint wenigstens eine von ihnen zu besitzen.

„Ahuayo", sagt Jesús.

„Ahuayo", wiederhole ich.

Die Kinder brechen über meine Aussprache in Gelächter aus.

„Ahuayo", sage ich.

Noch mehr Gelächter. Durch meine Inkompetenz scheine ich mich beliebt zu machen. Ich betrachte ihre grinsenden Gesichter. Wir sehen uns ähnlich, die Jungen und ich. Wir sind alle braun. Sie sind nicht sehr groß und ich bin auch nur eins siebzig. Ihr Haar ist glatt, struppig und schwarz. Mein Haar ist so glatt, dass es nach dem Duschen wie bei einem Punk in alle Richtungen wegsteht. Breite, starke Wangenknochen prägen ihre Gesichter. Meine fleischigen Wangen bekommen tiefe Grübchen, wenn ich lächele. Augen wie breite oder schmale Mandeln. Meine Augen sind für einen Asiaten ziemlich rund, aber sie haben immer noch die Mandelform. Ja, dieser fünfundzwanzigjährige taiwanesisch-amerikanische Medizinstudent könnte als älterer Bruder dieser Indigenen (Eingeborenen) durchgehen.

„Es wird Zeit für das Treffen." Señora *Lydia* steht in der Tür von Raum 1. Sie hat den typischen blassen Teint der Spanier und ihr weißes, ovales Gesicht scheint durch einen Vorhang von schwarzen Locken hindurch. Durch und durch europäisch gekleidet, von der Eleganz einer Kunsthändlerin der Upper West Side von New York, begleitet sie mich durch die Holzwerkstatt. Jungen zwischen fünf und siebzehn Jahren mit *Indio-* und *Mestizen*blut hämmern Regale und Schuhschränke zusammen. *Bäng! Bäng! Bäng!* Sie haben Baumwollhemden und Jeans oder beige, weite Hosen an.

„Viele von diesen Kindern kamen von der Straße", erzählt mir Señora *Lydia*. „Die anderen wurden von ihren Eltern hier abgegeben, weil die nicht für sie sorgen konnten."

Wir betreten das Gesprächszimmer und vier Frauen, die dort im Halbkreis sitzen, erheben sich und lächeln mich höflich an. „Einige von euch haben ihn sicher schon gesehen", sagt Señora *Lydia*. „Ich möchte ihn euch offiziell vorstellen. Das ist *Chi Huang*."

Schwester *Olivia* schüttelt mir die Hand. „Gott segne Sie dafür, dass Sie hierher gekommen sind", sagt sie.

„Ich bin die Sozialarbeiterin des *Yassela*-Hauses", sagt Señora *Lola*, die Weisheit und Frieden ausstrahlt. „Ich kümmere mich um die Prügeleien und verletzten Gefühle und ich halte Ordnung."

„Hallo." Eine junge Frau in Jeans und Priesterhemd winkt. „Ich bin *Jessica*. Ich tue alles, was hier getan werden muss. Ich kümmere mich um das, was übrig bleibt."

Eine Psychologin namens *Eva* erzählt mir: „Die Jungen brauchen hier mehr Männer."

„Die Mädchen werden ihn auch mögen", ruft Schwester Olivia. „Er ist ein Gottesgeschenk! Ein Segen!" Sie hebt die Arme zum Himmel.

Señora *Lydia* räuspert sich. Auch wenn sie jetzt die Verwaltungschefin von drei Waisenhäusern ist, hat Señora *Lydia Morales* in früheren Jahren viele Nächte auf den Straßen von La Paz verbracht, um Kinder davon zu überzeugen, die Straße hinter sich zu lassen und ins Waisenhaus zu ziehen. Auf den Straßen, wo Frauen geschlagen, vergewaltigt und ermordet werden, hat sich Señora *Lydia* das Vertrauen und den Respekt der Kinder verdient, indem sie mit ihnen zusammen praktisch in den Gassen und Winkeln gelebt hat. Aus diesem Grund ist auch ein kleiner Teil der Straßenkinder von La Paz bereit gewesen, die Vertrautheit der Straße gegen ein Leben im Waisenhaus einzutauschen.

„Dr. *Huang*", sagt Señora *Lydia* feierlich, „wir haben auf Sie gewartet."

„Schon so lange gewartet", sagt *Jessica*.

„Stimmt es, dass Sie von der medizinischen Fakultät der *Harvard*-Universität kommen?", fragt Señora *Lola*.

„Ja."

Harvard. Sie nicken mit den Köpfen, so als ob das Wort selbst eine magische Bedeutung hätte, selbst hier, Tausende von Kilometern von der globalen Supermacht entfernt, tief in der südlichen Hemisphäre zwischen den Tälern und Schluchten des Andengebirges. Eine 60-Watt-Glühbirne hängt von der Decke, flackert ärgerlich, um den dreißig Quadratmeter großen Raum zu erleuchten. Diese Frauen denken, ich sei so etwas wie ein Gesandter Gottes. Was würde passieren, wenn ich in meiner Unerfahrenheit die Hand eines Jungen an seiner Brust festnähte? Ich schätze, ich würde nicht einmal als Scharlatan durchgehen.

„So, Dr. *Chi*", sagt Señora *Lydia*.

„Ähm, Señora *Lydia*", sage ich in stockendem Spanisch. „Ich bin noch kein Arzt. Ich muss noch ein paar Kurse belegen, bevor ich mein medizinisches Examen ablegen kann. Ich bin noch in der Ausbildung."

„Na und? In den nächsten sieben Monaten werden Sie unser Hausarzt sein", sagt Señora *Lydia*. „Verstehen Sie mein Spanisch? Sie werden der Arzt für fünfzig Jungen und zwanzig Mädchen sein, die in zwei Waisenhäusern leben: *Bururu* für die Jungen und *Yassela* für die Mädchen. Das sind Waisenhäuser für Straßenkinder, Dr. *Huang*. Straßenkinder, die lernen, ein geordnetes und sinnvolles Leben zu leben und in unseren Werkstätten Dinge mit ihren Händen herzustellen. Das geschieht alles, damit die Kinder überleben, bis sie im Alter von achtzehn Jahren das Waisenhaus verlassen. Und wenn sie es schon nicht zu Wohlstand bringen, dann konnten sie doch wenigstens unter einem Dach und innerhalb von vier Wänden schlafen. Dr. *Huang*, haben Sie Erfahrungen mit Straßenkindern?"

Meine Erfahrungen beschränken sich auf das Betrachten von Fotos in einem Aktenordner: kalter Betonboden; nackte, aufgedunsene Körper; Regen.

„Ja", sage ich, „die habe ich."

Señora *Lydia* atmet tief durch, erleichtert.

Dann öffne ich mein großes Mundwerk. „Meine Gemeinde ist die Park Street Church in Boston", verkündige ich, „und die haben mich hierher geschickt, damit ich in diesen beiden Waisenhäusern arbeite. Aber ich will auch die Kinder behandeln, die auf der Straße leben."

Meine Stimme bricht. „Kinder behandeln, die auf der Straße leben", wiederhole ich schwach.

Die Mitarbeiter starren ernst auf den Boden. „Es wäre sicher wundervoll, wenn Sie der Straße einen Besuch abstatten könnten", sagt Señora *Lydia*. „Wann wollen Sie losziehen?"

„Nachts. Ich habe vor, fast jede Nacht auf der Straße zu arbeiten, und ich würde gern so bald wie möglich damit anfangen."

Señora *Lydia* neigt ihren Kopf und runzelt die Stirn. „Wissen Sie, wie gefährlich die Straßen nachts sind? Besonders für Ausländer?"

„Nachts ist die einzige Zeit, in der die Kinder nicht für Essen und Geld auf den Straßen arbeiten müssen. Und normalerweise schlafen sie an denselben Orten. Wenn ich sie jede Nacht besuche, dann kann ich zu ihnen eine dauerhafte Beziehung aufbauen als Arzt." Ich weiß, dass sie das weiß; jetzt weiß sie, dass ich es weiß.

„Dr. Huang", sagt Señora *Lydia*, „wie gut kennen Sie sich tatsächlich mit Straßenkindern aus?"

„Einhundertmillionen Kinder leben auf den Straßen dieser Welt. Sie sind unsere stummen Kanarienvögel[1] in den Bergwerken, die der Welt das Los der Armen anzeigen."

„Sehr eloquent. Wie gut kennen Sie sich mit Straßenkindern aus?"

Während ich mich auf der Suche nach einer guten Antwort im Zimmer umschaue, klingen mir meine hohlen Worte in den Ohren. Weihnachtskrippen, die die Kinder aus Papier und Ton gebastelt haben, stehen auf den Regalen hinter den Mitarbeitern. Ihre Kreativität wärmt mir das Herz. Mein Schweigen beantwortet ihre Frage.

„Ja", sagt Señora *Lydia*, „aber die Straße wird es Ihnen beibringen."

* * *

Ich laufe in südlicher Richtung. Mein Quartier habe ich in einer teilweise fertiggestellten Kirche im südlichen Distrikt Obrajes aufgeschlagen. Teilweise fertiggestellt bedeutet, dass hier notdürftig ein paar Steine aufeinandergemauert wurden, es gibt fließendes Wasser, aber nur kaltes. Ich bleibe auf dem Bürgersteig stehen, versuche mir ins Gedächtnis zu rufen, wie ich in meine Unterkunft komme, und bemerke

---

1 Kanarienvögel wurden früher in Bergwerken gehalten, weil sie durch auffälliges Verhalten heraufziehende Schlagwetter oder Bergrutsche ankündigten

eine *Campesina* (Bäuerin), die mich anstarrt. Sie verkauft Beutel mit brasilianischen Nüssen und Coca-Cola, Letzteres schüttet sie ihren Kunden in Plastiktütchen. Glasflaschen will sie dafür nicht benutzen, dafür gibt's viel zu viel Pfand, weil Bolivien es sich nicht leisten kann, Glasflaschen zu verschwenden. Sie ist eine typische *Campesina*-Mutter. Sie trägt einen dunklen Bowlerhut, an dessen Farbe und Form man erkennt, aus welcher Region Boliviens sie stammt. Ihr luftiger, tiefroter Rock unterstreicht ihren birnenförmigen Körper. Und auf ihrem Rücken hat sie ein großes, buntes Tuch, in dem sie was zum Essen, ihre Einkäufe und ihr kleines Kind aufbewahrt.

Einige Straßenkinder kommen zu mir mit ihren schmutzigen Gesichtern und bitten mich um einen Peso. Diese Kinder haben irgendwie ihre Eltern verloren oder mussten das bunte Tuch verlassen. Ich gebe ihnen ein paar Pesos und gehe weiter. Straßenmädchen verkaufen Fruchtsäfte für einen Boliviano. Vermummte, obdachlose Schuhputzerjungen, die aussehen wie Banditen, bieten mir an, meine Turnschuhe sauber zu machen. Ich würde den Mädchen am liebsten alle Getränke abkaufen und ich hätte den Jungen gern die gesamte Schuhkollektion von Imelda Marcos zum Putzen angeboten. Aber ich kann nicht. Meine Taschen sind jetzt schon leer. Ich gehe weiter, vorbei an prächtigen Gebäuden aus der Kolonialzeit. Vorbei an modernen Zweckbauten. Vorbei an mehr und mehr Straßenkindern.

Warum verurteilt Gott diese Kinder dazu, auf der Straße zu leben? Warum lässt Gott es zu, dass *Mercedes* sich ritzt? Ich könnte den heiligen Augustinus zitieren, der ähnliche Fragen gestellt hat. Ich könnte eine logische Argumentationskette über einen allmächtigen, unantastbaren, unveränderlichen Gott entwickeln, der so viel Leiden erlaubt. Doch das bringt mich den Antworten nicht näher, die ich seit dem Anfang meines Christseins suche. Seit jenem Weihnachtstag vor fast zehn Jahren.

In theologischer Hinsicht weiß mein Kopf, dass Gott die Kontrolle hat, aber mein Herz ist meilenweit entfernt davon. Ich kämpfe mich voran wie eine Ameise, der man den Ameisenhaufen zusammentritt. Ich könnte mein ganzes Leben hier verbringen, allein um den Kindern in diesem Straßenzug zu helfen. Wird meine Hoffnung mich tragen? Kann mich die Ungerechtigkeit lange genug antreiben? Kann ich wenigstens in diesem einen Straßenzug eine Veränderung bewirken?

Ja, ich kann.

„Ich kann", sage ich mit Nachdruck. Und jetzt, während ich gehe, fange ich an zu weinen. Und egal, wie oft ich mir sage, dass weinen schwach und sinnlos ist – ich kann die Tränen nicht aufhalten.

2. SCHLITZ, SCHLITZ

August 1997
Yassela-Heim für Straßenmädchen

Mitte August ist in Bolivien der Höhepunkt des Winters. Es geht ein leichter morgendlicher Wind, als ich die Krankenschwester *Olivia* im Eingang des *Yassela*-Heims treffe. „*Buenos días*", sage ich zu ihr und sie erwidert den Gruß.

„Wie oft treffen Sie auf Mädchen wie *Mercedes*?", frage ich sie.

„Was für Mädchen?", fragt sie.

„Mädchen, die sich ritzen."

„Die sind überall, *Chi*. Fast alle Mädchen ritzen sich. Aber sie ritzen sich nicht so heftig wie *Mercedes*."

„Warum?"

Die Krankenschwester sieht mich an, als ob die Antwort offensichtlich sei. „Wie meinen Sie das, warum?"

„Warum ritzen sich diese Mädchen?"

„Weil es ihnen Spaß macht", erzählt sie mir.

Ich schließe die Augen. Schlitz. Schlitz. Zwei rote Linien auf einem dünnen, braunen Handgelenk. *Mercedes* atmet tief ein. Ich vertreibe das Bild aus meinem Kopf. „Haben wir schon die Ergebnisse in Bezug auf die Entzündung in ihrem Gebärmutterhals? Ist es Gonorrhö? Oder Herpes?", frage ich.

„Ich weiß es nicht", antwortet Schwester *Olivia*.

„Was heißt das, Sie wissen es nicht?"

„Ich habe nie die Ergebnisse bekommen."

„Warum nicht?"

„Ich weiß es nicht."

„Haben Sie den Abstrich nicht ins Labor gebracht?"

„Das weiß ich nicht mehr."

Wut steigt mir in die Schläfen, als mir klar wird, dass Schwester *Oli-*

via niemals vorgehabt hatte, den Abstrich einzuschicken. War sie sauer auf mich? Wollte sie sich selbst um die Kinder kümmern? Glücklicherweise hatte ich *Mercedes* ein ganzes Arsenal von Antibiotika gegeben, die die meisten Geschlechtskrankheiten bekämpfen konnten. Außer AIDS. Darauf kann ich sie nicht testen, ich kann es nicht behandeln. Nicht in *Bolivien*.

„Ist auch egal, *Chi*" – sie scheucht mich weg – „genug geredet. Wir müssen uns an die Arbeit machen. Arbeit, Arbeit, Arbeit. Sie müssen rund fünfzig Jungen im *Bururu* und zwanzig Mädchen hier komplett untersuchen."

„Ja, ich weiß. Ich fange in einer halben Stunde an."

„Fangen Sie sofort an. Im *Bururu*. Dann sind Sie in drei Tagen fertig."

„Ich treffe Sie dort in einer halben Stunde."

„In einer halben Stunde, keine Minute später. Seien Sie vorsichtig mit *Mercedes*. Ihre Bisse können sehr schmerzhaft sein."

Ich sehe Schwester *Olivia* an. Ihre Witze verstehe ich immer noch nicht.

„Was?", frage ich.

„Das werden Sie noch früh genug herausfinden", entgegnet sie.

Ich finde *Mercedes*, die allein in einer Ecke des Aktivitätenraumes kauert, und setze mich neben sie. So sehr ich mich auch bemühe, ihr in die Augen zu schauen – ihr verfilztes Haar lässt es nicht zu. „*Mercedes*", sage ich. Sie reagiert nicht. „Hast du deine Medizin genommen?"

„Lass mich in Ruhe", brummt sie.

„Wie geht es deiner Wunde?"

„Gut."

„Kann ich den Schnitt sehen? Ich muss ihn untersuchen."

„Nein", sagt sie leise ins Nichts.

„Erinnerst du dich an das, was ich über abgestorbene Wunden gesagt habe? Es kann sein, dass du deinen Arm verlierst." Ihr Arm scheint sie nicht zu interessieren.

„Was ist los, *Mercedes*? Möchtest du nicht gesund werden?"

„Was kriege ich von dir, wenn ich dir meine Wunde zeige?"

„Nichts", sage ich.

„Lass mich ein bisschen auf deinem Walkman hören", sagt sie mir.

„Was?", frage ich.

Sie lässt sich nicht dazu herab, ihre Bitte noch einmal zu wiederholen.

„Du möchtest etwas auf meinem Walkman hören?"

„Gib mir deinen Walkman", sagt sie.

„Kann ich dich etwas fragen, *Mercedes*?" Ich möchte sie kennenlernen und verstehen. Als ob man einen Menschen durchschauen könnte wie ein wissenschaftliches Faktum.

„Nein", sagt sie.

„Wolltest du dich umbringen, als du dir den Arm aufgeschlitzt hast?"

„Nein!" Sie schießt einen empörten und zweifelnden Blick in meine Richtung. Wenigstens schaut sie mich jetzt an. „Wie meinst du das?"

Ich weiß nicht genau, wie ich das meine, deshalb formuliere ich die Frage anders. „Wärst du am liebsten gestorben, als du dich geritzt hast?"

„Nein." Sie lacht mich aus. „Bist du bescheuert?"

Für sie bin *ich* derjenige, der komisch ist, weil ich denke, dass das Aufschlitzen von Handgelenken selbstmörderisch ist. „Also", frage ich, „warum hast es denn sonst getan?"

„Weil es mir Spaß macht." Sie betrachtet ihren verbundenen Arm, als prangten an ihm eine Reihe von Orden.

„Du hast wieder einen neuen Schnitt, stimmt's? Wie oft ritzt du dich?"

„Jeden Tag", sagt sie.

„Wieviele Schnitte hast du?"

„Ein paar", stellt sie fest.

„Warum ritzt du dich?"

„Weil ich es tun muss."

„Was passiert denn, wenn du dich nicht jeden Tag ritzt?"

„Ich fühle mich schlecht."

„Wo fühlst du dich denn schlecht?"

„Innendrin."

„Wie ist das, wenn du dich innendrin schlecht fühlst?"

„Spannungen", sagt sie. „Da sind Spannungen innendrin." Sie drückt sich die Faust auf die Brust. Ihre Augenbrauen ziehen sich zusammen, treffen sich, um einen Bogen zu bilden. Während sie mich ansieht, baut sich in ihrem Körper eine solche Kraft auf, dass ich Angst habe, dass sie zuschlägt und mir das Nasenbein bricht.

„Also", sage ich, „was passiert, wenn du dich ritzt?"

„Ich fühle mich gut." Sie holt zitternd Luft. „Die Spannungen gehen weg. Weit weg."

„Weit weg?"

„Ganz weit weg. Ich bin nicht mehr da. Alle Spannungen in meinem Körper lösen sich. Ich bin frei, so frei. Ich fühle mich wunderbar. Du wirst nie wissen, wie das ist, wenn du es nicht selbst ausprobierst. Hast du eine Rasierklinge?"

Ich benutze zum Rasieren eine Rasierklinge. „Wie ist das, tut es weh?"

„Natürlich nicht, du Dummkopf." Sie sieht mir in die Augen. „Du solltest es einfach mal versuchen", unterstreicht sie. Sie will tatsächlich allen Ernstes, dass ich es ausprobiere.

„Nein, danke", sage ich, wobei ich versuche, meine Stimme nicht zittern zu lassen. „Tut es nie weh?"

„Es tut später weh." Sie erinnert sich schweigend an den Schmerz. „Es tut später immer weh."

„Warum hast du diese Spannungen in dir drin?"

„Ich weiß nicht. Ich habe mich innendrin schon immer schlecht gefühlt."

„Schon immer? Seit du ein kleines Kind gewesen bist?"

„Ja, und jetzt hör auf, mich auszufragen."

„Okay. Aber warum bist du von Zuhause weggelaufen?"

„Weil es dort langweilig war", schnappt sie.

„Wie meinst du das, langweilig?"

„Da gab es nichts zu tun außer irgendwelche Haushaltsarbeiten."

Welches Kind würde die langweilige Sicherheit eines Zuhauses gegen die Gefahren der Straße eintauschen?

„Und auf der Straße? Wie ist es da?"

„Auf der Straße ist es toll."

„Was denkst du über deine Mutter?"

„Ich hasse sie. Sie hat mich immer angebrüllt, dass ich meine Arbeiten im Haus erledigen soll."

„Und dein Vater?"

„Ich hasse ihn."

„Warum? Hat er dich misshandelt?"

„Halt die Klappe, *Chi*! Ich hasse ihn einfach. Ich hasse dich. Lass mich in Ruhe." *Mercedes* dreht mir den Rücken zu. Was will ich von ihr? Antworten? Und wenn ich die Antworten bekomme, was ist dann? Noch mehr Fragen?

Sie geht weg.

„*Mercedes.*" Ich fasse sie an. Sie wirbelt herum, die Hände auf die Brust gedrückt, diesmal ineinander verschlungen. „*Chi*!", sagt sie. „Lass uns tanzen gehen! Führe mich dieses Wochenende zum Tanzen aus!"

„Tanzen?" Ich trete einen Schritt zurück.

„Ja, tanzen. Tanzt du nicht?"

„Doch. Ich kann tanzen. Aber ...", sage ich. „Mit wem tanzt du denn sonst? Deinen Freundinnen?"

„Nein. Kerlen."

„Jungen aus dem Waisenhaus?"

„Nein, du Dummkopf." Sie kichert. „*Kerlen*. Im Nachtklub. Ein paar sind Geschäftsleute. Es sind ältere Männer. Sie bezahlen für mich und kaufen mir etwas zum Trinken. Sie kaufen mir, was immer ich will. Sie zeigen mir, wie das gute Leben aussieht."

„Du bist erst fünfzehn, *Mercedes*."

„Und?"

„Und? Meinst du nicht, dass du für so etwas zu jung bist?"

„Nein."

„Warum tanzen sie mit dir?"

„Sie bekommen von mir, was sie wollen."

„Und was ist das?"

Sie kichert. „Das müsstest du eigentlich wissen. Schließlich bist du der Arzt."

„Ist es hier nicht verboten, das Haus nach acht zu verlassen?"

„Doch. Die sind hier so streng. Ich hasse es."

„Vielleicht möchte das Personal hier nicht, dass ihr in Schwierigkeiten geratet."

„Welche Schwierigkeiten sollten das schon sein?"

„Diese Männer in den Nachtklubs könnten gefährlich sein."

„Die sind nicht gefährlich, Dummkopf. Ich kenne sie."

„Sorgen sie für dich?"

Mercedes rollt mit den Augen. „Wer sorgt schon für irgendwen in dieser Welt?"

„Würden sie dich zum Tanzen ausführen, wenn du dich weigern würdest, ihnen das zu geben, was sie wollen?" Sie gackert.

„Dr. *Chi*, alles hat seinen Preis. Nichts ist umsonst. Du musst wirklich noch eine Menge lernen."

„Hmmm. Alles hat seinen Preis, oder? Du bezahlst hier im *Yassela* also Miete? Oder kaufst dir dein eigenes Essen?"

„Nein." Sie schaut mich finster an. „Meine Bezahlung ist, dass ich mich an diese blöden Regeln und Ausgangssperren halte."

„Sage mir die Wahrheit, *Mercedes*. Haben dir diese Männer schon einmal weh getan?"

Mercedes ist still.

„Nachdem du mit diesen Männern zusammen gewesen bist – ritzt du dich dann?"

Mercedes dreht mir wieder den Rücken zu.

„*Mercedes*", sage ich. Sie geht weg, die Treppe hinauf. Ich folge ihr bis aufs Dach. Ein stürmischer Wind wirbelt ihre stumpfen Haare in die Luft und ich bemerke, dass sie nicht einfarbig sind – dunkelrot, schwarz, braun, rostrot; sie ist überall voller Farben, findet nie die perfekte Schattierung. Sie duckt sich unter der Wäscheleine hindurch, unter den Kleidchen und Hosen kleiner Mädchen hindurch, die im Wind tanzen. Sie steht am Rand des Gebäudes und blickt auf die Straße einige Stockwerke unter ihr.

Vielleicht ist sie traurig, weil sie glaubt, dass ich sie durchschaut habe. Dass ich ihre Persönlichkeit genommen habe, sie durch ihre Geheimnisse geteilt habe, sie mit jeder einzelnen der zweihundert Narben auf ihrem Körper multipliziert habe und schließlich eine Antwort ausgespuckt habe. Eine Antwort, die genau sagt, wer sie ist. Vielleicht ist sie traurig, weil diese Formel – das, wie sie tickt, was sie vorantreibt – so einfach zu sein scheint, vielleicht sogar in ihren eigenen Augen. Vielleicht ahnt sie nicht, dass ich es brauche, dass sie einfach ist. Sie muss für mich einfach erklärbar sein. Ich brauche die Antworten. Aber ich weiß, dass sie nicht einfach ist. Selbst wenn ich alle ihre Geheimnisse kenne, ihre ganze Lebensgeschichte, werde ich sie niemals erklären können, nie vereinfachen können. Trotzdem frage ich sie nach den Antworten, weil ich dieses Bauchgefühl habe, dass es ihr helfen wird, wenn ich diese Antworten kenne.

Eine weitere Sturmböe fegt *Mercedes* beinahe über die Brüstung des Gebäudes. „Mercedes." Ich stehe neben ihr. „Hast du jemals mit einem anderen getanzt? Mit einem anderen als diesen Kerlen in den Nachtklubs?"

„Nein", sagt sie.

„Irgendjemandem aus deiner Familie?"

„Manchmal mit meinem Onkel."

„Du bist also mit deinem Onkel zum Tanzen gegangen?"

„Ja."

„War das komisch für dich?"

Mercedes dreht eine Haarlocke in ihren Fingern hin und her, womit sie ihre Augen vor mir verbirgt. „Nein. Am Anfang hat es Spaß gemacht."

„Und was ist dann passiert?"

„Dann hat es nicht mehr so viel Spaß gemacht wie zuerst."

„Wie meinst du das, *Mercedes*?" Ich versuche mich in ihr Blickfeld zu arbeiten. „Hast du nicht gern mit ihm getanzt?"

„Ich habe nicht gern mit ihm getanzt."

„Hat er jemals etwas anderes mit dir gemacht, abgesehen vom Tanzen?"

„Er hat mir hinterher immer wehgetan."

„Wie meinst du das, ‚*wehgetan*'?"

„Er hat mich zu seiner Geliebten gemacht."

Ich bin still. Ich bin ruhig. Hinter mir flattern die Kleidchen der kleinen Mädchen. Unter uns ist das lange Hupen eines Autos zu hören. Irgendwann wird schließlich einer weiterfahren und das Auto wird mit seinem Gesang aufhören. Vor mir teilt sich der Wind um die dünnen Rippen von *Mercedes*, während sie sich ein wenig umdreht.

„Ja. Seine Geliebte", sagt sie, dreht weiter diese Locke in ihren Fingern, Rasierklingennarben übersäen ihr Handgelenk.

„Wann hast du deinen Onkel zum letzten Mal gesehen?", frage ich sie.

„Ich habe ihn nicht mehr gesehen, seit ich von zu Hause weggegangen bin."

„Weiß er oder wissen deine Eltern, wo du bist?"

„Niemand weiß das."

Mercedes wendet mir ihr Gesicht zu. „Chi, geh mit mir tanzen." Sie versucht zu lächeln. Sie sieht, dass ich gemerkt habe, dass sie sich dabei anstrengen muss. „Geh mit mir tanzen oder ich ritze mich."

3. EIN AMERIKANISCHER TRAUM

Rückblick

Winter 1971

Eine zierliche taiwanesische Frau Ende dreißig, die Hände auf ihrem gewölbten Bauch, watschelt zum Ende einer Schlange von Frauen, die alle einen dicken Bauch haben. In der Schlange vor den Duschen geht es nur langsam voran. Hier gibt es immer Schlangen, hier geht es immer nur langsam voran. Die taiwanesische Frau sieht sich im Raum um. Zwanzig Betten stehen in einer makellosen Reihe nebeneinander, Seite an Seite, ohne Trennwände. Der Raum erinnert sie an eine Kaserne.

Nachts fällt das Schlafen schwer. Bei zwanzig schwangeren Frauen hat immer eine Wehen, sie wacht auf und fragt sich, ob sie auch wie ihre Schwestern stöhnen und schreien wird. Sie ist es nicht gewöhnt, so viele Flüche zu hören.

In Taiwan war es besser gewesen. Ihr erstes Kind – *Chiufang*, ein Mädchen – hatte sie zu Hause zur Welt gebracht, in *Tainan*, einer Stadt im Süden. Ihre Mutter war die Hebamme gewesen. Sie waren zusammen, hatten gelächelt und geschwitzt und das *Chiufang* in der Welt willkommen geheißen. Die zarten Hände und die ermutigenden Worte ihrer Mutter hatten ihr gut getan.

Dieses Mal würde sie ihr Kind im Richland Memorial Hospital bekommen, in einer Stadt, die Columbia hieß, in einer Gegend, die man South Carolina nannte.

Eine Frau stellt ihr eine Frage. Sie versteht sie nicht. Die Menschen in Amerika reden zu schnell. Die Dame scheint freundlich zu sein, also erwidert sie ihr Lächeln und sagt Ja. Sie denkt wieder an Taiwan. Ihre Familie. Ihre Freunde. Ihre Sprache. Ihren Beruf als Lehrerin; ihr Leben als Balletttänzerin. Sie hatte alles, was sie kannte, hinter sich gelassen, um den Amerikanischen Traum zu leben.

Ein fester Tritt in ihrer Gebärmutter holt sie aus ihren Gedanken. Ihr Baby. Ihr Sohn, hofft sie. Ein Sohn bringt der Familie Ehre. Ein Sohn, der wertgeschätzt würde. Ihr Sohn wird sie stolz machen. Er wird die Familie unterstützen. Sie spürt, wie die Fruchtblase platzt.

Um drei Uhr morgens wird ihr Sohn geboren, vier Kilo und zweihundert Gramm schwer. Ihr Sohn. *Chi-Cheng Huang. Huang* bedeutet „gelb". *Chi-Cheng* steht für „dein leidenschaftliches Herz wird sehr erfolgreich sein". Ihr kleiner Junge.

* * *

Frühjahr 1973
Columbia, South Carolina

Mrs *Huang* erscheint früh in der *Stone Manufacturing Company*, die Unterwäsche produziert. Sie möchte nicht zu spät kommen. Höflich und unterwürfig, sie will keine Schwierigkeiten, denn sie braucht das Geld, um ihre Tochter und ihren kleinen Sohn zu versorgen. Kein Englisch? Kein Problem! Nähe einfach. Immer schneller. Ihr Job besteht heute darin, Träger an Büstenhalter zu nähen. Sie näht, bis sie Zeit und Ort völlig vergisst.

Der Summer lässt die Metallwände des Warenhauses vibrieren. Alle Nähmaschinen stehen plötzlich still. Ein erleichtertes Seufzen liegt in der Luft. Es ist fünf Uhr. Mrs *Huang* haucht ihre roten, schmerzenden Finger an und bemerkt, dass sich auf ihrem aufgerissenen rechten Zeigefinger ein Tropfen Blut gebildet hat. Der Vorgesetzte verkündet, wieviele Büstenhalter und Unterhosen jede Fertigungsreihe heute genäht hat, und ermutigt die Frauen dann, indem er sagt: „Gute Arbeit heute. Morgen wollen wir noch besser werden."

Errrkkkk! Der Bus kommt quietschend zum Stehen. Mrs *Huang* steht nun vor der Henley Homes Sozialwohnungssiedlung: kleine, zweistöckige, rote Backsteinhäuser stehen Seite an Seite; von identischer Größe, Form und Konstruktion. Genau wie die Krankenhausbetten.

Und nun kommt der glücklichste Augenblick in Mrs *Huangs* Tag: Sie geht zu *Wilmas* Apartment. Mrs *Huang* hat *Wilma* erst nach einer mühsamen Prozedur gefunden. Sie war von Tür zu Tür gegangen und hatte jedem Bewohner gesagt: „Hallo. Passen auf meine Kinder auf.

Ich zahlen Geld." Erstaunt hatte ihre Tochter oft gebettelt: „Mami, du kennst sie doch gar nicht."

Klopf, klopf.

„Hallo, *Wilma*", sagt Mrs *Huang*.

„Hallo, *Mary*", sagt *Wilma*.

Mrs *Huangs Chiufang* Tochter rennt mit ausgebreiteten Armen auf sie zu. Mrs *Huang* trägt sie die Treppe hinauf, um nach ihrem Baby *Chi-Cheng* zu sehen. Der Junge liegt in seiner Wiege, die Windeln sind nass. Schon wieder. Sie wird kein Wort darüber verlieren. Mrs *Huang* wird sich einen besseren Babysitter suchen, sobald sie die Träger schneller an die Büstenhalter nähen kann.

Doch jetzt kann sie höchstens fünf Dollar am Tag bezahlen. Ihr Mann studiert im höheren Semester Mathematik an der Universität von South Carolina und sein Hilfslehrergehalt reicht kaum für Studiengebühren und Bücher. Sie sieht ihren Mann kaum, außer zum Abendessen.

Mrs *Huang* dankt *Wilma* und geht schweigend in den schmierigen Hinterhof, wo die Kleidung ihrer Familie an einer Wäscheleine hängt. Sie haben es schon wieder getan. Irgendwer hat die Unterwäsche ihres Mannes gestohlen. Vier Unterhosen fehlen und seltsamerweise hängen vier immer noch an der Leine.

* * *

Es ist jetzt ruhig. Nacht. Der Süden. Zikaden zirpen auf der Suche nach einem Partner ihr mitternächtliches Lied, das selten von dem Brummen vorbeifahrender Autos gestört wird. Mrs *Huang* stillt ihren Sohn.

Bumm! Bumm! Bumm! Bumm! Sie sieht aus dem Fenster. Die vier Fensterscheiben eines Autos sind eingeschlagen worden. Zwei Männer springen in den Wagen, durchsuchen ihn nach Wertsachen und rennen ohne Beute weg. Sie sieht ihren Sohn an. Er nuckelt behaglich, während ihr Mann geräuschvoll auf dem Bett schnarcht. Tränen laufen ihr über die Wangen. Das Auto gehört ihrem Mann und sie haben jahrelang gespart, um es sich kaufen zu können. Ein blauer viertüriger Plymouth. Heute Nacht den Schaden zu begutachten wäre zu gefährlich.

Sie schläft nicht, starrt aus dem Fenster. Am Morgen wird sie ihre Kinder bei Wilma abliefern und mit der Buslinie 43 zur *Stone Ma-*

nufacturing Corporation fahren, um wieder Büstenhalter zusammen-zunähen. Sie wird heimkommen und kochen und waschen. Sie wird morgen Nacht schlafen.

* * *

1976
Columbia, North Carolina

Ich bin *Chi-Cheng Huang*, fast fünf Jahre alt. Meine ältere Schwester heißt *Chiufang*. Sie ist neun. Sie ist auf der Titelseite des *Columbia Record*. Das ist die Zeitung unserer Stadt. Sie ist berühmt. Sie ist jetzt die erste asiatische Schülerin in der *A. C. Moore* Grundschule.

Ich sitze zu Hause und schaue *Bugs Bunny*. Manchmal gehe ich hinaus und fahre mit meinem Plastikauto durch die Gegend und bringe den Nachbarn Post. Wenn ich groß bin, werde ich Briefträger. Ich wollte früher einmal Müllmann werden. Der kann hinten auf einem Lastwagen herumfahren und Müll in diese riesige Öffnung dort werfen und mit allen Leuten reden.

Auf der Mattscheibe ist eine blonde Frau zu sehen. Ich glaube, sie heißt *Sally Struthers*. Sie läuft durch ein Dorf voller armer Leute und rund um sie herum sind ein Haufen Kinder. Sie spielen nicht, sondern hungern. Sie bekommen von ihren Mamas und Papas nicht genug zu essen, weil es dort nicht genug zu essen gibt. Noch nicht einmal Klamotten haben sie. Nackt laufen sie herum und fragen *Sally Struthers*, ob sie ihnen etwas zu essen geben kann.

Immer, wenn ich das sehe, fühle ich etwas in meinem Herzen. Es ist, als wäre ein Bowlingball in meiner Brust. Ich mag es nicht, einen Bowlingball in meiner Brust zu haben, also rufe ich: „Mami!" Und meine Mama kommt ins Wohnzimmer gerannt, als wäre etwas passiert.

„Was?", fragt sie.

„Mami!"

„Was ist los?"

„Mami, warum sind bei denen die Häuser aus Pappschachteln gebaut?"

„Sie sind arm."

„Warum wohnen sie nicht hier bei uns? In den Henley Homes?"

„Es ist zu schwierig für sie, in die Vereinigten Staaten zu kommen."

„Und warum haben sie keine Klamotten?"

„Weil sie arm sind."

„Warum kann man überhaupt zwischen den Zeichentrickfilmen diesen kleinen Jungen im Fernsehen sehen?"

„Die Dame bittet um Hilfe."

„Können wir ihnen helfen?"

„Chi, wir können ihnen im Augenblick nicht helfen. Noch eine ganze Weile nicht."

„Warum nicht?"

„Hör auf, Fragen zu stellen."

Warum können sie den hungrigen Menschen nicht einfach etwas zu essen geben? Es ist doch so einfach. Geh in den Supermarkt, pack das Essen in ein Flugzeug und flieg es dorthin. Jeder redet immer vom Teilen. Wir haben mehr als genug Essen. Warum schicken wir es ihnen denn nicht? Warum sind alle so dumm? Warum hört keiner auf mich?

Ich habe einen geheimen Plan, wie man alles verändert. Im Augenblick lacht mich jeder aus, weil ich noch ein Kind bin, aber lasst mich erstmal erwachsen werden, dann wird man eines Tages fragen: „Was ist eigentlich bei all den Werbefilmchen mit *Sally Struthers* herausgekommen? Wo sind all die nackten Kinder hin?"

Weil es dann keine mehr gibt.

* * *

1980
College Station, Texas

Fünftes Schuljahr. Ich bin ein schüchternes Kind, besonders in der Nähe meines Vaters. Er sagt mir, was ich tun soll, und ich erwidere nichts. Ich tue es einfach.

Aber in der Schule bin ich ein Wettkämpfer. Ich mag es nicht zu verlieren. Ich hasse es zu verlieren. Selbst wenn wir das *Stille Spiel* spielen, ein Spiel, bei dem derjenige verliert, der zuerst einen Laut von sich gibt. Ich lerne so fleißig, dass ich den besten Schüler in der Schule übertrumpfen kann. Und wenn mich niemand mehr schlagen kann, dann versuche ich mich selbst zu schlagen. Es ist nicht leicht, weil ich gegen eine Reihe von Professorenkindern antreten muss. Wir leben jetzt in

College Station, Texas, das auch als *Aggieland* bekannt ist, die Heimat der *Texas A&M University*, an der mein Papa studiert.

Im Augenblick laufe ich meine dreiunddreißigste Runde auf dem schwarzen Asphalt des Sportplatzes. Ich renne jeden Tag während der Mittagspause vierzig Minuten am Stück. Alle denken, ich sei verrückt, dabei trainiere ich für die Präsidentenmedaille für körperliche Fitness, die den Kindern verliehen wird, die die meisten Sit-ups und Liegestützen machen und anderthalb Kilometer laufen können. Am Anfang war ich gar nicht fit. Aber wie *Rocky* habe ich ein halbes Jahr lang trainiert, und bald bin ich so gut wie *Lance Stratton*, dessen Vater die olympische Goldmedaille im Diskuswerfen bekommen hat. Ich habe Lance in den Sit-ups geschlagen. Hundertundzwanzig in der Minute schaffe ich. Und ich kann zehn Liegestützen; aber ich strenge mich an, auf fünfzehn zu kommen. Beim Fünfzehnhundert-Meter-Lauf kann ich *Lance* noch lange nicht einholen, da muss ich noch mindestens anderthalb Minuten zulegen.

Ringgggg! Die Mittagspause ist vorbei und wir stehen in einer Reihe vor dem Klassenraum. Meine Klamotten sind völlig durchgeschwitzt. Dreiunddreißig Runden in vierzig Minuten – ein neuer Rekord!

„Hey, schaut mal. *Chi* hat ja rosa Unterwäsche an!" Das Mädchen kichert.

Meine weißen Shorts sind schweißgetränkt und man kann durch die Kleidung meine Unterhose sehen. Ich stehe in der Schlange und presse die Beine zusammen. Warum geht es nicht voran?

Unser Klassenrüpel schaut hinunter zwischen meine Beine. „Ach ist das süß! Haben wir ne neue Tussi in der Klasse?"

Allgemeines Gejohle.

Soll ich lang und breit erklären, dass meine Mutter auf dem Wühltisch bei Woolworth einen Sonderposten roter Unterwäsche für uns erstanden hat? Sinnlos.

Ich spüre, wie sich meine Brust nach innen wölbt. Mein Mund beginnt zu zittern. Meine Augen werden feucht. Hör auf zu weinen, du Weichei!

* * *

Heute ist mein erster Tag in der Sommerakademie. Ich bin zehn Jahre alt. Einhundert *Texas A&M*-Sommerakademie-Studenten haben ihre Augen auf mich gerichtet, während ich in den Klassenraum gehe. Sie brennen mir Löcher in meinen Kopf. Hoffentlich verprügeln sie mich nicht, weil ich anders bin. Ich starre auf die Bodenfliesen und setze mich in die letzte Reihe. Ich trage meine weißen Lieblingsshorts und mein Micky-Maus-T-Shirt. Ich ziehe meinen Notizblock von Mead und den Druckbleistift heraus, den mir mein Vater gekauft hat. *Klick. Klick.* Mine 0,5 HB.

Ich sitze auf einem orangen Plastikstuhl und meine Füße berühren noch nicht einmal den Boden. Ich lege mein Kinn auf die Schreibtischplatte. Ich kann die Tafel nicht sehen, denn *Jim Bob*, der direkt vor mir sitzt, hat einen breiten Cowboyhut auf dem Kopf.

Warum kann ich nicht wie die anderen Kinder auf eine Sommerfreizeit fahren? Für die Sommerakademie muss ich um sieben Uhr aufstehen. Um halb acht gehe ich aus dem Haus. Um acht Uhr ist die Schwimmstunde. Von neun Uhr bis halb zehn ist der Tennis-Anfängerkurs. Um elf holt mich meine Mutter ab und wir gehen zu *Tinsley's Chicken*, wo wir eine kleine Schachtel mit Hühnerfleisch essen. Dann bringt mich meine Mama zur Bibliothek der *Texas A&M University* und gibt mir einen Haufen Hausaufgaben auf. Mein Vater hat noch ein paar Mathematikaufgaben hinzugefügt. Jeden Tag muss ich auch ein halbes Buch lesen, Bücher wie *Die tapfere Ramona* oder *Wilbur und seine Freunde*. Am Spätnachmittag gibt mir meine Mutter einen Vierteldollar und lässt mich an die Spielautomaten im Keller des Studentenwohnheims. Manchmal spiele ich ein Videospiel, zum Beispiel Galaga, aber es ist ziemlich schwierig, da weiterzukommen, wenn man nur einen Vierteldollar am Tag ausgeben kann. Meistens werfe ich den Vierteldollar deshalb in einen Flipperautomaten. Die anderen Kinder halten mich für komisch, weil ich nicht weiß, wer Luke Skywalker ist, aber das stört mich nicht. Ich mag kein Fernsehen gucken oder auf andere Weise die Zeit verschwenden. Ich habe nach meinem Medizinstudium auch noch Zeit zum Spielen.

Der Lehrplan wird herumgereicht. *Jim Bob* dreht sich um. „Willst du auch so einen Zettel, Junge?"

Natürlich will ich einen! „Ja, vielen Dank", sage ich zu ihm.

„Bist du irgend so ein *Savant*, Junge?"

Was ist ein *Savant*?[2] Lass mich in Ruhe. Bist du denn irgend so ein Cowboy, Junge?

„Nein", antworte ich. „Ich mag nur Mathe und belege den Kurs hier."

Der Professor beginnt mit seiner Vorlesung.

„Hey, Junge, kapierst du das alles?", fragt *Jim Bob*.

Ich zucke mit den Schultern.

„Hey, Junge, warst du schon immer so schlau?"

Ich sehe wieder zu Boden. Ein Naturtalent bin ich wahrlich nicht, ich habe nur sehr viel geübt. Die ungeraden Aufgaben in meinem Lehrbuch habe ich tatsächlich schon erledigt. Warum ich trotzdem diesen Kurs belege, ist mir selbst ein Rätsel. Die einzige Zeit, in der ich nichts mit Mathe am Hut habe, ist, wenn ich so tue, als ob ich schlafe. Die Schwäche meines Vaters ist nämlich, dass er mich in Ruhe lässt, wenn ich schlafe oder krank bin. Ich wünschte, *Jim Bob* würde sich umdrehen. Und ich spüre schon wieder, wie meine Augen feucht werden. Sei nicht so ein Riesenbaby!

„Hey, du Genie, ich wette um einen Hotdog mit dir, dass ich dich bei der Prüfung abziehe."

„Hm, okay. Ich wette um einen Hotdog, dass ich dich abziehe." Ich strecke meine Hand aus, um den Handel komplett zu machen. Drei Prüfungen und eine Abschlussprüfung sind vier Hotdogs oder vier Dollar oder sechzehn Spiele am Flipper. Danke, *Jim Bob*.

Jim Bob hat nie mehr mit mir gewettet.

* * *

1982
College Station, Texas

Es ist zehn Minuten nach sieben Uhr morgens. Ich sitze da, wo ich morgens immer sitze – auf der niedrigen Zementmauer neben dem Fahrradständer der Junior Highschool.

„Hallo, Colin."

„Hallo, du Penner."

---

2 Savant: Mensch mit einer kognitiven Behinderung, der allerdings in Teilbereichen außergewöhnliche Leistungen vollbringen kann.

Colin ist der Grobian aus der siebten Klasse, ein Jahrgang über mir. Er tritt sehr nahe an mich heran und ich fühle mich unwohl auf meinem Platz.

„Was ist mit deinen Hosen los, du Penner?"

„Was soll mit ihnen los sein?"

„Du bist ein Vollidiot. Schau dir doch mal deine Hose an. Du hast Faltenringe unten an den Beinen. Sind das Baumringe oder was? Wickelt deine Mami dir die Jeans jedes Jahr eine Falte runter?"

Ich sehe hinunter und bemerke tatsächlich die vier Faltenringe übereinander. Immer, wenn ich ein Stück gewachsen bin, schlägt meine Mutter die Hose einmal weniger um. Nie wäre mir in den Sinn gekommen, dass das komisch aussehen könnte.

„Deine Mama kann sich keine Levi's leisten, du Penner."

Ich antworte nicht. Mein Kopf ist heiß, so wütend bin ich, und nur allzu gern würde ich ihm das Maul stopfen, aber ich kann es nicht. Denn ich bin nun mal ein Vollidiot. Ein Spinner. Vermutlich werde ich zu heulen anfangen, bevor ich genügend Mut zusammenbekommen habe, um ihm eine reinzuhauen. Ein Weichei, ein Vollidiot und ein Feigling!

„Bis später, Penner."

Wumm! Er tritt mich in den Magen. Benommen falle ich von der Mauer und krümme mich in einer Embryonalhaltung zusammen. Für einen Sekundenbruchteil wird alles schwarz und ich bekomme keine Luft mehr. *Phhhh.* Über mir sehe ich einen grauen Himmel mit ein paar dunklen Wolken. Oh, gut, also lebe ich noch, doch ans Aufstehen ist nicht zu denken. Vielleicht habe ich innere Blutungen oder so was.

* * *

1987
College Station, Texas

Am liebsten würde ich Tennis-Superstar werden. Ich bin fünfzehn und Tennis ist mein Leben. In den letzten vier Jahren hat mich niemand in meiner Altersgruppe in College Station im Tennis schlagen können. Nicht einmal *Lance Stratton* – er trifft nicht einmal den Ball. Problemlos kann ich seit geraumer Zeit Rang und Namen der fünfzig besten

Tennisspieler der Welt aufzählen und erklären, warum sich die Ränge jeweils verändert haben und wer wen geschlagen hat.

Im Augenblick stehe ich im Endspiel der Stadtmeisterschaft im *Royal Oaks Racquet Club* – einem Countryklub – und führe bereits mit einem Set. Eigentlich sollte es kein Problem sein, diesen Wettbewerb zu gewinnen, schließlich habe ich schon beim Turnier im *Brentwood Country Club* den ersten Platz gemacht. Außerdem trage ich seit langem schneeweiße Unterwäsche.

Es macht mich glücklich, wenn mir meine Mutter beim Tennisspielen zuschaut. Sie soll stolz auf mich sein, auch wenn wir nicht hierher in den Countryklub gehören. Zwar wünschte ich, wir täten es, aber wir tun es nicht, denn die Leute hier sind reich. Und – ja durchaus – ich bin neidisch. Aber wenn ich alle Wettkämpfe gewinne, lässt der Schmerz nach.

Ich schlage ein Ass und gewinne. Schon wieder. Meine Mutter steht auf, geht in den Laden des Countryklubs und kauft weiße Shorts.

Ich liebe es so sehr, zu gewinnen, dass ich alles dafür geben würde. Mein Vater und meine ältere Schwester sind genauso, für uns zählt nur der Sieg. Die Einzige, die anders ist, ist meine jüngere Schwester Mingfang. Aber sie ist die Ausnahme in unserer Familie. Der Rest von uns muss gewinnen.

4. SEI VORSICHTIG

15. August 1997
La Paz, Bolivien

Schlitz, schlitz.
   Es ist nun eine Woche her.
Tropf, tropf.
Seit meinem Gespräch mit ihr auf dem Dach.
   Sie hat sich nicht verändert und wird sich nicht verändern. Nun hat sie einen Mann gefunden, der sie in einen Nachtklub mitnimmt. Außerdem trinkt sie. Manchmal haben sie Sex, dann ritzt sie sich wieder mit einer Rasierklinge. Am nächsten Tag hält sie mir die Narbe unter die Nase und tut so, als würde ich es nicht bemerken. Und sie lässt mich ihre Wunde nicht behandeln, es sei denn, ich lasse sie auf meinem Walkman hören. Manchmal bittet sie mich, sie zum Tanzen auszuführen. Natürlich sage ich Nein, doch sie findet immer jemand anderen, der es tut.
   Mercedes.
   Ich habe in den letzten paar Tagen viel gegrübelt, doch irgendwann möchte ich nicht mehr nachdenken, mir nicht mehr den Kopf zerbrechen über die Straßenkinder. Heute bin ich nach der Arbeit im Waisenhaus hierhergekommen, zu *Scotts* Haus, das zu dem Gebäudekomplex gehört, der *La Iglesia de Dios* genannt wird. Scott ist kein typischer Missionar, denn er sieht Bolivien als seine Heimat an und betrachtet die Bolivianer als seine Geschwister. Er lebt hier mit seiner Frau und seinen drei Kindern. Die gehen in bolivianische Schulen und haben bolivianische Freunde.
   An meinem zweiten Tag in Bolivien hatte *Scott* mich auf eine „Willkommens"-Party auf den Altiplano mitgenommen, auf die Hochebene, in der La Paz liegt, zu einem Treffen der Pastoren dieser Gegend. Wir waren die Ersten gewesen, die dort eintrafen, also machten wir

einen Spaziergang durch ein kleines Dorf und jeder von uns trank eine Limonade. Schließlich kam ein Bus mit etwa dreißig Männern und Frauen. Alle waren sehr herzlich und freundlich, ich aber fühlte mich komisch, so als würde ich nicht dazugehören. Sie sprachen *Aymara*, wie die meisten Ureinwohner Boliviens, denn nur ein Teil der Bolivianer spricht auch die Amtssprache Spanisch.

Das Abendessen wurde serviert und wir saßen auf Holzbänken. Scott schlenderte vorbei und flüsterte mir ins Ohr: „Ich vermute, du bist heute der Ehrengast." Ich beachtete ihn nicht, denn ich hatte einen Blick in meine Suppe geworfen und die obere Hälfte eines Hühnerschnabels entdeckt, die darin herumschwamm, dicht unter einer Oberfläche, die praktisch nur aus Fettaugen bestand. Ich nahm meinen Löffel und stocherte vorsichtig in dem Gebräu herum. Der Schnabel versank zwar in der Tiefe der dampfenden Suppe, doch dafür stieg nun eine dreifache Klaue empor. Vor meinem geistigen Auge sah ich schon, wie sie mir ins Gesicht sprang, und legte meinen Löffel weg. Mittlerweile aber hatten die um den Tisch versammelten Gäste ihre Blicke bedeutungsvoll auf mich gerichtet und warteten darauf, dass der „Gast" den ersten Bissen zu sich nahm. Ich sah mich im Raum um. Scott lehnte an einer Wand und lachte – lachte zwar still, aber so intensiv, dass ihm in aller Stille die Tränen über die Wangen liefen. Durch meinen Kopf aber jagten sich gegenseitig nur zwei Gedanken, immer und immer wieder: *Die Klaue. Kulturelle Sensibilität. Die Klaue. Kulturelle Sensibilität.*

Ich nahm meine Gabel und stach auf den Feind ein. Zwei Bissen. Einmal schlucken.

Scott ist im Moment nicht da. In den kommenden vier Monaten macht er eine Vortragsreise durch die Vereinigten Staaten. Ich wohne allein in seinem Zimmer und sehe mir die montäglichen Footballspiele im Satellitenfernsehen an. Das US-Fernsehen lässt mich teilhaben an der Sauberkeit und dem Wohlstand der amerikanischen Supermacht, hilft mir, *Mercedes* und all die anderen Straßenkinder zu vergessen. Es ist ein kurzer Ausflug in die selige Ahnungslosigkeit, aus der ich gekommen bin.

Troy Aikman wirft Michael Irvin einen Pass zu. Touchdown.

Soweit ist es also nun gekommen.

Seit fast zwanzig Jahren will ich den Ärmsten der Armen helfen. Vor zwei Jahren bin ich zu der Überzeugung gekommen, dass ich das am besten verwirklichen kann, wenn ich Arzt werde. Obwohl das Wort „Missionar" bei meinen Freunden Bilder von unsensiblen, erzkonservativen Fundamentalisten wachruft und trotz all meiner persönlichen Fehler sehne ich mich danach, mein Leben auf eine gottgefällige Weise zu führen. Ich habe bei der medizinischen Fakultät der Harvard-Universität zwei Freisemester eingelegt. Als mein Sonntagabendkreis erfahren hat, dass ich als medizinischer Missionar in Bolivien arbeiten möchte, ist er in der *Park Street Church* in Boston aktiv geworden und hat meine gesamte Reise samt Spesen bezahlt.

All das, nur weil *ich* nach Bolivien gehen und beweisen wollte, dass mein ganzes Leben ein einziges Scheitern ist.

Bin ich nun an dem Punkt angelangt, an dem ich aufhöre, ich selbst zu sein? An dem sich die Identität, die ich mir mit den Jahren zusammengebastelt habe, in Nichts auflöst? Das Ich, von dem ich dachte, dass ich es war?

Ich möchte nicht von dieser Couch aufstehen und wieder in dieses Ich schlüpfen. Vielleicht suche ich mir eine andere Identität – eine, die die Dinge leicht nimmt, eine, die sich nicht krankhaft auf die Leiden der Kinder fixiert.

Was ist mein wirkliches Ich? Bin ich einer, der sich total in die Armen hineindenkt, über sie liest und schreibt, die angenehmen Seiten des Lebens aber auch nicht loslassen kann? Und wenn ja – kann man so eine Haltung auch korrigieren? Gibt es so etwas wie eine besondere Therapie für Blindgänger? *Schlitz. Tropf. Tropf. Tropf.* Blutige Punkte auf dem Boden. *Mercedes* wischt die Rasierklinge an ihrer Hose ab. Ich drücke mir die Finger in die Augen. Hör auf, daran zu denken, *Chi*, oder du bist für immer gelähmt. Denke lieber daran, wie gut es den Kindern jetzt geht, dort, in ihren kleinen, leicht muffelnden Zimmern. Ihre Lebensumstände haben sich enorm verbessert. Denk an die Schreinerkurse, die du mit ihnen zusammen gemacht hast, denke daran, dass für sie jeder Tisch und jeder Schrank ein Kunstwerk von eigener Hand ist, für jeden von ihnen ein echter Triumph. Alles wird jeden Tag ein bisschen besser. Mehr Tische, mehr Schränke.

Das Blut verklumpt sich in gallertartigen Klumpen entlang der vier parallelen Linien an ihrem Handgelenk. Es ist vollbracht.

* * *

Im nicht überdachten Innenhof des *Yassela*-Heims bastelt ein Kreis von Mädchen Armbänder. Die kleine *Sara* knüpft ein komplexes Muster aus Plastikperlen zusammen, ihre Augenbrauen sind in bewundernswerter Konzentration zusammengezogen.

„Schön, nicht wahr, *Chi*?"

„Ja. Mir gefällt, dass du so leuchtende Farben genommen hast."

„Mm-hmm", antwortet sie. „Ich mache dir später auch eins."

„Danke."

Während die anderen Mädchen im Kreis sehr konzentriert arbeiten, sitzt *Mercedes* außerhalb des Kreises und macht für sich eine Halskette.

„Warum sitzt *Mercedes* nicht bei euch, *Sara*?"

„Sie hat schlechte Laune. Sie hat immer schlechte Laune. Es macht keinen Spaß, mit ihr zu spielen."

Ich gehe zu *Mercedes* hinüber und setze mich direkt vor sie. „Hallo, *Mercedes*."

„Was willst du von mir?"

„Nichts." Ich hole tief Luft. „Wie geht es deinem Handgelenk?"

„Gut."

„Warum bist du nicht bei den anderen Mädchen?" Ich versuche, mit extra sanfter Stimme zu reden.

„Weil die doof sind", betont sie nachhaltig.

„Ich glaube nicht, dass sie doof sind", sage ich. „Was bedrückt dich, *Mercedes*?"

„Ich habe Hausarrest."

„Hausarrest. Warum hast du Hausarrest bekommen?"

„Ich habe gestern Abend ein Spiel gespielt."

„Was für ein Spiel?"

„Ach, nichts."

„Was für ein Spiel, *Mercedes*?"

Stille. Sie hat Angst vor meiner Reaktion. Und doch möchte sie, dass ich es weiß, dass ich diesen Teil von ihr kennenlerne. „Was für ein Spiel?", wiederhole ich.

„Mein Spiel."

„Was für ein Spiel ist das, *Mercedes*?"

„Na mein Schlitzspiel."

„Dein Schlitzspiel?" Meine Stimme wird brüchig.

Mercedes drückt sich eine unsichtbare Rasierklinge an das Handgelenk. „Wir schneiden uns" – sie zieht die unsichtbare Rasierklinge von ihrem Handgelenk über ihren Unterarm bis in ihre Ellenbogenbeuge – „und dann schauen wir, wer den längsten Schnitt hat."

„Was?" Ich flüstere heiser. „Mit wem hast du das gespielt?"

„Sara und –"

Mit einem Satz bin ich bei Sara. „Sara", keuche ich und beuge mich zu ihrem Gesicht hinunter. „Zeig mir dein Handgelenk."

Ein frischer, zwei Zentimeter langer Schnitt ziert ihr Handgelenk.

„Wer hat das getan?", frage ich sie.

„Ich", sagt sie unschuldig.

„Hast du so etwas davor schon einmal gemacht?" Meine Stimme wird schriller.

„Nein."

„Warum hast du das getan?"

„Es ist ein Spiel, das uns Mercedes beigebracht hat", sagt sie und es hört sich fast wie eine Frage an, sie ahnt meine Missbilligung.

„Wo habt ihr das gespielt?"

„Gestern Abend, als es spät war, in unserem Schlafraum."

„Wo war eure Betreuerin?" Mein Gesicht ist rot angelaufen.

„Die hat geschlafen."

„Sara, wie alt bist du?"

Sara sieht mir ins Gesicht, sie kann nichts sagen und bricht beinahe in Tränen aus. Dann hält sie fünf Finger hoch.

„Sara. Hör mir zu. Das ist kein Spiel. Verstehst du mich?"

Tränen laufen ihr aus den braunen Mandelaugen. Sie sieht zu Boden.

„Ja, Chi. Wir haben nur gespielt. Es tut mir leid."

„Du versprichst mir, dass du das nie wieder tun wirst. Okay?"

„Okay." Sie schnieft.

Ich bin kurz davor zu schreien. Obwohl Mercedes mir nie etwas versprochen hat, fühle ich mich verraten, weil ich doch noch auf so etwas wie eine jugendliche Unschuld tief in ihr drin vertraut habe. Vielleicht weiß sie es nicht besser – hat sie nicht ihre eigene Jugend schon vor langer Zeit verraten? Und bin nicht ich hier der Jugendliche, der sich durch seine eigene Naivität verrät? Ich hole tief Luft, nehme Sara in den Arm und bringe sie zu Mercedes.

„Mercedes. Woher hast du die Rasierklinge?"

Sie grinst.

„Antworte mir!" Meine Gefühle gehen mit mir durch. „Woher hast du die Rasierklinge?", schreie ich.

„Ich habe eine ganze Sammlung." Sie lächelt.

„Wo ist sie?"

Stille.

„Sag's mir." Ich senke meine Stimme.

„Die Betreuerin hat sie mir gestern Abend weggenommen."

„Solltest du jemals wieder diesen Mädchen beibringen, wie man sich ritzt, dann fliegst du aus dem Haus. Habe ich mich deutlich genug ausgedrückt?"

Mercedes sieht mir in die Augen. „Ich hasse dich!"

„Komm, wir gehen, *Sara*." Ich behandle *Saras* Wunde, wobei sie weint und schreit, aber ich tröste sie, indem ich ihr ein Micky-Maus-Pflaster auf den Schnitt klebe. Sara rennt die Treppe hinunter und macht ihr Armband fertig.

* * *

10:30 Uhr
Bururuheim für Straßenjungen

Viel zu spät betrete ich die Schreinerwerkstatt im *Bururuheim*. Schwester *Olivia* läuft mir entgegen. „Wo sind Sie gewesen? Ich habe auf Sie gewartet!" Sie bringt mich zu einem Abstellraum.

„Das wird Ihr Untersuchungszimmer."

An der Rückwand stapeln sich Zwanzig-Kilo-Säcke mit Karotten und *Chuña* – kleinen Kartoffeln, egal von welcher Sorte, die auf dem eisigen Boden des Andengebirges gefriergetrocknet werden. Neben den Kartoffelsäcken gammeln Matratzen, eine Singer-Nähmaschine verrostet einsam in einer Ecke und vor mir erstreckt sich ein riesiger Tisch, der mit Sägemehl bedeckt ist.

„Los, fangen wir an." Schwester *Olivia* rauscht hinaus und kreischt: „*Jorge! Jorge!*", während ich versuche, meinen Kopf für die Aufgabe freizubekommen, die nun vor mir liegt. Arbeit ist ein gutes Mittel, um das Hirn von verstörenden, immer wiederkehrenden Bildern zu reinigen. Ich lege mein Stethoskop, Ophthalmoskop, Otoskop und Blutdruckmessgerät ordentlich in eine Reihe neben meine beiden medizinischen Bücher.

Plötzlich schlüpft ein kleiner, etwas verwahrlost aussehender Junge durch die angelehnte Tür, stellt sich an die andere Seite des Tisches und sieht mich unschuldig an. „*Chi*, kannst du dich um meine Füße kümmern?"

Sein Haar ist rabenschwarz und seine Wangenknochen stehen hervor. Ein Eingeborener wie aus dem Lehrbuch. Er kann nicht älter als neun Jahre sein. Unter seiner Topfschnittfrisur blickt er zu mir hoch und ich betrachte ihn vom Kopf bis zu den Füßen, die in einem Paar schmutziger, zerschlissener Converse-Turnschuhe stecken.

„Bist du *Jorge*?", frage ich ihn.

„Nein!", verkündet er. „Ich heiße *Fernando*."

Ich knie mich hin, öffne die Schnürsenkel seiner Schuhe und werde von einer Wolke übelsten Geruchs eingehüllt. Um etwas von der Luft hinauszulassen, öffne ich das Fenster und kehre zu meinem frisch gewonnenen Patienten zurück. Mehrere Lagen weißer Haut pellen sich von den wunden und feuchten Füßen, die ein einziges Meer von Pilzen sind. Ich sehe zu ihm auf, er wirft mir ein unschuldiges Lächeln zu und ich zwinge mich, zurückzulächeln. Seine Füße müssen schleunigst gereinigt werden. Vielleicht sollte ich Handschuhe anziehen? Lieber nicht – das würde seine Gefühle verletzen.

„Was ist los?", fragt er mich. „Ich rieche nichts."

„Was willst du damit sagen, du riechst nichts? Wann hast du dir das letzte Mal die Füße gewaschen?!"

„Ich wasche meine Füße nie", sagt *Fernando* unwillig.

„Und wie sieht es mit dem Duschen aus?"

„Ich gehe im Fluss schwimmen. Das ist meine Dusche. So bade ich."

Eigentlich sollte ich ihm an genau diesem Punkt sagen, dass ich ihm nicht helfen kann, aber dann sehe ich ihn mir noch einmal an und seine dunklen, braunen Augen brennen sich in mein Herz. Durch den Mund hole ich tief Luft und beginne, die klebrigen Hautschichten von seinen Füßen zu pellen.

„Du gehst also schwimmen?", frage ich ihn.

„Jau. Das zählt doch auch als duschen, oder?"

„Wie sieht's aus, soll ich dir ein paar Socken besorgen?"

„Ich will keine Socken." *Fernando* neigt den Kopf. „Habe ich um Socken gebeten?"

„Du *musst* Strümpfe anziehen, *Fernando*."

„Wozu? Mir geht es gut. Die kratzen nur."

„Okay. Wie oft solltest du deiner Meinung nach pro Woche duschen?"

„Einmal."

„Wie wäre es mit dreimal?"

Fernando überlegt schweigend. „Gut, ich werde darüber nachdenken. Aber das ist wirklich oft, verstehst du? Was ist mit meinen Füßen los?"

„Du hast eine Pilzinfektion."

„Was ist eine Pilzinfektion?"

„Ein Pilz ist ein Organismus, der auf deiner Haut lebt, besonders dann, wenn du deine Haut nicht wäschst und sauber hältst."

Ich reinige seine Füße mit einem Tuch. Noch mehr Lagen weißer Haut lösen sich und er kichert. „Das kitzelt!"

„So, *Fernando*. Wie oft solltest du duschen?"

„Dreimal pro Woche. Montags, dienstags und mittwochs."

„Okay. Aber wie wäre es, wenn du es ein bisschen besser verteilen würdest?"

„Ich bringe es lieber schnell hinter mich."

Ich schmiere seine Füße mit einer Antipilzcreme ein – die ganze Tube quetsche ich drauf.

„Wenn du duschen gehst, *Fernando*, was benutzt du, um dich zu waschen?"

„Wasser."

„Ich würde Seife vorschlagen."

„Nein", bockt er.

Ich wickle *Fernandos* Füße in Mull.

„Du musst Seife benutzen", sage ich.

Zu diesem Zeitpunkt weiß ich noch nicht, dass so ziemlich alle Jungen im *Bururu*-Heim dieselben Ansichten über Seife haben.

Ich mache mit meiner Untersuchung weiter: *Temperatur: 36.9°, Puls: 80, Atemfrequenz: 20, Blutdruck: 100/60, Gewicht: 35 kg, Körpergröße: 1,27 m.*

Fernandos Ohren sind voller Schmalz und er hat Karies in seinem Backenzahn rechts unten. Aber abgesehen davon scheint er kerngesund zu sein. Während der Untersuchung erkläre ich ihm, dass ich eine Umfrage unter Straßenkindern mache, um herauszufinden, wie sie auf die

Straße gekommen sind und wie sie dort leben und überleben. „Also, *Fernando*. Warum bist du auf der Straße?"

„Wie meinst du das, warum bin ich auf der Straße?"

„Na, wo ist deine Mutter?"

„Sie ist tot", sagt er zögernd.

Stille.

„Wie ist sie gestorben?"

„Busunfall."

„Wann ist das passiert?"

„Vor zwei Monaten."

„Das tut mir leid, *Fernando*." Ich schweige, um ihm meinen Respekt zu zollen. Dann frage ich: „Es gibt also nur noch dich und deinen Vater?"

„Ich habe meinen Vater nie kennengelernt."

Er muss mich hassen, weil ich ihm all diese dummen Fragen stelle.

„Warum hast du deinen Vater nie kennengelernt?", fahre ich fort.

„Er ist fortgegangen, als ich noch ein Baby war."

„Was hast du dann getan, als deine Mutter gestorben war?"

„Ich bin zum Haus meiner Tante gegangen."

„Und was ist da geschehen?"

„Sie hat mich nicht gewollt. Ich war für sie nur ein weiteres hungriges Maul, das gestopft werden muss. Sie hat mich immer angeschrien, hat mich den ganzen Tag arbeiten lassen und mir Schimpfwörter an den Kopf geworfen. Also bin ich weg."

„Wohin bist du gegangen?"

„Ich habe auf der Straße geschlafen. Und dann erzählten mir ein paar Kinder vom *Bururu*. Deshalb bin ich hierhergekommen."

„Was hältst du von diesem Heim?"

„Es ist schön."

„Warum?"

„Weil ich nicht mehr da draußen sein muss." Er zeigt durchs offene Fenster.

„Was ist denn so schlimm daran, da draußen zu sein?"

„Bist du verrückt?" Seine Augenbrauen ziehen sich zusammen, bis sie über seiner Nase eine Brücke bilden. „Es ist verdammt gefährlich da draußen. Drogen. Messer. Kämpfe. Die Erwachsenen."

„Die Erwachsenen?"

„Du bist tatsächlich verrückt. Wenn du ihnen widersprichst, dann werden sie dich ordentlich verprügeln und beschimpfen. Überall sind Messer. Du weißt nie, ob du nicht plötzlich eins davon im Rücken stecken hast. Wir bleiben eng beieinander und passen auf, dass keiner von hinten kommt. Nur die Verdünnungsmittel haben mich nachts warm gehalten. Aber die gehen aufs Hirn und machen einen verrückt. Und dann wird man ungefähr so wie du."

„Du hast recht. Ich bin verrückt. Wie geht es deinen Füßen jetzt?" Er blickt an sich herunter auf seine Zehen. Sie bewegen sich synchron, als hätten sie ein Eigenleben.

„Du solltest diese Socken hier anziehen."

Ich gebe ihm ein Paar dreifarbiger Baumwoll-Polyester-Socken, die noch in einer glitzernden Folie eingeschweißt sind. *Fernando* hält die Socken in seinen pummeligen kleinen Händen.

„Ich werde darüber nachdenken."

Er macht sich davon auf seinen strapazierten Füßen in blütenweißen Bandagen, die aus seinen Converse-Schuhen herausgucken.

* * *

Alejandro ist ein hochgewachsener Junge, stets mit einem gewinnenden Lächeln auf den Lippen. Er ist siebzehn Jahre alt und für einen Bolivianer ziemlich groß: einsfünfundsiebzig. Über seine linke Wange zieht sich eine dünne Narbe. Sein Alter und die lange Zeit, die er im Waisenhaus verbracht hat, machen ihn zum „Big Brother" in dieser Jungenbande. Er schlichtet Kämpfe und sorgt dafür, dass die Kinder ihre Hausaufgaben machen. Ich arbeite hier erst seit einer Woche, aber ich mag *Alejandro,* weil er ein großes Herz hat und immer freundlich ist.

„Hallo, *Alejandro.* Wie geht es dir?"

„Gut, *Chi.*"

„*Alejandro,* ich werde dich untersuchen und dir ein paar Fragen stellen." Ich presse mein Stethoskop gegen seine Brust. „Wie lange bist du schon im *Bururu?*"

„Sechs Jahre."

„Wo sind deine Eltern?"

„Sie sind tot. Meine Mutter ist gestorben, als ich zwei Jahre alt war. Ich kann mich nicht wirklich an sie erinnern. Mein Vater hat mich

53

verlassen, als ich fünf war. Er hat mich einfach zurückgelassen und ist in den Süden gegangen. Ich habe gehört, dass er neulich gestorben ist, an Altersschwäche oder so was."

„Bist du traurig darüber, dass dein Vater tot ist?"

„Nein. Der hat eh nie etwas für mich getan. Er hat mich zurückgelassen wie einen Haufen Müll."

„Und deine Mutter? Was denkst du über deine Mutter?"

„Ich habe meine Mutter nie kennengelernt, also denke ich nichts über sie."

„Was hast du gemacht, nachdem dein Vater dich verlassen hat?"

„Ich habe bei meinem Onkel und meinem Cousin gewohnt, aber das war keine gute Sache. Mein Onkel hatte die ganze Zeit über viele verschiedene Frauen. Er hat mich ständig geschlagen und angebrüllt. Manchmal hat er mir noch nicht einmal was zu essen gegeben. Ich habe das drei Jahre lang ausgehalten, und als ich acht Jahre alt war, bin ich gegangen."

„Wohin bist du gegangen?"

„Auf die Straße natürlich."

„Welche Straße?"

„Auf alle Straßen. Weil ich kein bestimmtes Ziel hatte, verbrachte ich meine Tage auf der Straße, schlief und aß dort, insgesamt drei Jahre lang. Ich habe Schuhe geputzt, habe gebettelt, alle möglichen Arbeiten gemacht und in den wenigen warmen Ecken der Stadt geschlafen. Dabei musste ich natürlich immer gut auf mich aufpassen und habe deshalb überlebt."

„Und dann bist du ins *Bururu* gekommen."

„Das *Bururu* ist mein Zuhause, meine Familie. Ich bin hier sehr glücklich, weil das *Bururu* dafür gesorgt hat, dass ich einen Beruf lernen konnte. Nun bin ich Koch. Immerhin habe ich drei Jahre lang kochen gelernt und das kostet jeden Monat ungefähr sechzig *Bolivianos*. Die Leute im *Bururu* haben mir geholfen, den nächsten Schritt in meinem Leben zu tun, damit ich irgendwann auf eigenen Füßen stehen kann."

„Was gefällt dir so am Kochen?"

„Kochen ist einfach schön. Und in der Küche kann ich essen, was immer ich will. Hahaha!"

„Machst du nicht gerade ein Praktikum in einer Küche außerhalb des *Bururu*?"

„Ja, im *Hotel Presidente*.“

„*Hotel Presidente*? Ist das nicht eins von den Nobelhotels in La Paz? Ein Fünf-Sterne-Hotel, nicht wahr?“

„Ja, aber ich habe noch nicht angefangen. Ich habe Probleme, meine Staatsangehörigkeit bescheinigt zu bekommen.“

„Aber du hast doch dein ganzes Leben in Bolivien verbracht.“

„Ich habe aber keine Ahnung, wer meine Mutter und mein Vater sind. Deswegen habe ich gar nichts. Sie haben alle möglichen Akten durchgeschaut. Eine nach der anderen. Ich bin einfach nicht drin. Mich gibt es gar nicht. Ich versuche schon seit dreieinhalb Jahren meine Staatsbürgerschaft bescheinigt zu bekommen.“

Ich schüttele den Kopf. Ein junger Mann, der sich selbst am Schopf aus dem Sumpf gezogen hat, obwohl er noch nicht einmal einen Sumpf besitzt, bekommt die Arbeitsmöglichkeiten verweigert, weil man ihn nicht für einen Bürger seines Geburtslandes hält. Seine *Aymara*-Vorfahren leben seit mehreren tausend Jahren in Bolivien, aber seit die Spanier dieses Land erobert haben, ist es kein Vorteil, ein indigener *Aymara* oder *Quechua* zu sein. „Nun“, sage ich zu ihm, „ich bin froh, dass du hier bist. Du bist eine große Hilfe und die kleineren Jungen schauen zu dir auf.“ Während ich meinen Fragebogen entlanggehe, frage ich *Alejandro*: „Hast du Drogen genommen, als du auf der Straße gelebt hast?“

Alejandro schüttelt heftig den Kopf. „Ich habe so etwas nie gemacht. Ich habe an mich selbst geglaubt – an das Leben. Ich habe die bösen Dinge der Straße nie gelernt.“

Alejandro denkt einen Moment lang nach; er möchte mir etwas erzählen, vielleicht etwas aus seiner Vergangenheit? Dann steht er auf.

„Du musst Geduld haben, *Chi*. Du musst sie dazu bringen zu verstehen, Stück für Stück. Gib ihnen einmal die Woche etwas zu essen. Schau dir einmal pro Monat ihre Wunden an, ob sie gut verheilen. Rede mit ihnen. Bring ihnen etwas bei. Erzähle ihnen von Gott. Zeige ihnen Liebe. Zeige ihnen, was sie tun müssen, um ein gutes Leben zu führen. Zeige ihnen, was ihnen Leid zufügt und schließlich zum Tod führt.“

Ich bleibe still, weil ich mich irgendwie beschämt fühle, aber auch inspiriert. Gedankenverloren pumpe ich das Blutdruckmessgerät auf. „Ich will es versuchen“, murmle ich. „Ich will es versuchen.“

Er läuft in abgetragenen Jeans herum, die ihm sieben Nummern zu groß sind und sich mehrfach über seinen Füßen falten. Bis oben hin zugeknöpft ist sein Hemd, seine Haare sind feucht und ordentlich gekämmt. Der Boden ist mit Holzsplittern bedeckt, das erklärt sein vorsichtiges Schlurfen. Die Kreissäge im angrenzenden Raum dröhnt und lässt die Fensterflächen zittern. Mir kommt es vor, als könnten die Scheiben jeden Augenblick platzen und diesen körperlich ausgesprochen unterentwickelten Jungen mit Narben übersäen. Seine zurückfliehende Stirn wölbt sich über einen breiten Schädel. Liegt der Grund dafür in einer chromosomatischen oder hormonellen Abnormalität? Ich habe kein Buch, in dem ich so etwas nachschlagen könnte. Aber selbst wenn er einen genetischen Defekt hat, kann ich ja doch nichts unternehmen. Ich habe kaum genug Geld, mich um gewöhnliche Erkältungen zu kümmern. Nun sitzt er ruhig auf dem Rand eines Stuhles, seine Beine hängen herunter, seine Füße berühren nicht einmal den Boden. Er sieht sich im Zimmer um, sein Blick fällt auf die Kartoffeln.

„Ich glaube, heute gibt es Kartoffeln zum Abendessen", sage ich.

„Gut. Ich mag Kartoffeln."

„Wie heißt du?"

„*Jorge Limachi.*"

„Wie lange bist du schon hier im *Bururu*?"

Er zählt mit großer Sorgfalt an seinen Fingern ab. „Seit vier Jahren."

„Seit vier Jahren! Vier Jahre sind eine lange Zeit, *Jorge*."

„Ja."

„Gefällt es dir hier?"

„Ja."

„Warum?"

„Es ist nett hier und Señora *Lydia* kauft mir Kleidung und Schuhe."

„Was gefällt dir noch am *Bururu*?"

„Wir können in die Schule gehen. Wir lernen alles. Wir erledigen unsere Aufgaben im Haus und machen unsere Hausaufgaben. Wir können hier auch schlafen und uns waschen."

„Hast du auf der Straße gelebt, bevor du hierhergekommen bist?"

„Ich habe nie auf der Straße gelebt."

„Warum nicht?"

„Ich bin eines Tages auf den Platz gegangen und zwei junge Damen und ein junger Kerl haben mich aufgegabelt."

„Warum bist du von Zuhause weggelaufen?"

„Weil ich meinen Vater nicht mag."

„Warum nicht?"

„Mein Vater hat mich den ganzen Tag lang auf dem Bauernhof arbeiten lassen und mich dann immer geschlagen."

„Warum hat dich dein Vater geschlagen?"

„Weiß ich nicht."

„Hattest du etwas angestellt?"

„Nein. Meine Stiefmutter hat ihm gesagt, dass er mich verprügeln soll."

„Was hat er dann getan?"

„Mein Vater hat mir dann immer die Hände so zusammengebunden." Er legt seine Handgelenke aufeinander. „Dann hat er mich mit Elektrokabeln oder großen Stöcken so lange verprügelt, bis sie zerbrochen sind. Manchmal hat er auch Gummischläuche genommen und mich am Hals aufgehängt."

Ich starre *Jorge* ungläubig an.

„Hmm", brummt *Jorge*, „einmal wurde mein Vater besonders wütend. Er hat mich in ein eisernes Fass gesteckt. Ich weiß noch genau, es war sehr früh am Morgen. Er hat das Fass bis oben hin mit Wasser gefüllt. Ich musste zwei Stunden in dem Fass bleiben und dabei wäre ich fast ertrunken."

„Wie bist du schließlich weggelaufen?"

„Mein Vater hat mich im Haus meiner Tante zurückgelassen."

„Magst du deine Tante?"

„Nein! Sie war eine perverse Frau."

„Wie meinst du das, ‚pervers'?"

„Sie ist ständig wütend gewesen und hat mich mit kaltem Wasser gebadet. Einmal hat sie mir gesagt: ‚Heute Abend wirst du mit kaltem Wasser baden.' Und ich habe gesagt: ‚In Ordnung.' Nach dem Bad musste ich auf dem Boden schlafen mit einer Plastikplane als Decke. Als sie am nächsten Morgen gekocht hat, habe ich mir ungefähr fünf Bolivianos genommen und ihr zugerufen: ‚Tantchen, ich gehe nach draußen pinkeln, okay?' Sie hat geantwortet: ‚Geh, aber komm gleich wieder zurück!' Sobald ich draußen war, bin ich gerannt und gerannt, bis ich nicht mehr konnte. Ein netter Mann mit einem Lastwagen hat mich das ganze Stück bis in die Innenstadt mitgenommen und nicht einmal gefragt, warum ich spätabends ganz allein war. Wenn er es getan hätte, hätte ich ihm eine Lüge erzählt. Als wir an der Plaza San Francisco angekommen waren, bin ich gelaufen und gelaufen und habe mir überlegt, was ich als Nächstes tun könnte. Dann haben mich zwei *Cholitas*, die da Getränke verkauft haben, gefragt, warum ich zu so einer späten Stunde nicht zu Hause bin, doch ich habe ihnen nichts geantwortet. Schließlich durfte ich unter der Plane schlafen, die ihren Marktstand zugedeckt hat. Sie waren sehr freundlich zu mir und haben mir in vielen Dingen geholfen."

„Wie lange bist du bei ihnen geblieben?"

„Anderthalb Monate. Sie haben mich gefragt, ob ich das *Bururu* kenne. Ich habe Nein gesagt, also haben sie mich hierher gebracht."

„Nun, *Jorge*, was ist mit deiner Mutter geschehen?"

„Sie ist verbrannt, als ich noch sehr klein war." *Jorge* denkt einen Augenblick nach. „Ich habe ein Bild von meiner Mutter." Er macht wieder eine Pause, um über diese Tatsache nachzudenken. „Möchtest du das Bild sehen?"

„Ich würde sehr gern das Bild von deiner Mutter sehen."

„Komm mit", sagt er. Señora *Olivia* und ich gehen ihm hinterher, während er aus dem Abstellraum geht, dann die Treppe hinauf und in seinen Schlafraum. Er knöpft den obersten Knopf seines Hemdes auf und kramt einen Schlüssel hervor, der an einem zerschlissenen Faden an seinem Hals befestigt ist. Alles, was er in dieser Welt besitzt, wird in einer siebzig Mal siebzig Zentimeter großen Holzkiste im zweiten Stock des *Bururu*-Heims für Straßenjungen aufbewahrt. Er schließt seinen hölzernen Spind auf, dessen Scharniere nur recht lose befestigt sind, öffnet seine Reißverschlussgeldbörse und holt vorsichtig ein verblasstes drei Mal fünf Zentimeter großes Farbfoto heraus. Seine Mutter war eine junge Frau mit einer birnenförmigen Figur, die einen braunen Bowlerhut auf dem Kopf trug. Sie stammte anscheinend aus dem Südosten Boliviens. Die Herkunft der *Cholitas* erkennt man an der Farbe ihrer Hüte. *Jorges* Mutter war eine *Cholita* ohne Lächeln.

„Sie war sehr hübsch, *Jorge*."

„Ich weiß." Er steckt seinen wertvollsten Besitz sorgfältig wieder in seinen Geldbeutel und legt den Geldbeutel zurück in den Spind.

„Du vermisst deine Mutter, nicht wahr?"

„Ja." Er sieht auf den Boden. „Ja, aber sie ist ja jetzt in Sicherheit. Sie ist im Himmel. Ich bete jeden Abend ein Gebet für sie und für die Leute, die mir helfen."

* * *

Es ist fünf Uhr nachmittags und ich habe heute sechs Untersuchungen durchgeführt. Die meisten Waisenhauskinder sind überraschend gesund. Abgesehen von gelegentlichen Hautinfektionen brauchen die Kinder eher einen Zahn- als einen Allgemeinarzt. Nahezu alle Kinder haben so schwerwiegende Kariesinfektionen, dass ihnen eigentlich einige Zähne gezogen werden müssten. Ich verlasse das *Bururu* und gehe die schmalen kopfsteingepflasterten Straßen hinunter. Die alten Frauen, die Wollpullover verkaufen, beobachten mich.

„Wer ist dieser Chinese?", fragt eine die andere. „Er kommt jeden Tag hierher."

Der Himmel ist leuchtend hellblau, als ich über die Plaza San Francisco marschiere. Fünf Straßenkinder liegen träge auf den Grünflächen. Sie schlafen, wahrscheinlich stehen sie unter Drogen. Ein weiteres Straßenkind untersucht gründlich ihre Taschen auf der Suche nach ein paar Bolivianos. Die Obdachlosen bestehlen die Obdachlosen.

Ich sollte etwas unternehmen. *Tu was! Was denn?*

Ich komme mir vor, als müsste ich auf der sinkenden *Titanic* die Liegestühle anders platzieren. Jetzt, wo ich hier bin, unter so vielen Menschen in Not, bin ich vor Traurigkeit geradezu gelähmt, überwältigt von der Arbeit, die vor mir liegt. Gedankenverloren schlendere ich zum nächsten Burger-Restaurant, einem Sammelpunkt für Menschen aus der Ersten Welt, und bestelle einen Cheeseburger mit Pommes Frites und eine große Cola. Mir fällt ein, dass *Titanic* heute Abend im Kino gezeigt wird. Ich hasse romantische Filme, doch den könnte ich mir glatt mal anschauen.

* * *

Als ich *Mercedes* auf dem Dach des *Yassela*-Gebäudes finde, liegt sie auf ihrer linken Seite in einer Art Embryonalhaltung. Die Morgensonne beleuchtet sie zur Hälfte, die andere ist im Schatten. Sie trägt einen dunklen, pfirsichfarbenen Pullover und schwarze Jogginghosen und ihr Kopf ruht neben ihrem ausgestreckten Arm. Sie weiß, dass ich gekommen bin, um ihre Wunde neu zu verbinden. Vor zwei Tagen hat sie mir eine neue klaffende Wunde an ihrem linken Handgelenk gezeigt, aber sie musste unbedingt ihr dummes Spielchen spielen, und ich habe es nicht lange genug mitgespielt, um den ersten Preis zu gewinnen: das Privileg, ihre Wunden versorgen zu dürfen.

Ich knie mich neben *Mercedes* und flüstere sanft: „*Mercedes ... Mercedes ... Mercedes*, es ist halb zehn. Zeit, aufzuwachen.“

Sie reagiert nicht.

„Wach auf, *Mercedes*.“

„Lass mich in Ruhe.“

„Ich muss deine Wunden behandeln. Wir haben eine Abmachung. Ich lasse dich mein Radio benutzen und du erlaubst mir, deine Schnitte zu waschen und neu zu verbinden.“

„Ich hasse dich. Lass mich in Ruhe.“

„Ich liebe dich auch. Und jetzt steh auf“, sage ich ziemlich grob.

„Ich hasse dich!“

Sie hasst mich nicht wirklich, sage ich mir, sie möchte einfach nur, dass ich hier verschwinde.

„Du kannst mich so viel hassen, wie du möchtest“, sage ich ihr, „aber du musst trotzdem aufstehen. Du wohnst im *Yassela*, also musst du tun, was dir das Personal hier sagt. Abgesehen davon ist es zu deinem Besten.“

„Ich hasse dich!“

„Wäre es dir lieber, wenn sich dein Handgelenk entzündet und schließlich verfault?“

„Ja. Ich hasse dich.“

„Komm mit in das Untersuchungszimmer, *Mercedes*. Lass uns zusammen die Treppe hinuntergehen und deine Wunden reinigen und verbinden. Es dauert nur fünf Minuten.“

„Gib mir dein Radio und ich mache es.“

„Ich lasse dich ein bisschen auf meinem Walkman hören, wenn du möchtest.“

„Nein. Gib ihn mir.“

Das Blut steigt mir ins Gesicht. „Auf keinen Fall! Meinst du etwa, das *Yassela* ist so was wie dein Palast?“

„Ich hasse dich."

Irgendetwas muss sich ändern. Sie wird es in dieser Welt nicht weit bringen, wenn sie weiterhin jeden hasst, der ihr helfen will. Ihre Wunden werden sich infizieren und ihre Arme, ihre Beine, ja selbst ihre Seele werden absterben. Also packe ich sie an ihrem gesunden Arm, dem ohne frischen Schnitt. Er ist so schlaff, als sei er bereits tot. Ich zerre an *Mercedes* und versuche, sie hochzuziehen, sie aber rührt sich nicht. Nun ziehe ich fester, eher in seitlicher Richtung. Wild entschlossen, sie in das Untersuchungszimmer zu schleifen. Ihr Rücken schrammt auf dem Boden des Daches entlang, als würde ein gewaltfreier Demonstrant von einem Grundstück entfernt.

Ich bugsiere sie einige Meter in Richtung Treppenhaus und sie schreit: „Lass mich in Ruhe! Ich hasse dich!"

Schwester *Olivia* erscheint auf der Treppe. Sie macht eine beschwichtigende Handbewegung und ich lasse ab von *Mercedes*. „*Chi*", sagt sie, „wenn sie Ihre Hilfe nicht möchte, dann helfen Sie ihr nicht. Wir haben hier so viel zu tun, dass wir unsere Zeit nicht verschwenden können. Schauen Sie sich all die kleinen Mädchen hier an. Wenn Ihnen das nicht reicht, dann denken Sie an all die kleinen Mädchen auf der Straße."

Ich sehe zu *Mercedes* hinüber, die bewegungslos auf den Bodenfliesen liegt. „*Mercedes*, möchtest du nun deine Schnitte behandelt haben oder nicht?"

„Lass mich in Ruhe. Ich hasse dich."

„Ich habe schon öfter Mädchen wie *Mercedes* erlebt", sagt mir Schwester *Olivia*. „Unbehandelbar. Unverbesserlich. Wenn sie unbedingt sterben will, dann lassen Sie sie sterben."

Ich hole tief Luft, knie mich neben *Mercedes* und spreche so freundlich, wie ich nur kann, zu ihr. „*Mercedes*, ich will dir doch nur helfen und dafür sorgen, dass du gesund wirst. Ich bin nicht hier, um dir ein schlechtes Gefühl zu machen. Möchtest du, dass ich dich behandle?"

„Ich hasse dich."

„Gut", schnappe ich zurück, „ich hoffe, dein Arm fault dir ab."

Sofort fühle ich mich furchtbar. Wie konnte ich so etwas zu einem Kind sagen? Mit gesenktem Kopf schleiche ich davon.

Am nächsten Morgen erfahre ich, dass *Mercedes* das *Yassela*-Waisenhaus verlassen hat. Minutenlang starre ich auf die geschäftigen Straßen der Innenstadt, so als wollte ich sie bitten, Mitleid mit ihr zu haben.

Mein Herz sagt mir, dass ich versagt habe, dass ich dazu beigetragen habe, dass ein Mädchen wieder dorthin zurückgeschickt wird.

Mein Verstand sagt mir, dass die Wahrheit natürlich komplizierter ist.

Mercedes wollte sowieso das *Yassela* verlassen und auf der anderen Seite war sie kurz davor, vom Personal hinausgeworfen zu werden. In gewisser Weise ist es besser, dass sie nun weg ist, damit kleine Mädchen wie *Sara* nicht lernen, wie man sich ritzt und Kleidung und Drogen mit Sex bezahlt.

Hier lag auch das Problem in unserer kurzen Beziehung. *Mercedes* suchte in mir den *Sugar-Daddy*, einen, der sie aushält. Stattdessen behandelte ich sie wie ein großer Bruder seine kleine Schwester. Am Ende habe ich schließlich die Kontrolle verloren und sie hat bekommen, was sie gewollt hat: das Gefühl der Zurückweisung, das Gefühl, nur ein Objekt zu sein, das selbst der einfachsten brüderlichen Sorge nicht wert ist. Sie liebt den Schmerz. Sie genießt die Rasierklingenschnitte, das Aufreißen ihrer Haut, den stechenden Schmerz, der ihre Gliedmaßen hinauf- und hinunterrast wie ein Laser zwischen zwei Spiegeln und dabei an Kraft gewinnt, bis er so stark ist, dass sie schließlich etwas anderes fühlt als Herzschmerz und Leere.

Mein Versagen lag darin, dass ich nicht das Mädchen aus *Mercedes* herausholen konnte; sie nicht dazu bringen konnte, sich geliebt zu fühlen.

Das vielleicht härteste Manöver auf der Straße ist, Liebe zu akzeptieren. Aber soll ich mir wirklich die Aufgabe aufbürden, in zerbrochenen Menschen kindliches Urvertrauen wiederzuerwecken? Andererseits – wenn ich es nicht tue, wer sollte es dann tun?

5. EINFÜHRUNG IN DIE WELT DER STRASSE

29. August 1997

Es ist halb elf Uhr abends und ich gehe in meinem Zimmer in der immer noch nicht fertiggestellten Kirche auf und ab, zähle die Minuten bis Mitternacht. Meine dünne Matratze grüßt einladend vom Bettrahmen aus roh behauenem Kiefernholz, obendrauf liegt mein Hightech-Schlafsack und direkt daneben bläst ein kleiner Heizlüfter warme Luft in den großen Raum. Das brummende Geräusch beruhigt mich etwas. Auf dem Metalltisch neben dem Fenster befinden sich meine beiden wertvollsten Besitztümer: meine Bibel und mein Laptop. Das Fenster klappert; der Wind möchte hinein. Die einzige Dekoration an meinen Wänden sind die noch unverputzten Stellen. Selbst für meinen minimalistischen Geschmack sieht der Raum ziemlich traurig aus.

In einer Stunde und dreißig Minuten – um Mitternacht – werde ich *David* auf dem Kennedy Plaza in El Alto treffen. Als Betreuer aus dem *Bururu* besucht *David* jede Dienstag- und Donnerstagnacht die Straßenkinder in El Alto. Er freundet sich mit den Kindern an, um ihr Vertrauen zu gewinnen und sie ins Waisenhaus einladen zu können. Seit ich in La Paz angekommen bin, versuche ich, einen Zugang zu den jugendlichen Obdachlosen zu bekommen. Alle potentiellen Begleiter sagen erst höflich zu, zu unserem vereinbarten Treffen erscheint dann aber keiner. Diesmal wird es anders: Egal, ob *David* nun kommt oder nicht, ich werde heute Nacht meinen „Antrittsbesuch" auf der Straße machen.

„Ayweirea! Wnkiknnaa! Eireiis!", singt meine Nachbarin *Ximena* trotz dieser späten Stunde in ihrer schrillen, durchdringenden Stimme. Manchmal frage ich mich, ob ihre Familie bei diesem Gejaule nicht rituelle Opfer vollführt. Sie sind illegale Hausbesetzer vom Lande und

sprechen kein Spanisch, dennoch kommt *Ximena* ungefähr einmal pro Woche bei mir vorbei und gibt mir zu verstehen, dass sie Wasser braucht. Ich halte meinen Gartenschlauch über ihre Eimer und gebe ihnen ihre Wochenration. Ihre Familie hat kein fließendes Wasser, auch keinen Anschluss an die Kanalisation. Irgendwie gelingt es ihnen, sich so viel Strom zu „borgen", dass sie ihre Zimmer beleuchten können. Anders als *Ximena* habe ich mein eigenes Badezimmer, in dem es kaltes Wasser gibt. Oft dusche ich um die Mittagszeit, wenn es wärmer ist – ich meine die Sonne, nicht das Wasser.

Halb zwölf. Das Warten hat ein Ende. Entschlossen schlüpfe ich in meine Wanderschuhe und binde sie gut zu. Doppelter Knoten. In meinen rechten Stiefel stopfe ich einhundert Bolivianos. „Herr, hilf mir und beschütze mich vor den Gefahren, die vor mir liegen. Bitte mach, dass das, was ich gleich tun werde, nicht dämlich ist. Amen."

Leise ziehe ich meine Haustür hinter mir zu und schließe sie ab. Es ist Vollmond. Hinter den Steinbrocken und Balkenhaufen auf dem Platz vor der halbfertigen Kirche stoße ich auf eine Katze. Sie sieht mich an, miaut hungrig, dann rennt sie weg.

„Guten Abend. Ich muss nach El Alto." Der Taxifahrer und ich sehen uns durch den Innenspiegel an. Er glaubt mir nicht. „Dorthin kostet es achtzig Bolivianos", brummt er.

„Das ist komisch. Als ich das letzte Mal dorthin gefahren bin, kostete es nur vierzig. Hat sich der Benzinpreis heute verdoppelt?"

„Gut, vierzig." Er legt den Gang ein und startet unseren vierzigminütigen Trip. „Treffen Sie jemanden am Flughafen?", fragt er mich. Der örtliche Flughafen ist in El Alto, denn eine Landung in La Paz würde einen sehr steilen Anflug erfordern. Ohnedies bedeutet eine Landung in El Alto, dass das Flugzeug sich zwischen den vereisten Andengipfeln hinabschrauben muss. Einmal ist eine Maschine hoch oben in den Anden abgestürzt, alle Insassen kamen ums Leben und ich weiß nicht, ob man in einer Höhe von sechstausend Metern jemals alle Opfer bergen konnte. Vermutlich liegen die Leichen immer noch dort oben.

„Nein", sage ich ihm. „Ich möchte einen Freund von mir treffen, der mit Straßenkindern arbeitet."

„Sind Sie jemals nachts in El Alto gewesen?"

„Nein."

„Wissen Sie, ich arbeite nicht in dieser Gegend, weil sie das Risiko nicht wert ist. Da sind Banden und Messerstechereien. Dort blüht das Geschäft mit dem Sex. Erst letzte Woche wurde dort eine Frau vergewaltigt, erwürgt und nackt liegen gelassen."

„Hm." Ich mache mir klar, dass die Kinder auf der Straße eher so sind wie *Mercedes* als wie *Sara* – älter, härter, vielleicht weniger zutraulich, vielleicht gewalttätiger. Diejenigen, die in einem Waisenhaus leben, sind bereit, sich den Hausregeln unterzuordnen. Sie gehen davon aus, dass diese Waisenhauswelt, die von Erwachsenen bestimmt wird, nicht schlimmer ist als die Straße. Diejenigen, die immer noch auf der Straße leben, ziehen die Regeln der Straße vor. Die Straße ist gefährlich und grausam, aber hier geben sie sich wenigstens selbst ihre Regeln.

Ich will auf die Straße gehen, muss übertreten in ihre Welt, mich zu einem gewissen Grad nach ihren Regeln richten und versuchen, ihnen zu helfen. Nur dort habe ich die Chance, ihnen die Hilfe zu geben, die sie am meisten benötigen.

„Wissen Sie, wo Ihr Freund sich aufhält?", fragt der Taxifahrer.

„Auf dem Kennedy. Kennen Sie diesen Platz?"

„Kennedy. Ja, dort sind Dutzende von Straßenkindern, aber da gibt es auch Banden. Sind Sie sich sicher, dass ich Sie dorthin fahren soll? Ich kann Sie auch wieder nach Hause bringen."

Ich streiche mit dem Daumen wieder und wieder über die schwarze Hülle meines Schweizer Armeemessers. Seine bisher größte Leistung bestand darin, ein Stück deutschen Käses zu zerschneiden. „Ja", sage ich dem Taxifahrer. „Ich bin sicher, dass ich dorthin möchte."

Dann falle ich in eine Art Trancezustand und werde durch die flimmernden Lichter von La Paz hypnotisiert, die langsam in dem Tal hinter mir verschwinden. Der Motor des Taxis brummt merklich, als das Auto die nordöstlichen Berge hinaufklettert, hinauf nach El Alto. Als wir die Vororte im Gebirge erreichen, kann ich kaum unterscheiden, ob wir uns auf einer gigantischen Baustelle befinden oder in einem ausgebombten Kriegsgebiet. Das Taxi steuert zwischen Schlaglöchern hindurch, die so groß sind, dass es fast darin verschwinden könnte. Unglaublich viele Menschen treiben sich immer noch auf den Straßen herum. Abgesehen davon, dass sie uns hinterherstarren, tun sie anscheinend nichts Wichtiges. Allgegenwärtig ist der Staub – und zwar nicht in Form von Staubwolken, er bildet hier sowas wie die unterste Schicht der Atmosphäre.

Entlang der Straße stehen Häuser. Es ist schwer zu sagen, ob sie sich gerade im Bau befinden oder am Zusammenbrechen sind – winzige, halbfertige Buden aus ofengebrannten Ziegelsteinen, die aufs Geratewohl übereinandergestapelt wurden. Wenn eine Familie etwas Geld hat, baut sie noch ein paar Ziegelsteine darauf, wenn sie aber in eine Krise gerät, zerfällt das Haus unter dem Ansturm der Elemente. Es ist ein Wettrennen zwischen Überleben und Verfall.

El Alto – slumartiger Vorort der Hauptstadt einer der ärmsten Nationen Lateinamerikas, der brennende Rand der Periphere der Peripherie der globalen Wirtschaft. Seine Einwohnerzahl, mehr als 750.000, wächst jedes Jahr um bis zu zehn Prozent. In diesem Slum leben mehr Menschen als in vielen Hauptstädten US-amerikanischer Bundesstaaten – und El Alto hat nicht einmal eine Kanalisation.

Hier ist der Aufbewahrungsort für Menschen aus ländlichen Regionen, die Tausende von Jahren ihrer uralten Kultur gegen einen modernen Job in einer Stadt eintauschen wollen. Die Glücklichen schaffen es bis hinunter nach La Paz; die anderen sterben in El Alto. Immer mehr Kinder dieser zugewanderten Familien landen auf der Straße. Armut erzeugt Obdachlosigkeit und El Alto quillt über von Straßenkindern.

Die Autos vor uns kommen langsam zum Stehen. Es ist Mitternacht und das ununterbrochene Hupen, Hochdrehen von Motoren und menschliche Brüllen auf dieser vierspurigen Straße lässt mir den Kopf schwirren. Ich sehe Dutzende von Jungs Fußball spielen in einem kleinen Park.

„Das ist der Kennedy", sagt der Fahrer.

„Können Sie auf mich warten, bis ich wiederkomme?" Er fährt an den Straßenrand, schraubt seinen Sitz nach hinten und beginnt ein Nickerchen.

Rund um den achteckigen, etwas erhöhten Park grillen *Cholitas* mit blau-weiß karierten Schürzen Fleisch. Sie werden hier bis fünf Uhr morgens sein und den Betrunkenen, Prostituierten und Nachtschwärmern einen Imbiss anbieten. Mehrmals gehe ich um die Grünfläche herum, um *David* zu finden, aber ich habe keinen Erfolg.

Warum muss ich eigentlich erst eingeführt werden bei den Straßenkindern? Ich kann mich doch auch selber vorstellen. Plötzlich gerate ich zwischen zwei torkelnde Betrunkene mittleren Alters. An meine Ohren dringt das Plätschern einer Flüssigkeit und ich bleibe stehen.

Einer der Männer pinkelt auf meine Füße. Er sieht mich an. Ich sehe ihn an. Ich gehe weiter. Sternhagelvolle Männer in Polyester-Hemden aus den 60er-Jahren kommen aus den Bars getaumelt, Frauen an ihrer Seite. Eine von ihnen liegt auf dem Bürgersteig, während ihr ein wütend geifernder Mann ins Gesicht schlägt. Leicht bekleidete Mädchen schwingen ihre Hüften in eindeutiger Absicht. Und wieder trete ich in eine Pfütze aus Urin – gut, dass es Goretex gibt. Hinter jeder Ecke, um die ich biege, gibt es mehr Bars und noch mehr Leuchtreklamen, die die Stundenpreise verkünden.

Aber keine Straßenkinder.

Ich biege in eine dunkle Gasse ab. Wenn ich mich nicht mehr sicher fühle, kann ich ja einfach umkehren. Einige Schritte gehe ich in die Gasse hinein, biege in eine andere ab; und dann in noch eine; und allmählich komme ich in eine Gegend, die eher so aussieht wie eine Ecke, in der sich ein Straßenkind verstecken würde. Hier werden die Ärmsten der Armen hineingezwungen, in die Behaglichkeit, die ein kalter Teerboden bieten kann. Hier gehöre ich her, wenn ich den Kindern dienen will.

Auf einmal bewegt sich etwas, eine Gruppe junger Männer kommt auf mich zu. Ich muss damit rechnen, dass sie betrunken sind, aber ich merke an ihrem zielgerichteten Gang, dass das nicht der Fall ist. Sie bemerken mich, geben aber keinen Laut von sich. Ich drehe mich um und sehe, dass ich wegkomme. Mein Herz rast. Ein Blick zurück verrät mir, dass sie mir folgen. Sie heften sich an meine Fersen. *Bumm. Bumm. Bumm.* Ich verfalle in einen leichten Trab. Jetzt rennen sie. Ich renne. Ich biege ab. Noch einmal. Wieder eine dunkle Gasse. Ich kann die Kerle nicht mehr sehen, aber auch sonst keine Menschenseele. Wo bin ich? Ich laufe weiter und versuche, nachzudenken. Wie komme ich zum Kennedy zurück? Wie? Denk nach! Eine dunkle Gasse nach der anderen. Eine Ecke nach der anderen. Adrenalin macht sich in meinen Arterien breit. Ich erwarte die Bande hinter der nächsten Abzweigung. Wo sind sie? Und hatten sie mich überhaupt bemerkt?

Ich stehe bewegungslos im Halbdunkel. Der Andenwind kratzt über mein Gesicht. Wie hatte ich mir nur einbilden können, dass sich in diesen finsteren Hinterhöfen Kinder aneinanderdrängen würden, unschuldig, zitternd, die „Bururu" wispern und darauf warten, von mir gerettet zu werden? Eine mitleidige Ratte sieht auf zu mir, schnüffelt und überlässt mich dann meinem Schicksal. Nun höre ich die Stimmen aufgeregter junger Männer. Was hatte ich mir dabei gedacht, als ich hierherkam? Hatte ich wirklich geglaubt, dass hier nur ein Ausländer um Mitternacht auftauchen müsste und die Straßenkinder kröchen aus ihren Löchern? Was für ein idiotischer Plan. Ich kann das hier nicht allein; ich brauche Hilfe. Besonders jetzt. Mit jedem Schritt, den ich die Gasse hinuntergehe, werden die Stimmen lauter. Sie schreien, lachen, brüllen. Lauter, lauter, immer lauter.

Es sind die Stimmen der Teenager, die Fußball spielen. Ich bin in der Nähe des Kennedy. Mein ganzer Körper entspannt sich. Kurz darauf trete ich aus der Gasse heraus in ein grünes Licht und seufze erleichtert auf, als ich die Prostituierten sehe, die Männer in schlampigen Anzügen und die Betrunkenen in ihren Urinpfützen. Ich wische mir den Angstschweiß aus den Augen und klopfe mit den Fingerknöcheln an die Scheibe meines Taxis. Der Taxifahrer wacht auf, etwas erschrocken. „Und, Glück gehabt?", fragt er.

„Nein."

„Sie haben die Kinder nicht gefunden."

„Nicht wirklich."

„Wenigstens sind Sie nicht auch noch in Schwierigkeiten geraten."

* * *

Einige Tage später

Die Plaza San Francisco bietet ein verwirrendes Durcheinander menschlicher Betriebsamkeit. Die *Campesinas* bauen ihre zusammengezimmerten Verkaufsbuden ab und bereiten ihre windschiefen Zelte für die Nacht vor. Paare bummeln fest umschlungen über den Platz und knutschen wie ihre Altersgenossen in den USA. Müll, der zentimeterdick den Bürgersteig bedeckt, wirbelt im Wind umher und bildet die ungewöhnlichsten Figuren. Pfützen aus Erbrochenem und Urin hüllen die ganze Gegend in einen strengen Geruch und färben den grauen Steinboden. Ich stehe in der Mitte dieses Gewimmels und beobachte eine junge Frau, die ein Rinderherz verspeist – eine ganz bolivianische Spezialität, die oft auf der Straße verkauft wird.

Rodrigo kommt auf mich zu und gibt mir die Hand. „Hungrig?", fragt er mich. Er ist ein bolivianischer Medizinstudent, der die Gottesdienste von *La Iglesia de Dios* besucht. Mit ihm kommt *Elizabeth*, eine dänische Studentin, die ehrenamtlich im *Bururu* arbeitet. Beide wollen sehen, wie es auf der Straße zugeht; auch sie wollen den Straßenkindern helfen.

Der kalte Andenwind peitscht mir ins Gesicht. Ich ziehe den Reißverschluss meiner Jacke bis oben hin zu und stecke die Hände in die Taschen. Ein Betrunkener in Hemd und Krawatte wankt auf *Elizabeth* zu. „Du hast wunderschöne Augen", lallt er in der Hoffnung auf eine Gratisumarmung. Sie wirft ihm einen verächtlichen Blick zu und ich schiebe mich zwischen die beiden. „Verschwinde hier", sage ich bestimmt.

Wir gehen einige Umwege zwischen der Plaza San Francisco und dem *Bururu*, um die dunklen Gassen zu meiden. Eine leicht bekleidete, zahnlose Frau stellt sich *Rodrigo* in den Weg, doch wir marschieren weiter, ohne auch nur einmal unseren schnellen Schritt zu unterbrechen.

„Wow, *Chi*, war das ein Riesenweib!"

„Ach *Rodrigo*, ‚*Sie*‘ war ein ‚*Er*‘, ganz abgesehen davon, dass es ein Prostituierter war."

„Das war ein Mann?"

„*Rodrigo*, ihre Arme waren kräftiger als meine Oberschenkel und sie hatte ein ziemlich schattiges Kinn."

Wir erreichen das *Bururu*, schleichen auf Zehenspitzen die Treppe hinauf und schlüpfen in Zimmer 4, den Raum, in dem die „ältesten" Insassen wohnen. Ich schüttele das Bein von *Alejandro*, der in seiner Straßenkleidung schläft. „*Alejandro*", flüstere ich, „denkst du noch daran, dass du uns heute Nacht die Straße zeigen wolltest?"

Wir überprüfen noch einmal unsere Ausrüstung – die Medizin, die Gitarre, den Fußball und so weiter –, neigen unsere Köpfe und sprechen ein Gebet.

Mein Körper fühlt sich an wie elektrisch geladen. Heute Nacht ist die erste Nacht, endlich wird der Vorhang gelüftet und ich lerne die Kinder kennen. Wir gehen.

Einige Zeit später erreichen wir einen eingezäunten Park, an dem ich schon zigmal vorbeigelaufen bin, und gehen hinein. Die Uhr schlägt zwölf. Im Park ruft das weiße Licht der Laternen ein seltsames Gefühl in mir hervor und die feuchte, kalte Luft schlägt mir ins Gesicht.

„Sie wissen, was das für ein Platz ist," sagt *Alejandro,* „nicht wahr?"

„Nein, nicht wirklich."

„Dieser Platz ist der Alonzo de Mendoza. Dort drüben im hinteren Teil dieses Parks findet der Drogenhandel statt. Auf den Bänken am Rand verbringen die Straßenkinder ihre Tage mit Dösen und Quatschen. Die Straße hinunter verkaufen die Prostituierten jede Nacht ihren Körper. Dort sind auch all die Bars. Heute ist Freitag, Singleabend."

„Singleabend?"

„Ja, Singleabend. Das ist der Abend, an dem die Männer zu Singles werden, verheiratet oder nicht. Sie gehen in die Stadt, trinken und haben Sex. Samstags kehren sie zu ihren Frauen oder Freundinnen zurück und tun so, als sei nichts gewesen."

„Oh."

Wir steuern eine Bank an, auf der wir vier Personen ausmachen – drei Jungen und ein Mädchen im Alter von fünf bis fünfzehn Jahren. Jeder von ihnen hält sich eine Faust vor die Nase. Als sie quälend langsam aufschauen, sehe ich einen seltsamen Schleier vor ihrem Blick, ihre Augäpfel rollen immer wieder unkontrolliert nach oben, bis nur noch das Weiße zu sehen ist. Ich trete einen Schritt zurück. „Sind sie high? Kokain?", frage ich *Alejandro.*

„Nein, Don *Chi*", sagt Alejandro, wobei er eine sehr respektvolle Anrede benutzt, die normalerweise älteren Menschen vorbehalten bleibt, doch ich kann ihm das nicht ausreden, ohne seine Gefühle zu verletzen. „Nein", sagt *Alejandro,* „sie benutzen Lösungsmittel."

„Was sind Lösungsmittel?", frage ich.

„Das Zeug, was sie inhalieren."

„Warum?"

Alejandro zuckt mit den Schultern. „Es hält sie warm, wenn es kalt ist. Es lässt das Hungergefühl verschwinden. Es verschafft dir einen undurchdringlichen Panzer und niemand kann dir wehtun, wenn du high bist."

„Warum nehmen sie dazu keinen Alkohol?", frage ich.

„Weil der zu teuer ist und der Rausch nicht lange genug anhält."

„Wie meinst du das, der ist zu teuer?"

„Die Straßenkinder können einen Vierliterkanister Lösungsmittel für einen amerikanischen Dollar kaufen", erklärt *Alejandro*, wobei er jeden Schritt pantomimisch nachahmt. „Sie kaufen ihn im Laden und füllen ihn für ihre Freunde in kleine Fläschchen. Dann tränken sie Stoffstreifen mit der Lösung, halten sie in ihren Fäusten und atmen den Verdünner ein. Wenn die Polizei vorbeikommt, werfen sie die Stoffstreifen einfach weg."

Früher kauten die *Aymara* und *Quechua* oft den ganzen Tag lang Cocablätter. Die hielten sie ebenfalls warm und unterdrückten den Hunger. Ich vermute, Verdünner ist das neue Cocablatt, nur billiger, giftiger und massenhaft von Industriekonzernen produziert.

Alejandro verkündet den vier Jammergestalten auf der Bank: „Das ist *Chi*. Er ist ein Arzt aus Amerika. Er kann eure Wunden heilen. Er ist hier, um euch zu helfen."

Nur kurz heben die Vier ihre Gesichter über ihre Fäuste, um sie gleich wieder sinken zu lassen. Zwei haben mich noch nicht einmal richtig wahrgenommen, bevor sie wieder zu schnüffeln anfangen.

Ich drehe mich zu *Rodrigo* um. „Lass uns ein Lied spielen." *Rodrigo* greift in die Saiten und wir singen. Zwar macht keines der Kinder mit, doch ab und zu blickt eines von ihnen hoch, wenn wir einen falschen Ton singen. Das Lied ist zu Ende, ich öffne meinen Rucksack und gebe jedem der vier Kinder einen Streifen, auf dem ein Bibelvers gedruckt ist.

„Okay." Ich knie auf dem Boden. „Kann mir jemand seinen Vers vorlesen?"

Alejandro tippt mir auf die Schulter. „Ich denke, sie werden mit dem Lesen Probleme haben."

„Wie meinst du das? Weil sie high sind?"

„Nein, aber viele sind Analphabeten."

„Also, kann hier irgendjemand lesen?"

Der älteste Junge, der vollkommen zugedröhnt ist, lallt: „I-i-ich kann lesen."

„Okay", sage ich.

„Goooooooodd ...", sagt er.

„Ja?", sage ich.

„Goooooooodd ..." Er nickt in seinen Verdünner zurück.

Das funktioniert so nicht. Mein Mut sinkt.

Plötzlich taucht ein weiterer Junge aus der Dunkelheit auf. „Ist das ein Bibelvers?", fragt er.

„Ja", sage ich. „Epheser 2,8."

„Oh", sagt der Junge. „Den kenne ich schon."

„Du kennst diesen Vers schon?"

„Jau", sagt der Junge. „Ich sage ihn jeden Tag im Bus auf. Epheser 2,8: *Aus Gnade seid ihr selig geworden durch Glauben, und das nicht aus euch: Gottes Gabe ist es.*' Dann zücken alle alten Damen ihre Geldbeutel. Ich könnte mal ein paar neue Verse gebrauchen. Hast du welche für mich?"

* * *

Es könnte sein, dass ich mit der medizinischen Versorgung der Kinder mehr Erfolg habe. Also mache ich mich ans Behandeln und kümmere mich um ein paar kleinere Wehwehchen. Ein dünner Junge von vielleicht vierzehn Jahren zeigt mir eine blutige Wunde an seiner Hand. Als ich meine Plastikbox mit Medizin öffne, starren die Kinder mit weit geöffneten Augen hinein. „Schau dir nur all die Drogen an", sagt der verletzte Junge. „Das ist ziemlich cool." Es versammeln sich mehr und mehr Kinder um uns. „Seht nur all die Drogen! Wow!"

„Setzt euch", sage ich. „Das sind keine Drogen, sondern Antibiotika."

„Das ist mir egal", sagt der Verletzte. „Kann ich was davon haben?"

Ich sehe ihm tief in die Augen. „Nein", sage ich und verbinde seine Hand.

Bald darauf erscheint ein zehnjähriger Junge. Über seinen Fuß zieht sich ein langer, roter Riss. Der muss gesäubert und desinfiziert werden und das wird furchtbar wehtun. Er braucht *Lidocain*, ein lokales Betäubungsmittel, also ziehe ich eine Spritze aus meiner Angelkiste.

„Harte Drogen!", sagt eins der umstehenden Kinder. „Er hat sogar ein Drückerbesteck!"

„I wo, *ich* dröhne mich nicht zu", sage ich.

„Hey, Mister, vielleicht solltest du das mal probieren!"

„Nein, das ist ein Anästhetikum."

„Du meinst, damit schläfst du dich einfach ein?"

„Ich spritze es mir nicht selbst, es ist für seinen Fuß." Der Betroffene sieht mich weniger begeistert an.

„Du meinst, du schläferst *ihn* ein? Wow! Das ist ja noch besser!"
Dann taucht ein junger Kerl mit einer klaffenden Wunde am rechten Bein auf. Sein Gesicht ist voller Akne, er ist ein Meter sechzig groß, stämmig und sieht so bösartig aus wie ein Pitbullterrier. Wortlos sieht er mich an. Er sieht mich einfach nur an.

„Was hast du gemacht?", frage ich.

„Kleiner Unfall, als ich versucht hab, einen anderen Kerl abzustechen."

„Wie meinst du das, du wolltest einen anderen abstechen?"

„Ich wollte ihn umbringen."

Ich denke einen Augenblick darüber nach. „Hast du ein Messer dabei?"

„Natürlich habe ich ein Messer."

Ein anderer Junge mischt sich ein. „Wenn du ihn behandelst, wird er dich nicht erstechen." Alle Kinder lachen.

Ich hole die Spritze heraus. „Wird das wehtun?", fragt er.

„Na du hast doch auch auf jemand anderen eingestochen. Ich wette, *das* hat wehgetan!", gebe ich zurück. Die anderen Kinder lachen hysterisch.

„Ich will das nicht", mault der Junge.

Nun werfe ich ihm einen ernsten Blick zu. „Wenn diese Wunde schlimmer wird, kann sie sich entzünden und wir müssen dir das Bein abnehmen. Du hast also die Wahl – entweder bleibt es bei der Nadel oder das Bein wird abgeschnitten."

„Bein abschneiden! Bein abschneiden!", krakeelen die Kinder. „Bein abschneiden! Wozu braucht er es schon?"

„Haltet die Klappe!", sagt der Junge. „Haltet bloß die Klappe!"

„Mach die Augen zu", kommandiere ich. „Ich muss dich dreimal spritzen. Jedes Mal, wenn ich spritze, zähle ich bis drei."

„Eins, zwei, drei …" Etwas Lidocain.

„Eins, zwei, drei …" Noch eine Dosis.

Als ich die Spritze zum dritten Mal mit Lidocain fülle, erscheinen zwei Männer und bauen sich hinter mir auf. Nur an ihren Schatten erkenne ich, dass sie da sind. Ich kauere auf meinen Knien und versuche mit der Spritze die richtige Stelle im Bein des Jungen zu treffen. Die Schatten verraten, dass die Männer angespannt sind, bereit loszuschlagen. Ich kann hören, dass sie miteinander tuscheln. Schweiß läuft mir übers Gesicht und an Konzentration ist nicht zu denken.

„Eins ...“, sage ich. Mein Patient sieht mich misstrauisch an, dann blickt er auf die Spritze in meinen zitternden Händen und seine Angst wächst sprunghaft.

„Zwei ...“, ächze ich und warte darauf, dass mich ein Schlag trifft und mir den Schädel spaltet. Dennoch werde ich mich nicht umdrehen. Es bleibt mir nichts anderes übrig, als abzuwarten. Sobald ich eine Bewegung wahrnehme, will ich versuchen, mich wegzuducken, und wie ein Irrer losrennen.

„Drei ...“

Der Junge spuckt aus. „Sei vorsichtig damit, Kumpel.“

Meine Hand zittert mittlerweile so heftig, dass ich kaum noch wage, die Spritze anzusetzen. Wahrscheinlich würde ich einen Knochen oder Ähnliches treffen. Schließlich flüstert mir *Alejandro* ins Ohr: „Ganz ruhig, *Chi*. Die tun Ihnen nichts.“ *Alejandro* erklärt den Männern hinter mir, dass ich ein Arzt bin, der gekommen ist, um die Straßenkinder zu behandeln, und nichts anderes im Sinn hat. Ich hole noch einmal tief Luft und spritze meinen Patienten zum dritten Mal. Dann reinige ich seine Wunde, gebe ihm ein paar Antibiotika und gebe ihn frei. Die Männer verschwinden ebenfalls, die Aufführung ist vorbei.

Ich hole den Fußball aus meinem Rucksack. „Möchte irgendjemand Fußball spielen?“

Sie inhalieren ihren Verdünner.

Ich sitze herum und drehe eine Weile Däumchen. „Okay“, sage ich ins Blaue hinein, vielleicht nur zu mir selbst. „Ich komme morgen wieder.“

Während *Rodrigo*, *Elizabeth* und ich mit *Alejandro* zum Waisenhaus zurücklaufen, brumme ich vor mich hin: „Das war komplette Zeitverschwendung.“

Alejandro zögert keine Sekunde, als hätte er erwartet, dass ich so etwas sagen würde. „*Chi*“, sagt er, „Sie müssen mit diesen Kindern Geduld haben. Sie sind für die Kinder da gewesen, mehr nicht. Daraus wird sich etwas entwickeln. Viele Leute wollen diese Kinder zu schnell verändern, auch das Waisenhaus. Aber sie liegen alle falsch, denn diese Kinder werden sich nicht von heute auf morgen ändern. Sie müssen das schrittweise tun. Ein bisschen weniger Verdünner. Ein bisschen weniger Gewalt. Jeden Tag einen kleinen Schritt.“

Wir kommen an einer Gruppe minderjähriger Prostituierter vorbei.

„Diese Kinder werden Ihnen heute nicht zuhören. Aber vielleicht tun sie das in sieben Monaten. Sie wollen keine Wohltätigkeit – auch wenn sie natürlich nichts dagegen haben, Ihr Geld zu nehmen. Vielmehr möchten sie, dass Sie ein Teil ihres Lebens werden. Die Kinder werden Ihnen nicht zuhören, bis sie den Eindruck haben, dass Sie sich wirklich um sie sorgen, denn sie kaufen Ihnen nicht ab, dass Sie aus lauter Herzensgüte zu ihnen kommen: Sie vermuten, dass Sie irgendetwas von ihnen wollen. Alles hat eben seinen Preis und Sie müssen ihnen beweisen, dass Sie nichts verlangen, dass es bei Ihnen immer umsonst ist, dass Sie immer für sie da sind, auch dann, wenn Sie nichts davon haben."

6. MIGUEL UND PILAR

Oktober 1997
Plaza San Francisco

Es ist kurz nach ein Uhr in der Nacht. Ich rolle die Mullbinde wieder ein. Wie ein Mantra wiederholt es sich in meinem Kopf: „Hol sie von der Straße runter, hol sie von der Straße runter." Wenigstens die Worte scheinen die Wiederholungen niemals leid zu werden. Doch manchmal bin ich versucht, die Straßenkinder im Stich zu lassen. Sie sind die ärmsten der armen Kinder, die vergessensten der vergessenen. Selbst das Waisenhauspersonal hat sie aufgegeben. Obwohl La Paz mit Dutzenden von Kinderheimen übersät ist, gehen die Sozialarbeiter nicht auf die Straße. Sie haben in den Waisenhäusern genug zu tun, kümmern sich um die Kinder, die schon bei ihnen sind und von denen viele noch nie auf der Straße geschlafen haben. Diese Kleinen werden von ihren armen Eltern dort abgeliefert, weil die nicht genug Geld haben, um für sie zu sorgen. Was aber heißt das für die Straßenkinder, die allein auf der Straße leben? Im toten Winkel von Augen, die in eine andere Richtung sehen.

Auch wenn sie sich meistens nicht helfen lassen wollen – ich möchte ihnen helfen, Wunden vernähen, Krankheiten behandeln.

Als ich meine Medizinbox schließe, frage ich meine Patientin, ob sie unter einem festen Dach leben möchte. Ein misstrauischer Blick fliegt über ihr Gesicht. Erwachsene sind Feinde; Männer schlagen sie, beschimpfen sie und missbrauchen sie. Wenn sie an den falschen Mann gerät, kann das ihr Todesurteil sein.

„Nein."

Die Antwort ist immer „Nein", oder besser „Ein anderes Mal", weil es in Bolivien unhöflich ist, eine Einladung abzulehnen.

„Bleibe so lange, wie es dir gefällt", habe ich zu sagen gelernt. „Eine Nacht, einen Tag, eine Stunde, eine Minute." Nur eine Stunde unter einem festen Dach wird sie überzeugen – jedenfalls nach meiner Theorie –, dass das Leben in einem Haus besser ist, selbst in einem Waisenhaus.

„Nein." Immer noch nein. Immer *nein*.

Aber ich gebe nicht auf und nutze die Empfehlungen ehemaliger *Bururu*kinder, denn Kinder vertrauen einander mehr als mir.

„Ist das Bururu ein gutes Heim?", frage ich die, die früher auf dem Bürgersteig geschlafen haben. „Ja", sagen sie.

„Werden die Kinder dort misshandelt?"

Die Kinder sagen die Wahrheit: „Nein."

Nun drehe ich mich zu dem Straßenkind um, das ich überzeugen möchte. „Möchtest du auch ins *Bururu* gehen?"

Und dann kommt die Wahrheit. Immer die Wahrheit: „*Nein.*"

Heute Nacht ist es windig. Ich singe mit ein paar Straßenkindern ein Lobpreislied, aber das Lied klingt hohl. Von Hoffnung, Freude und Gott zu singen, wo es nur wenig Hoffnung und Freude gibt, fühlt sich irgendwie zynisch an. Wenn sich genügend Straßenkinder um unseren kleinen Chor versammelt haben, öffne ich meinen Rucksack und hole den Fußball heraus. Ich frage mehr als zwanzig Kinder, ob sie Fußball spielen wollen. Ihre Antwort ist ein dröhnendes „Ja!" Für mich ist das auch ein „Ja" zu einer Rückkehr in die Kindheit, auch wenn es nur ein kurzer Besuch ist, und die Kids müssen dazu noch nicht einmal in einem unheimlichen Waisenhaus schlafen, in dem fremde Erwachsene arbeiten. Wir gehen die Calle America hinunter, vorbei an bewusstlosen Betrunkenen.

Die gewaltige Statue eines Kopfes wirft einen unregelmäßigen Schatten auf den hell erleuchteten leeren Platz. Ich weiß nicht, ob der Schädel überhaupt einen Namen hat, jedenfalls stellt er das Heldendenkmal dar. Die Menschen bezeugen ihm ihren Respekt, indem sie ihn jeden Tag anpinkeln. Tagsüber wimmelt es auf der Plaza San Francisco von Imbissständen, Straßenpredigern und Schamanen, die lautstark ihr Krokodilöl anpreisen, doch während der Nacht gehört der Platz den Straßenkindern. Zwei Jungen suchen vier Steine und legen sie auf den kalten Asphaltboden. Das sind die Tore. Dann suchen sie sich wechselweise Jungs aus, die ihre Mannschaft bilden. Der Ball wird eingeworfen und auf der Plaza beginnt eine hitzige Schlacht. Diese unterernährten und misshandelten Straßenkinder spielen Fußball so gut wie jedes andere Kind auf der Welt. Das Durcheinander dauert eine ganze Weile.

Am Fuß der kleinen Treppe, die auf die Plaza hinaufführt, erscheint ein kleines Mädchen. Vorsichtig setzt es beide Füße auf jede einzelne Stufe, bevor es die nächste erklimmt. Es trägt ordentlich gestrickte Hosen und einen roten Pullover. Es lässt sich auf der obersten Treppenstufe nieder und macht sich über ihre Papiertüte voller Pommes frites her. Seine Finger und Wangen, die mit Frittierfett bedeckt sind, glänzen im Straßenlicht. Das Mädchen kichert hin und wieder, während es dem Fußballspiel zuschaut.

Dann entdeckt es mich und ruft: „*Chino! Chino! Venga aqui!*" Es wedelt mit seinen fettigen Fingern und winkt. Ich gehe zu der Kleinen hin und setze mich neben sie auf die kalten Stufen.

„Warum bist du um zwei Uhr morgens hier?", frage ich.

„Ich muss Geld verdienen."

„Wie verdienst du denn dein Geld?"

„Ich verkaufe Zeug."

„Was für ein Zeug?"

„Einfach Zeug. Chino. Gib mir fünf Bolivianos." Es zieht flehentlich seine Augenbrauen zusammen.

„Tut mir leid, aber ich kann dir kein Geld geben."

„Biiitte. Hast du nicht wenigstens einen Dollar für mich?" Sie knüllt ihre Augen zusammen und hält Daumen und Zeigefinger einen Zentimeter auseinander.

„Es tut mir leid, aber ich kann dir kein Geld geben – wo wohnst du?"

Sie deutet mit ausgestrecktem Arm hinter ihren Rücken. „Weit, weit weg. Siehst du da den Straßenjungen mit dem Fußball? Das ist mein Bruder."

„Tatsächlich? Wie heißt er?"

„*Miguel.*"

„Wie alt ist er?"

„Acht."

„Wie heißt du?"

„*Pilar.*"

„Und wie alt bist du?"

Sie zeigt mir vier ihrer Finger.

„Also, *Pilar*, wo wirst du heute Nacht schlafen?"

„Hier." Sie zeigt nach unten auf den betonierten Bürgersteig.

Die Fußballspieler bleiben plötzlich stehen. Der Ball rollt aus dem Feld.

„Gib mir mein Geld!", brüllt ein Betrunkener, der gut und gerne hundertfünfzig Kilo wiegt.

Ein fünfzehnjähriger Straßenjunge duckt sich gegen eine Mauer und schützt seinen Kopf mit beiden Armen.

„Ich habe dein Geld nicht!", ruft der Junge.

„Ich habe dir gesagt, dass ich heute Nacht wiederkomme! Wo ist es?" Der Mann schlägt mit einem großen Stock auf den Rücken des Jungen ein und die Schreie des Jungen hallen über den Platz. Dann springt der Misshandelte auf und rennt die Mauer entlang. Die anderen Spieler sind sofort an seiner Seite, bereit, zu seiner Verteidigung Schläge einzustecken.

„Ich schulde dir nichts!", ruft der Straßenjunge.

Wie *ein* Mann schiebt sich die menschliche Mauer vor den Delinquenten und bereitet sich auf die Schläge vor. Der Betrunkene hebt den Stock.

„Er hat kein Geld", sagt eines der älteren Kinder. Unerwartet senkt sich nun der Stock. Langsam, ganz langsam. Der Betrunkene dreht ab, geht die Straße hinunter und die Spannung löst sich.

Der Gerettete rennt die El Prado hinunter, die anderen wenden sich wieder dem Fußballspiel zu. Rufen und Keuchen ist zu hören, dazu ein immer wiederkehrendes „Goooooal!"

Irgendwann stehe ich auf und rufe: „Das letzte Spiel!" Sie grummeln. Sie betteln. Sie fighten immer härter um das letzte entscheidende Tor. Als es fällt, kann der gewaltige „Gooooooooooal"-Schrei von keinem Straßenkind und keinem Polizisten in der Stadt überhört werden.

„Wir kommen morgen Abend wieder."

Ich nehme den Ball.

„Versprich es, Dr. *Chi*."

„Ja. Versprochen."

Während sich die Kinder zerstreuen, schnappe ich mir *Miguel* und stelle mich vor. Ohne Umschweife frage ich ihn, warum er auf der Straße ist, und er antwortet ausgesprochen höflich.

„Meine Mutter hat uns abgesetzt", sagt er, „und sie sammelt uns morgen früh wieder ein."

„Möchtest du mit mir zum Waisenhaus kommen?"

„Nein, ich bleibe lieber auf der Straße."

„Du bleibst lieber auf der Straße", sage ich, „und du willst auch, dass deine Schwester bei dir auf der Straße bleibt."

„Jau."

„Deine Schwester ist erst vier Jahre alt, und als du Fußball gespielt hast, war sie auf sich selbst gestellt. Du bist der große Bruder, du musst dich um deine Schwester kümmern. Wie kannst du es zulassen, dass deine Schwester auf der Straße schläft? Selbst auf der Straße zu schlafen, ist die eine Sache, schließlich bist du ein großer Junge, aber es ist etwas anderes, wenn deine vierjährige Schwester auf der Straße übernachtet." Ich biete ihm an, dass er so lange, wie er möchte, im *Bururu* bleiben kann, egal wie lange. Ich frage die anderen Straßenkinder, ob das *Bururu* ein gutes Haus ist, und sie bestätigen es.

Miguel denkt über meine Worte nach. Er sagt: „Nein."

Alejandro bedeutet mir, dass ich den Kindern ihr kleines bisschen Freiraum lassen soll. Ich gehe über die leere Plaza und werfe einen Blick auf meine Uhr: Es ist halb drei Uhr früh. Plötzlich überkommt meinen Körper ein Gefühl der Erschöpfung, während mir klar wird, dass ich in weniger als sechs Stunden raus muss, um in den Gottesdienst zu gehen. Als ich nach Hause gehe, sehe ich, wie *Alejandro* und *Luis* – ein anderer Junge aus dem *Bururu* – mit *Pilar* und *Miguel* die Lage diskutieren. Ich werde ungeduldig, weil ich auf sie warten muss, und entschließe mich, der Sache nachzugehen. Während ich mich den Kindern nähere, merke ich, dass *Miguel* mit dem Kopf nickt, ich kann in seinen Augen aber auch nackte Furcht sehen. Er weiß, dass einige der Kinderheime und Waisenhäuser für ihre Gewalt und Kriminalität bekannt sind. *Alejandro* und *Luis* lassen trotzdem nicht locker. Manchmal breitet sich Schweigen zwischen ihnen aus, doch nach einer weiteren Viertelstunde sagt *Miguel*: „Bueno."

Wir gehen an übelriechendem Müll und frischen Urinlachen vorbei. *Pilar* stapft zu meiner Linken und versucht, mit meinen langen Schritten mitzuhalten. Bald schaut sie mit ihren großen dunklen Augen zu mir auf und streckt die Hand nach meiner aus. Wir gehen ein paar Schritte Hand in Hand und mir wird klar, dass ich sie beinahe den Bürgersteig entlangziehe.

„Soll ich dich tragen?"

Sie kichert und streckt ihre kleinen, speckigen Arme aus.

Während wir durch die Straßen laufen, begegnen uns immer wieder herumtorkelnde Betrunkene in Geschäftsanzügen auf der Suche nach schnellem Sex. *Pilar* nuschelt mir etwas ins Ohr. Mich überkommt eine tiefe Traurigkeit, als ich mir vor Augen führe, wie hart das Leben dieser Kleinen ist. Mit jedem Schritt wächst in mir der Wunsch, jedes einzelne dieser Straßenkinder zu adoptieren. Als wir um eine Ecke biegen, steuern wir mitten in eine Streetgang hinein. Ich bedeute meinen Begleitern, dass wir die Straßenseite wechseln und ohne ein Anzeichen von Furcht langsam weitergehen sollen. Als wir schnurstracks die Straße überqueren, um so schnell wie möglich wegzukommen von den jungen Gangstern, umkurven uns hupende Taxis. Die Straßenhändlerinnen grillen um drei Uhr morgens immer noch ihr fettiges Fleisch und mittlerweile stürme ich geradezu an ihnen vorbei zum Haupteingang des *Bururu*.

Atemlos greife ich tief in meine Tasche und angle meine Schlüssel heraus. Ich drehe mich zur Seite, damit das orange Straßenlicht das Schlüsselloch beleuchten kann. Während ich mit *Pilar* auf meinem Arm den Schlüssel viermal gegen den Uhrzeigersinn drehe, falle ich beinahe um. Als die schief eingesetzte Tür über den Küchenboden schleift, geben die ungeschmierten Scharniere ein lautes, hohes Quietschen von sich. Dann schalte ich das Licht an. *Miguel* steht auf der Türschwelle und starrt auf den großen Ofen, die Spüle und den Herd.

„Wir haben eine große Küche und eine Bäckerei. Jeden Tag backen wir eine Menge Brötchen, heiß und frisch. Alle Kinder bekommen dreimal am Tag zu essen. Das ist alles umsonst. Alles, was du tun musst, sind deine Hausarbeiten, die Regeln beachten und zur Schule gehen."

Jetzt beuge ich mich zu dem Jungen hinunter. „*Miguel*, hör mir zu. Du musst dich um deine Schwester kümmern. Du bist vielleicht ein harter Bursche, der in der Lage ist, auf der Straße zu überleben, aber du musst auch an deine Schwester denken." *Miguel* nickt zustimmend und seine Schwester ist auf meinem Arm eingeschlafen.

„Wo ist es wärmer? Im *Bururu* oder auf der Straße?"

„Im *Bururu*."

„Wo gibt es dreimal am Tag etwas zu essen? Im *Bururu* oder auf der Straße?"

„Im *Bururu*."

„Wo ist es sicher? Wo gibt es keine gewalttätigen Männer, keine Prostituierten, keine Messer und keine Drogen?"

„Im *Bururu*."

„Du musst an deine Schwester denken."

Wir gehen den Flur hinunter und schalten das Licht an.

„Das hier ist das Arztzimmer. Wir haben hier fast jede Medizin, die du brauchen kannst. Ich bin hier von Montag bis Freitag."

Wir gehen die Treppe hinauf und schalten das Licht im Flur an. Ich öffne die Tür zu Zimmer 1 und zeige *Miguel* ungefähr ein Dutzend Jungen, die dort zwischen ihren *Ahuayos* auf dem Boden schlafen.

„Das ist Zimmer 1, wo die Neuankömmlinge schlafen. Wenn du dort etwa einen Monat lang geschlafen und jeden Tag deine Aufgaben erledigt hast, kannst du weiterwandern in Zimmer 2, in dem die Betten besser sind. Zimmer 4 ist das schönste."

Choco, der Hund des *Bururu*, wacht auf und bellt *Miguel* an. *Pilar* bewegt sich auf meinem Arm. *Alejandro* schleppt eine Matratze aus einem anderen Zimmer herbei und ich besorge eine Decke. Dann durchsuche ich *Miguel* nach Drogen und Messern und sage ihm: „*Miguel*, in diesem Heim gibt es keine Kämpfe, keinen Diebstahl und keine Drogen. Um acht Uhr kommt ihr zum Frühstück, danach musst du eine Aufgabe im Haus erledigen. In diesem Bett kannst du mit deiner kleinen Schwester schlafen, sie kann heute Nacht hier bei dir bleiben. Aber weil das hier ein Waisenhaus für Jungen ist, muss *Pilar* immer bei dir sein. Hast du noch irgendwelche Fragen?"

„Ich glaube nicht." *Miguel* und *Pilar* legen sich auf die Matratze. Als ich das Zimmer verlasse, sehe ich *Pilars* Arm winken. Also nochmal zurück zu ihr, zwischen den nackten Füßen der schlafenden Kinder hindurch. Sie formt mit ihren Händen einen Trichter um mein Ohr.

„Du kommst wieder, nicht wahr?"

„Ja."

„Versprich es."

„Versprochen. Ich bin morgen wieder hier."

Sie zieht ihre winzigen, abgetragenen Tennisschuhe aus, schlüpft unter die Decke, schmiegt sich an ihren Bruder und schläft ganz schnell ein.

Als ich am nächsten Morgen wiederkomme, sind *Miguel* und *Pilar* bereits weg. *Alejandro* erzählt mir, dass sie gegen zehn Uhr verschwunden sind, ohne bekannt zu geben, wohin sie gehen wollten. Zurück zu ihrer Mutter, hoffe ich, denn mehr als hoffen kann ich nicht. Sorge treibt mich um, als mir klar wird, dass sie einfach auf die Straße zurückgekehrt sein könnten, und da sie mir in den folgenden Tagen auch nicht über den Weg laufen da draußen, rede ich mir ein, dass sie nach Hause gegangen sind. Andrerseits könnten sie auch einfach in einem anderen Viertel von La Paz auf der Straße schlafen oder sich in den Bäumen verstecken wie manche anderen Kinder oder sogar in eine andere Stadt gegangen sein.

„Hole sie von der Straße."

Das Mantra – hole sie von der Straße.

„Versprich es" – ihre Worte hallen in mir wider. Versprich es.

Ich sehe *Miguel* und *Pilar* nie wieder.

7. GABRIEL

0 Grad Celsius, Mitternacht
Alonzo de Mendoza (der Rotlichtbezirk von La Paz)

Bamm Bamm Bumm Batz!
Füße kratzen über Beton. Oberkörper schlägt gegen Oberkörper. Der Körper eines Kindes knallt auf den Boden.

Eine weitere Nacht auf der Plaza San Francisco, ich sehe den Kindern beim Fußballspielen zu. Ein Fußballabend ist wie eine kühle Oase in jener Hölle, die das Leben dieser jungen Menschen Minute für Minute darstellt. Für die meisten Kinder in der nördlichen Hemisphäre ist spielen so etwa wie ein Grundbestandteil ihres Daseins. Für die Kinderprostituierten und Straßenjungen ist es ein Geschenk des Himmels, wenn sie einen Lederball zwischen zwei Steinen hindurch in eine Urinpfütze kicken können. Jedes Mal, wenn ich die Kinder „Gooooal!" schreien höre, ist es Musik in meinen Ohren.

Bop Bamm.
Der Ball fliegt von der Stirn eines kleinen Jungen in die oben erwähnte Urinpfütze. Die eine Mannschaft reißt triumphierend die Arme in die Höhe, die andere sieht hilfesuchend zu mir. „*Chi*, komm und spiel bei uns mit", bettelt ein Mädchen. „Wir brauchen Hilfe. Die Jungs spielen knallhart und wir sind am Verlieren."

Ich springe in den Ring und spiele „Fútbol" mit meinen beiden linken Füßen. Die Luft ist immer noch zu dünn für meine Lungen und mein schweres Keuchen gibt bald den Takt vor für meinen schnell erschöpften Körper. Der Schweiß läuft mir übers Gesicht, das nur von dem vorbeirauschenden Ball gekühlt wird. „Gooooal!" Die gegnerische Mannschaft hat schon wieder einen Treffer gelandet und die Kinder feiern das, indem sie zu den Treppenstufen rennen und ihre kleinen Plastikflaschen mit Verdünner umdrehen. Sie inhalieren und verschwinden kurz in einer anderen Welt.

Ein Junge ragt aus der Gruppe heraus, er ist größer als die anderen. Eine rote, zerschlissene Kappe bedeckt seine Stirn, kann aber die schwarzen Haare nicht bändigen, die ihm auf die Schultern fallen. Die Narbe eines Messerstichs zieht sich über seinen Unterkiefer und Pickel bedecken sein Gesicht wie Orte eine Landkarte. Seine Augen kann ich nicht sehen. Für bolivianische Verhältnisse ist er ein großes Kind – vielleicht fünfzehn Jahre alt, aber schon einen Meter sechzig groß. Ein durchschnittlicher bolivianischer Mann wird nur wenig größer. Als er eine Flasche mit einer klaren Flüssigkeit aus der Tasche holt, versammeln sich Jungen und Mädchen, Jung und Alt um ihn wie Geier um frisches Aas.

„Gib mir was davon!", betteln sie wild durcheinander.

„Wartet. Jeder bekommt seinen Anteil", verkündet der große Junge ruhig und mit Autorität. Ich habe schon oft gesehen, wie er Streitigkeiten schlichtet und eine Gruppe kleinerer Jungs herumkommandiert. Ein paar seiner Gefolgsleute – *José* und ein schwarzer Junge namens *Mario* – halten die Meute zurück, während er Lösungsmittel in kleine Plastikfläschchen füllt. Die Umstehenden schnappen sich ihre Fläschchen, sobald sie voll sind. Straßenkinder teilen ihren Verdünner immer miteinander; sie behalten nie einen Teil zurück.

Ein Schaudern fährt mir durch den Körper. Ich beobachte mit einer gewissen Distanz die surreale Tragödie, die sich wenige Meter vor mir abspielt. Kleine Jungen von vielleicht acht Jahren zetern nach noch mehr Stoff, kleine Mädchen, die eigentlich Seil springen sollten, schubsen andere beiseite, um mehr von dieser hirnzerstörenden Medizin zu bekommen. Die Droge ist für sie wertvoller als Essen. Meine Gedanken springen zwischen zwei Szenarien hin und her: Das Zeug zu konfiszieren, würde die Kinder nur einen Augenblick vom Schnüffeln abhalten. Sie andrerseits zu bitten oder aufzufordern, damit aufzuhören, wäre zwecklos. Und so schaue ich einfach zu, wie die Kinder das Gift inhalieren, das sie ihr Gedächtnis verlieren lässt, das ihre Erinnerungen heilt, den Verdünner, der die Hirnzellen ausdünnt.

Ihre Euphorie dauert einige Minuten, sie kommen schließlich wieder auf die Erde zurück und gehen auseinander.

* * *

Eine weitere Nacht auf der Straße. Seit ein paar Wochen beobachte ich nun diesen selbstbewussten Jungen, der seinen Rausch mit anderen teilt, merke mir seine Verhaltensweisen, sein Handeln und seine Reaktionen. Ich weiß, wie er heißt.

„Hallo."

„Hallo", antwortet er. Dieselbe Droge. Dieselbe Kleidung. Dieselbe Kappe. Seine Kapuze verbirgt seine Augen; ich sehe nur das kurze Aufblitzen des Lichts in ihnen, als er seinen Kopf von mir wegdreht. Unsere Augen bohren Löcher in den Beton zu unseren Füßen.

„Du heißt *Gabriel*, nicht wahr?"

„Ja. Und dein Name ist Dr. *Chiiii*! Auch wenn ich schnüffle" – er nimmt einen Lungenzug –, „bin ich doch schlau wie eine Katze." Anscheinend hat er mich beobachtet in den letzten Nächten, schon länger als ich ihn beobachtet habe.

Ich biete ihm meine Hand, er nimmt sie und ich schüttele so fest ich nur kann. „Du bist schon eine sehr lange Zeit auf der Straße."

„Jauuuuu!"

„Wo wohnst du?"

„Ach, hier und da."

„In der Kanalisation, stimmt's?"

„Woher weißt du das?" Er ist überrascht.

„Ich habe gesehen, wie du in eine Röhre geklettert bist."

„Ich wohne ziemlich weit unten, sehr weit unten. Es ist absolut dunkel dort. Niemand kann mich sehen. Das ist mein Versteck."

„Wie hältst du es aus dort unten?"

„Dort ist es besser als auf der Straße. Das Leben ist furchtbar, auf der Straße wie in der Kanalisation, aber da unten fühle ich mich wenigstens sicher. Nicht einmal die brutalsten Banditen sind bereit, dort hinunterzusteigen. Da, wo ich schlafe, gibt es nur zehn wilde Köter und ein paar Betrunkene!" Er spricht mit stolzgeschwellter Brust. „Die Grundregel auf der Straße heißt überleben. Das, was du tust, entscheidet darüber, ob du lebst oder stirbst. Ich habe mich fürs Leben entschieden."

Er respektiert mich – soviel kann ich sagen – und ich respektiere ihn. Ich hole tief Luft, entspanne mich, mache mich bereit, ihm die große Frage zu stellen, die dumme Frage, wenn man ein so hartes Kind ist wie *Gabriel*. Aber ich muss es tun. „Wärst du daran interessiert, in einem sicheren Heim zu leben?"

Gabriel mustert mich argwöhnisch.

„Warum sollte ich in einem Heim leben wollen, wenn ich hier draußen und frei sein kann?"

„Bei uns gibt es Betten mit Decken, drei Mahlzeiten am Tag, eine Schule und du kannst eine Ausbildung machen." Nun herrscht ungemütliches Schweigen. „Dazu kommt, dass dich in einem Heim niemand verprügeln kann."

Er geht weg. Ich vermute, das bedeutet nein.

* * *

Heute Abend ist das Fußballspiel noch heftiger. Ältere Jungen sind zu unserem nächtlichen Spiel dazugestoßen. Seinen Stofffetzen vor den Mund gepresst dribbelt *Gabriel* den Ball an einem Verteidiger vorbei und schießt. Die Torfrau springt und faustet den Ball zurück ins Feld. Nun zirkelt ein Mittelfeldspieler eine hohe Flanke direkt vors Tor und *Gabriel* nimmt das erste Mal den Verdünner aus dem Gesicht, um zu einem Kopfball anzusetzen. Obwohl seine Kappe schweißgetränkt ist, wird er nicht müde; sein Körper hat sich so sehr an das Terpentin gewöhnt, dass es ihn nicht mehr ausbremst.

Mein Hirn flattert von einem Gedanken zum anderen. In den letzten Wochen nur fünf Stunden Schlaf pro Nacht fordern ihren Tribut, und zwar nicht gering. Es ist zwar erst eine halbe Stunde nach Mitternacht, aber in wenigen Minuten werde ich für heute Schluss machen und nach Hause gehen. *Gabriel* kommt auf mich zu. Ich strecke ihm meine Hand entgegen. „Gute Nacht", sage ich ihm. „Wir sehen uns morgen."

„Ich möchte gehen."

Ich blinzele ihn an. „Wohin willst du gehen?"

Er sieht mir zum ersten Mal in seinem Leben in die Augen; starrt mich lange an, so als wolle er meine Seele erkennen. „Ins Heim."

„Bist du dir sicher?"

„Ja."

„Es wird hart für dich werden, das weißt du."

„Ich will da hingehen."

„Dort gibt es Regeln und so."

„Ich weiß."

„Keine Drogen. Keine Messer. Keine Kämpfe."

Gabriel wendet nicht *ein* Mal seine Augen von den meinen. Er ist ein stolzes Kind, ein Kind, das etwas von Würde versteht und merkt, wo sie fehlt. Ein Kind, das sich nachts warm hält, indem es sich in einem Abwasserkanal verkriecht, das aber tagsüber nicht einmal eine Toilette hat. Ein Kind, das so spricht, als wäre Überleben an sich so etwas wie eine Religion, und das selbst das grundlegendste Lebensmittel – Wasser – von anderen Menschen stehlen muss. Ein Kind, das genau weiß, wo ihm sein Platz angewiesen wurde in der Gesellschaft Boliviens, trotzdem seinen Straßenschmutz mit dem Stolz eines Löwen herumträgt und sich gegen ein Übermaß an Verzweiflung mit Verdünner rüstet.

„Ich möchte gehen."

* * *

„*David! David!*"
Bumm Bumm Bumm!
Ich schlage mit meinen Fäusten heftig gegen die Tür. Dann höre ich das Klacken von Davids Gürtel, während er im Dunkeln hastig versucht, sich anzuziehen.

„*Hermano David*. Bitte kommen Sie."
Die Tür öffnet sich und ein kleiner, birnenförmiger Mann tritt ins Licht.

„Es tut mir furchtbar leid, Sie zu dieser Stunde wecken zu müssen."
„Kein Problem." Er lächelt mich an.
„*Gabriel* möchte im Heim leben."
Davids Lächeln verschwindet. Er beugt sich zur Seite um einen Blick auf den Jungen zu werfen, der sich hinter mir versteckt.

„Komm mal her, *Gabriel*", sage ich ihm. „Komm schon."
Mit einem schlurfenden Schritt bewegt er sich ins Blickfeld.
„Wie heißt du, Junge?"
Gabriel hält seinen Kopf geneigt und seine Kappe verbirgt seine Augen fast vollständig.
„*Gabriel*, *David* hat dich etwas gefragt. Er ist der Betreuer, der Chef von diesem Heim."
„*Gabriel Garcia*." Metamorphose. *Gabriel* verändert sich. Aus dem selbstsicheren, gangsterähnlichen Straßenteenager wird ein schüchterner Junge, der sich in seiner Haut nicht wohlfühlt.

„Weiter geht's. Erzähle *David*, warum du hier wohnen willst."

„Weil" – er deutet durch ein schmutziges Fenster auf die Lichter der Stadt – „ich es satt habe, da draußen zu sein."

„Er kennt die Hausordnung", berichte ich *David* und wende mich wieder an *Gabriel*. „Gib mir deine Drogen." Er überreicht mir sein Stoffknäuel und den Plastikkanister, während ich seine Taschen leere und seinen Körper nach Messern untersuche. *David* fummelt in seinem bunten Haufen von Kupferschlüsseln herum und geht langsam zum ersten Zimmer auf der linken Seite.

Die Tür öffnet sich ins Dunkle, aus dem uns zwei große gelbe Augen entgegenstarren. Ein tiefes, polterndes Knurren kommt aus ihrer Richtung. In Zimmer 1 schläft man zusammen mit dem Hund. Zwei kleine Jungen heben die Köpfe und blinzeln ins Licht. „*Hermano Chi*, was machst du hier?", fragt *Carlos*, der kleinere.

„*Gabriel* möchte bei uns einziehen."

Die beiden müssen nur einen kurzen Blick auf *Gabriel* werfen und schon fangen sie an, die anderen Jungen in panischer Verzweiflung wachzurütteln. Aufgeschreckt springen die aus ihren Betten, verstört und desorientiert. Einer ergreift das Wort und schreit mit einem Blick auf *Gabriel*. „Wir wollen ihn nicht."

„Er ist gefährlich, *Chi*." *Carlos* wedelt mit dem Zeigefinger. „Lass ihn nicht hierbleiben. Er wird alles kaputt machen."

Sie gönnen *Gabriel* also keine Pause; keine Rückzugsmöglichkeit. Sie verstehen nicht, dass nur das Leben auf der Straße *Gabriel* gefährlich werden ließ, und können nicht glauben, dass er sich anders verhalten wird – jetzt, wo er dieses Umfeld verlassen hat. Doch ich habe keine Zeit, das zu erklären, und antworte *Carlos*: „Ihr seid nicht diejenigen, die so etwas entscheiden, stimmt's?"

„*Chi*", sagt *Carlos*, „manchmal setzt sich eins von den Straßenkindern mit einem schlechten Ruf auf eine Bank und dann stehen alle jüngeren Kinder auf und gehen weg, weil sie Angst vor ihm haben – kriegst du das wirklich nicht mit?" *Carlos* wirft einen Blick auf *Gabriel*, als wüsste ich nicht, von wem er spricht.

Ohne ein Wort trottet *Gabriel* in eine entlegene Ecke des Zimmers, in der kein Kind schläft. Er wickelt sich in seine Decke und legt sich ins Bett. Nicht einmal seine eigenen Schicksalsgenossen wollen ihn. Niemand will ihn.

Abgesehen von einigen räudigen Kötern und ein paar obdachlosen Alkoholikern.

Und einer kleinen Bande von Straßenkindern, die er mit Verdünner versorgt.

Und mir.

„Zieh dir die Schuhe aus, *Gabriel*."

Gabriel setzt sich widerwillig auf und löst die Schnürsenkel seiner beinahe sohlenlosen Schuhe. Ich weiß, dass er die Kurve kriegen kann. Ich weiß es so sicher wie ich weiß, dass zwei und zwei vier ergibt.

„Wir sehen uns morgen früh", sage ich.

Gabriel nickt und zieht die Lamadecke mit den Farben von Himmel, Bergen, Wäldern, Erde und Blut über sein Gesicht.

* * *

Es ist sieben Uhr morgens. Ich habe heute Nacht nicht gut geschlafen und mein Oberkörper ist verspannt. Hat er das Heim verlassen? Hat er jemanden verletzt? Hat er irgendetwas kaputt gemacht? Fühlt er sich ungeliebt? Ist er zu Mutter Straße zurückgekehrt?

Schnell eile ich zum *Bururu*, stehe vor der Hintertür und mein Herz klopft bis zum Hals in Erwartung dessen, was mich unter Umständen erwartet. Er ist sicher weg. Ich gehe in den Speisesaal. *Gabriel* sitzt vor einem kleinen, wackeligen Holztisch. Mit seinen kurzen, dicken Fingern formt er aus einem Tonklumpen eine marienartige Figur. Verzaubert von seiner Arbeit und wie in seinem Element bemerkt er mich nicht, bis er damit fertig ist. Nun erst sieht er zu mir auf und ein Lächeln verwandelt sein Gesicht. Sein Gesicht! Ich kann sein Gesicht sehen! Seine Kappe, seine Kapuze und sogar seine langen Haare sind verschwunden. Und sein Lächeln – er kommt mir vor wie ein Mensch, der jahrelang unter der Parkinsonkrankheit gelitten hat, nun unter dem Einfluss von Medikamenten aufwacht und seine wieder funktionsfähigen Muskeln streckt.

„*Chi!*", ruft er aus.

„Wie geht's?", frage ich ihn.

„Gut", antwortet er entzückt.

„Haben sie dich gut behandelt?"

„Ja." Er hebt den Daumen.

„Gefällt es dir hier?"

„Ja. Mir gefällt es hier sehr gut."

„Was gefällt dir hier besonders?"

„Ich kann mit meinen Händen arbeiten." Er formt das Gesicht der Tonfigur. „Ich möchte Mechaniker werden."

„Brauchst du irgendetwas?"

Er sieht mich an, als wolle er wissen, warum er denn etwas brauchen sollte, wo er doch alles habe. Ich bin stolz auf ihn.

„Brauchst du irgendetwas?", frage ich noch einmal.

„Nein, nicht wirklich."

„Wie sieht es denn mit Schuhen aus?"

Wir blicken auf seine zerschlissenen Schuhe, aus denen vorn die Zehen herausschauen. Ich würde ihn gern mit neuen Schuhen belohnen, um ihm zu zeigen, wie stolz ich auf ihn bin.

„Die könnte ich wohl brauchen", sagt er.

„Großartig. Ich komme heute Nachmittag wieder."

„In Ordnung, *Chi*."

„Das hast du gut gemacht, *Gabriel*. Wirklich gut. Was ist mit deinen Haaren passiert?"

Er bewegt die Finger wie eine Schere. Der Frisör muss heute Morgen im Waisenhaus gewesen sein.

„Sieht gut aus, *Gabriel*. Vorher hast du wie ein Mädchen ausgesehen."

Er grinst und nickt und deutet an, dass er meinen Witz verstanden hat.

* * *

Wir gehen die steile, kopfsteingepflasterte Straße zum *Mercado Negro*, dem Schwarzmarkt, hinauf. In Hunderten von Holzbuden werden Tausende von imitierten Produkten verkauft. Touristen verirren sich nur selten in das Gewimmel dieser Gassen. Bolivianer huschen zwischen den Ständen hin und her auf der Suche nach Unterwäsche, Socken, Seife oder – wie in unserem Fall – Sportschuhen.

„Wie geht es dir mit den anderen Jungen im Heim?"

„Die sind in Ordnung", sagt *Gabriel*. „Kann ich diese Schuhe haben, *Chi*?" *Gabriel* gibt mir ein Paar Leinenschuhe mit gefälschtem Markenlogo. Die weiße Gummisohle ist locker an den roten Stoff genäht. Die Innenseiten haben nur wenig Verbindung mit der Sohle.

„Wie wäre es mit diesen *Adidas*?" Ich überreiche ihm ein robusteres Paar von Pseudo-Adidas-Tretern mit zweifach vernähten Sohlen. Er dreht sie in seinen Händen hin und her und streicht mit seinen Fingern über das Doppel-A in *Adidas*.

„Okay."

„Wieviel kosten diese?", frage ich die *Campesina*.

„Einhundert."

Heißer Ärger steigt in mir hoch.

„Sind Sie verrückt? Sie wollen uns wohl ausnehmen? Gehen wir!"

Die Frau kommt uns hinterher.

„Tut mir leid, *Joven*", – was soviel heißt wie junger Mann – „ich dachte, Sie seien Ausländer. Ich verkaufe Ihnen die Schuhe für achtzig Bolivianos."

Gabriel sieht mich an. Ist das ein Test? „Siebzig", sage ich.

„Okay", sagt sie.

Ich gebe ihr siebzig Bolivianos, den Gegenwert von etwa sieben Euro. Die Schuhe sind nach bolivianischen Maßstäben ziemlich teuer, aber ich weiß, wenn ich *Gabriel* billige Schuhe kaufe, dann werden sie nach einer Woche Fußball zerfetzt sein.

„Vielen Dank, *Joven*."

„Ich danke dir", entgegne ich.

Gabriel sieht mich an. „Das hast du gut gemacht", erklärt er mir.

„Ich schreibe deinen Namen auf die Schuhe, damit sie dir im Waisenhaus niemand stiehlt. Ist das okay für dich?"

„Klar."

Ich weiß, dass *Gabriel* nicht auf die Straße zurückkehren wird. Ich weiß es einfach. Aber er könnte versuchen, seine Schuhe jemandem auf der Straße zu verkaufen; aus diesem Grund schreibe ich seinen Namen auf seine Schuhe. Ich vertraue *Gabriel* noch immer nicht mit ganzem Herzen.

8. MESSERSTECHEREI

Sonntagmorgen, 5. November 1997
Obrajes Distrikt (wohlhabende Gegend im Süden von La Paz)

Ich höre *Scotts* Predigt nur mit halbem Ohr zu, weil ich alle paar Sekunden zur Tür blicke. Der Gottesdienst in der *Iglesia de Dios* dauert nur noch rund eine halbe Stunde und immer noch ist keiner der Straßenjungen zu sehen. *David* führt sie in einer einstündigen Wanderung vom *Bururu* hierher und normalerweise sind sie hier, bevor der Gottesdienst beginnt.

Mein Bein bewegt sich nervös auf und ab. Es ist jetzt einen Monat her, seit *Gabriel* ins Waisenhaus gekommen ist. Er hat sich mithilfe der Betreuer in einen Vorzeigejungen verwandelt, duscht jeden Tag, putzt sein Zimmer und macht sein Bett. Von den Eigenschaften jenes wilden Tieres, dem er einmal geglichen hat, scheint er befreit, er hat seinen unschuldigen Kern freigelegt, bewiesen, dass das dicke Fell, das er auf der Straße trug, einfach nur seine eigene Haut gewesen war, die durch die Schläge seiner Umwelt schwielig geworden war.

Ich springe beinahe von meinem Stuhl auf, als ich entdecke, dass *Daniel*, ein Junge aus dem *Bururu*, an der Türschwelle des Kirchengebäudes auftaucht, die Hände hinter dem Rücken. Sein quergestreiftes Hemd ist schweißgetränkt. Er winkt *Jessica,* die auch im Bururu arbeitet, und sie begleitet ihn nach draußen. Könnte etwas mit *Gabriel* sein? Hat er Verdünner gestohlen? Hat er ein anderes Kind schikaniert?

Zehn Minuten und manchen Schweißtropfen später verlasse auch ich den Gottesdienst und treffe *Jessica* und *Daniel* draußen in der Sonne.

„*Tómas* wurde von einem Auto angefahren", erzählt sie mir.

„Wie geht es ihm?", frage ich.

„Es könnte sein, dass er sich ein Bein gebrochen hat, und das muss geröntgt werden."

„Gut. Ich schaue es mir an. Wie ist es passiert?"

Jessica seufzt. „Die Jungen sind alle zusammen über die *Avenida Hernando Siles* gerannt. *Tómas* war der Letzte und ein Taxi hat ihn am Bein erwischt. Ich habe den Jungen schon tausendmal gesagt, dass sie den Zebrastreifen benutzen sollen. Sie hören einfach nicht zu."

„Hat der Taxifahrer angehalten?"

„Er hat angehalten, gab uns seinen Namen und seine Führerscheinnummer, die Polizei hat ihn verhört und er ist vermutlich bereits im Gefängnis." In Bolivien werden Autofahrer, die Fußgänger anfahren, sofort ins Gefängnis geworfen, ob sie schuldig sind oder nicht.

„Danke, *Jessica*", sage ich. „Ich gehe ins Krankenhaus, sobald der Gottesdienst zu Ende ist." Ich hole tief Luft. Bin ich erleichtert, weil *Tómas* lebt oder weil *Gabriel* keinen Mist gebaut hat? Spielt das eine Rolle? Alles ist gut. Ich drehe mich um, um wegzugehen.

„*Chi*, da ist noch etwas passiert."

„Was denn?"

„Es gab eine Messerstecherei."

„Wer wurde verletzt?"

„Ein Junge im Park ist niedergestochen worden."

„Einer von unseren Jungen?"

„Nein."

„Hmm, was ist also geschehen?"

„Es war *Gabriel*. Er hat einen anderen Jungen in den Rücken gestochen. Der Junge wird gerade operiert. Im methodistischen Krankenhaus, drei Querstraßen weiter."

Sofort mache ich mich auf den Weg ins Krankenhaus. Zwar hatte *Gabriel* in der Vergangenheit einiges auf dem Kerbholz, aber in letzter Zeit hatte er sich doch deutlich gebessert. Sicher ist da irgendwas durcheinandergeraten bei der Schilderung der Ereignisse. Jedenfalls vertraue ich *Gabriel*. Ich kenne ihn.

Als ich am Eingang des Krankenhauses ankomme, wird ein dicker alter Mann auf einer Krankentrage herausgerollt, umringt von seinen Angehörigen, die an ihm hängen wie Gliedmaßen, die sich nicht lösen können vom Körper. Der Mann ist so totenbleich, dass sich seine Farbe kaum von der des Lakens unterscheidet, und doch ist weder ein Infusionsschlauch zu sehen noch medizinisches Personal. Ich werfe einen Blick in den „Krankenwagen". Ein leerer Lieferwagen? Keine Sanitäter, keine Medikamente, keine Defibrilatoren. In diesen Kasten wird der Mann gepackt und weggefahren.

Dann entdecke ich *Daniel* auf dem Parkplatz des Krankenhauses im Gespräch mit einem Polizeibeamten. Nachdem der Polizist seine Befragung beendet hat, frage ich *Daniel*, wie es *Tómas* geht.

„Gut", sagt *Daniel*, „aber der Junge, den *Gabriel* niedergestochen hat, ist in einem schlimmen Zustand."

„Wie schlimm?"

Daniel schüttelt den Kopf und seine Augen starren in die Ferne, während er sich an die Szene erinnert. „Wir haben vor dem Gottesdienst Fußball gespielt im Park. *Gabriel* saß neben einem Baum und hat sich ausgeruht. Dann hat einer von den Jungs aus dem Park einem von uns – *Coco* – einen schmutzigen Blick zugeworfen. Plötzlich haben *Coco* und der andere Junge angefangen, einander rumzuschubsen. Es kam zu einer Schlägerei zwischen uns und den anderen. *Coco* hat sie fertiggemacht – unglaublich, wenn man überlegt, dass er sonst kaum einen Piep von sich gibt. Ich hätte nicht gedacht, dass Coco so explodieren kann. Dann hat *Gabriel* sein zwanzig Zentimeter langes Messer gezogen und den Jungen, der mit dem Streit angefangen hat, in den Rücken gestochen. Der Junge ist vornübergefallen und hat gebrüllt, das Blut ist einfach nur so geschossen und sein Bauch wurde dicker und dicker. Es war furchtbar. *David* hat ihn ins Krankenhaus gebracht. Jetzt wird er operiert."

„Wo ist *Gabriel*?"

„Der hat sich vom Acker gemacht. Vermutlich ist er jetzt schon in einer anderen Stadt."

Ich betrete das Krankenhaus und steige die grünen Marmorstufen hinauf in den dritten Stock. Während ich den Flur entlanggehe, werfe ich einen Blick in die Krankenzimmer und sehe nichts – keinen Arzt, keine Patienten, nur Betten. Niemand ist in dem schlecht beleuchteten Gang unterwegs. Als ich an seinem Ende angekommen bin, blicke ich vier *Campesinas* in die erschöpften und tränennassen Augen. Eine etwa fünfzigjährige *Cholita* trägt die traditionelle Kleidung der Landfrauen.

„Ist Ihr Sohn dort drinnen?", frage ich sie.

„Ja. Kennen Sie ihn?", fragt sie und ringt ihre Hände.

„Ich habe von ihm gehört. Ich arbeite im *Bururu*-Heim für Straßenjungen."

Die Frau verschränkt ihre Arme hinter ihrem Rücken und starrt auf den staubigen Fußboden. „Er ist so ein guter Junge, hilft mir, wo er nur kann. Und nun werde ich ihn vielleicht verlieren." Sie presst ihre Lippen aufeinander und wieder fließen Tränen. Eine sonnenverbrannte *Campesina* legt ihr den Arm auf die Schulter und blickt mich mit harten Augen an. „Der Arzt sagt, dass er innere Blutungen hat. Aus der Milz."

Wenn der Arzt ihn nicht sofort operiert und seine Milz klammert, wird das Kind innerlich verbluten.

„Ich bete so sehr, dass er es überlebt", sagt die Mutter und blickt zur Decke. „Können Sie uns helfen?", fragt sie.

„Ja, das kann ich", antworte ich und versuche Augenkontakt herzustellen, trotz des stechenden Schamgefühls, das ich gerade empfinde. „Braucht Ihr Sohn Blut?"

„Ja." In bolivianischen Krankenhäusern gibt es keine Blutbanken, also müssen Freunde und Verwandte bereitstehen, um zu spenden. Mutterlose Kinder verbluten einfach, vermute ich.

„Wie heißt Ihr Sohn?"

„*Arturo Sanchez.*"

Ich habe *Gabriel* ins Waisenhaus gebracht, ja, nicht nur dorthin gebracht, ich habe ihn buchstäblich gedrängt, dorthin zu kommen. Dann habe ich ihn den Betreuern überlassen und angenommen, er sei ein neuer Mensch geworden, nur weil er ein paar kleine Figuren aus Ton geformt hat. Ein kurzes Abtasten am ersten Tag hat mir genügt, weil ich wohl glauben *wollte*, dass er kein Messer besaß. Und nun schafft es seine Stahlklinge bis in die Milz von *Arturo Sanchez.*

* * *

Als ich den Raum betrete, wo Blut entnommen wird, unterhalten sich die Medizinstudenten darüber, was sie nach dem Examen tun wollen, während sie sich eine Seifenoper im Fernsehen anschauen. „Hallo, kann mir hier irgendjemand sagen, wieviel Blut *Arturo Sanchez* für seine Operation braucht?"

„Das ist schwer zu sagen. Sie öffnen gerade seine Bauchhöhle, um herauszufinden, wie groß die Schäden sind."

„Ich habe gehört, dass seine Milz verletzt wurde."

„Anscheinend drang das Messer in den Rücken ein, beschädigte zwei Lendenwirbel, durchstieß den Dünndarm und zerstörte seine Milz. Der Junge kann von Glück sagen, dass er noch lebt."

„Und wissen Sie wenigstens, welche Blutgruppe er hat?"

„Das schon – A positiv."

Meine Blutgruppe ist 0 negativ, das heißt, mein Blut kann jedem Empfänger übertragen werden. Ich renne die fünf Straßenzüge zur Kirche zurück. Während die Gottesdienstbesucher ein Kirchenlied singen, tippe ich einem Ältesten mit Namen *César* auf die Schulter und berichte ihm in kurzen Sätzen, was passiert ist. Seine Augen werden groß und er verspricht zu helfen. Als ich die Kirche verlasse, singt die Gemeinde weiter.

Zurück im Krankenhaus, treffe ich *Alejandro*, der auf einem grünen Plastikstuhl sitzt.

„*Alejandro*", sage ich, „welche Blutgruppe hast du?"

„Ich weiß es nicht. Ich will kein Blut spenden."

„Der Junge braucht Blut", erläutere ich ihm.

Alejandro zuckt zusammen.

„Hey, es geht nur um Blut", sage ich. „Du hast schon weit Schlimmeres durchgemacht."

„*Chi*, ich mag keine Nadeln." Panik schimmert auf in seinen Augen.

„Ich mache den Anfang. Du wirst sehen – für uns ist es halb so wild, doch der Junge wird sterben, wenn wir ihm kein Blut geben. Hast du mich verstanden?", frage ich. „Der Junge wird sterben."

Alejandros Gesicht hellt sich auf. „In Ordnung, ich mach's."

Wir gehen in den Keller ins Labor und ich lege mich auf eine Krankenliege. Aus dem Augenwinkel bemerke ich, dass der junge Assistenzarzt einen 250-Milliliter-Plastikbeutel und eine große Kaliber-Achtzehn-Nadel in den Händen hält. Ob die Nadel vorher eingeschweißt war oder ob er sie gereinigt hat, vermag ich allerdings nicht zu beurteilen. Immerhin könnte er die Nadel schon den ganzen Tag lang in Gebrauch haben. Oder die ganze Woche. Wie groß ist die Gefahr, sich mit AIDS zu infizieren? Es wäre grotesk, wenn ich stürbe, weil ich jemandem Blut spende, der von einem Kind niedergestochen worden ist, das ich törichterweise in ein Waisenhaus geholt habe, weil ich so gern sein Leben geändert hätte. Woher hatte er überhaupt das Messer? Aus der Küche! Ich balle die Faust. Meine Armvenen werden dick, so als würde *ich* das Messer halten. Oder bin ich derjenige, der niedergestochen wird? Immerhin schmerzt es doch mehr als erwartet, als die Nadel in meine Vene dringt. Dunkles Blut fließt durch ein Schlauchgewirr in einen Beutel. Blut spenden macht das nicht wieder gut, was ich verbaselt habe. Was wäre, wenn ich einen Sohn hätte und der niedergestochen worden wäre?

Als ich aus dem Labor trete, entdecke ich etwa zwanzig Mitglieder meiner Gemeinde, die im Wartezimmer sitzen. *„Chi*, wir haben von dem Jungen gehört. *Pobrecito* – armes Kerlchen –, und wir sind bereit, Blut zu spenden."

Der Assistenzarzt ruft: „Für *Alejandro* ist alles vorbereitet."

Alejandro beißt die Zähne zusammen.

„Du wirst sehen, es ist gar nicht so schlimm", muntere ich ihn auf, während er in den Behandlungsraum trottet.

Señora *Lydia* kommt herein. *„Chi, Jessica* hat mir erzählt, was passiert ist", sagt sie. „Wie geht es dem Jungen?"

„Er wird gerade operiert. Vielleicht sollten Sie mit der Familie reden." Sie wirft einen Blick auf die Mutter, die gerade aus einem Fenster starrt.

„Bedenken Sie", sagt sie, „dass *Gabriel* nicht im *Bururu* geblieben ist. Er kam in den letzten Tagen nur noch zum Mittagessen ins Waisenhaus, also kann kein Mensch behaupten, dass er in unseren Verantwortungsbereich gehört."

Ich sehe Señora *Lydia* verwirrt an. Eine lange, bedeutungsschwangere Pause folgt und das hohe Ansehen, in dem diese mutige Frau bei mir steht, beginnt zu bröckeln. Wir sollten niemanden auf ein Podest stellen, denn die Luft dort oben ist dünn …

„Vielleicht sollten Sie wirklich mit ihnen reden", sage ich zu ihr.

„Wie geht es *Tómas?*", fragt sie.

„Ich weiß es nicht", sage ich. „Er liegt oben und ich will ihn später besuchen."

Es ist bereits zwei Uhr nachmittags, als ich über die gepflasterten Stufen vor dem Krankenhaus auf die Veranda gehe, wo Frauen Süßigkeiten, Limonade, Spielzeug und Schmuck verkaufen. Nach einem schnellen Blick auf ihre Auslagen frage ich die Nächstbeste: „Wie teuer ist die Action-Figur, die aussieht wie ein Wrestler?"

„Zwanzig Bolivianos."

Tómas, ein zehnjähriger Junge, liegt auf einem Bett und starrt aus dem Fenster. Er trägt Krankenhauskleidung und sein wirres Haar sieht aus, als hätte man es unter einen Topf gepackt und rundherum abgeschnitten.

„Hallo, *Tómas*."

„Hallo, *Chi*."

„Wie geht es dir?"

„Gut."

„Was ist passiert?"

„Ich bin von einem Auto angefahren worden."

„Bist du auf den Kopf gefallen oder hast du das Bewusstsein verloren?"

„Nein."

„Zeig mir dein Bein."

„Sie haben es geröntgt und alles. Ich glaube nicht, dass es gebrochen ist oder so."

Ich untersuche das Bein, um sicherzustellen, dass die Nerven nicht beschädigt sind. Er hat überall Gefühl und die Durchblutung scheint in Ordnung zu sein. Auf den Röntgenbildern über seinem Bett sehen Hüfte und Kniegelenk absolut normal aus, Gott sei Dank.

„Ich habe dir etwas mitgebracht."

Er öffnet vorsichtig die Verpackung, so als ob der Inhalt explodieren könnte. Schließlich hält er den Muskelmann in Händen – zwar nicht gerade mit leuchtenden Augen, aber er beginnt immerhin, die Arme und Beine des Actionhelden zu bewegen und ihn fliegen zu lassen, damit er Leute retten kann. Aus seinem Mund lässt er ein dünnes *„Gracias"* tropfen.

„Ich gehe jetzt besser, damit du etwas ruhen kannst", beschließe ich, schiebe die Tür auf und werfe einen Blick zurück auf *Tómas*.

„Gracias, *Chi* ", sagt er, nun doch deutlich besser gestimmt.

* * *

Später am Abend erfahre ich, dass die Ärzte *Arturos* Milz entfernt haben und er aus der Narkose aufgewacht ist. Er wird das Krankenhaus in einer Woche verlassen.

Am nächsten Morgen besuche ich ihn in seinem Krankenzimmer. Er ist ein Junge von vierzehn, fünfzehn Jahren.

„Hallo, *Arturo*."

„Hi. Wer sind Sie?"

„Ich arbeite im *Bururu* und habe dir gestern Blut gespendet. Wie geht es dir?"

„Besser, aber ich fühle mich immer noch schwach."

„Ich muss mich entschuldigen für das, was passiert ist. Auch wenn ich weiß, dass das die Sache nicht besser macht, möchte ich, dass du mir sagst, wenn ich etwas für dich tun kann."

„Mein Vater ist gestorben, als ich noch klein war. Meine Mutter verkauft Süßigkeiten in El Alto Obrajes. Sie hat Schulden bei dem Menschen, für den sie arbeitet. Dabei schuftet sie so hart, damit ich einmal ein besseres Leben führen kann als sie. Aber wir kommen einfach nicht aus dem Loch heraus."

„Hat dich schon die Direktorin des *Bururu* besucht?", frage ich *Arturo*. „Eine Frau mit lockigem, braunen Haar?"

„Niemand hat mich bisher besucht", sagt *Arturo*, „abgesehen von Ihnen und meiner Familie."

„Ich werde mit Señora *Lydia* sprechen, vielleicht bezahlt ja das *Bururu* deine Krankenhausrechnung."

Arturo bleibt still und blinzelt.

„Was ist passiert, *Arturo*? Kannst du mir sagen, warum das passiert ist?"

Arturo faltet die Hände. „Ich war an dem Morgen mit Freunden im Park. Dann kam dieser Junge und hat mir einen Blick zugeworfen, den ich nicht leiden kann. Ich will, dass man mich respektiert. Also bin ich hingegangen, um ihn zur Rede zu stellen. Alle seine Jungs haben sich hinter ihm aufgebaut und alle meine Kumpels standen hinter mir. Doch noch bevor wir uns großartig prügeln konnten, habe ich auf einmal einen stechenden Schmerz im Rücken gespürt. Es tat wahnsinnig weh und ich bin umgefallen. Danach erinnere ich mich an nicht mehr viel."

„Das alles hätte nicht passieren müssen", seufze ich. „Wenn dir jemand so einen Blick zuwirft, kannst du den nicht einfach übersehen? Deine Mutter hat wegen dieser Sache eine Menge leiden müssen."

Arturos ganzer Körper versteift. „Wissen Sie, ich erwarte Respekt.

Mehr will ich gar nicht. Respekt. Ich würde es wieder tun, wenn ich es tun müsste."

„Du willst damit sagen, dass du bereit wärst, für Respekt zu sterben."

Arturo blinzelt langsam.

9. IN DIE NACHT

0:30 Uhr, 7. November 1997
Alonzo de Mendoza

Ein kleines Mädchen, das den ganzen Tag lang hin- und hergelaufen ist, um Snacks zu verkaufen, aber praktisch nichts verdient hat, gibt endlich dem bohrenden Hunger nach und isst einen Teil seiner Ware. Ich behandle gerade einen Jungen neben ihm mit einer Zyste auf dem Augenlid.

Rodrigo flüstert mir ins Ohr: „Raten Sie mal, wer da hinter Ihnen gerade high wird." Ich drehe mich um und entdecke in der Richtung, die *Rodrigos* Kinn mir anzeigt, einen Jungen mit der Faust vor der Nase. Nachdem ich mit meinem Patienten fertig bin, gehe ich zu dem Berauschten hinüber.

„Hallo, *Gabriel*." Sekunden vergehen.

„Haaaaallloooooo, Dooooooooktttor *Chiii*."

„Was hast du genommen?" Fünf Sekunden.

„Aaaaaalleees."

„Verdünner?"

„Jau."

„Klebstoff?"

„Jau."

„Alkohol?"

„Jau."

„Marihuana?"

„Jau."

„Kokain?"

„Oooooohh nnnneinn."

„Warum hast du all diese Drogen genommen?"

„Doktorrr *Chiii*, duuu sooolltest die Aaaaantwooort keeennen."

„Nein, nicht wirklich."

„Ummmm aus diiiiiiesem furchtbbaren Daaaassseiiiin zu veeeeer-schwiiiinden."

„Wo bist du gewesen?"

Sein Arm fuchtelt sinnlos in der Luft herum, als er erklärt: „Üüüü-überaaaaaal."

„Wo schläfst du?"

„Hiiiieeer und daaaaa."

„Warum an so vielen verschiedenen Orten?"

„Oooooohhh, Doooooooktooor Chiiiiii, das weisssst du dooooooch."

„Nein, warum denn?"

Er reckt seinen rechten Arm senkrecht in die Luft und lässt seinen Kopf zur Seite fallen, so als würde er gehängt werden.

„Weeeeeiiiiil sie hinter miiiiiir heeeeeeer sind."

„Warum?"

„Weeeeiiilll ich ein Kiiiiind niiiiiieedergestooooochen haaaabe."

„Du hättest den Jungen beinahe umgebracht."

„Wiiiiiiirklllich. Daaaaaaas ist schliiiiiiiiimm."

Ich suche in seinen Augen, seiner Kopf- und Körperhaltung nach Anzeichen von Reue. „Du hast seine Milz aufgerissen", sage ich, „er hatte innere Blutungen."

„Wiiiiiiieee lang waaaaaaaaarrrrrrr er im Krrrrrraaankenhaaaaaaus?"

„Fünf Tage." *Gabriel* rutscht hin und her, kommt mit einem Ruck hoch und hinkt ein paar Schritte.

„Was ist mit deinem Bein passiert?", frage ich ihn.

„Eeeeein aaaanderer Junge haaat mich daaa reeiiingestoooochen."

„Soll ich es verarzten?"

„Nnneiiin, ist schooon innnn Ordnunnnng."

„Na gut, aber pass auf dich auf."

„Tschüsssss, Doktoooor *Chiiii*. Passssen Sie auuuuch auf siiiich aaaauuuuuf."

Ich lasse *Gabriel* davontaumeln und wende mich einer großen Grup-pe von Straßenkindern zu, die auf den umliegenden Betonbänken her-umlungern. Einige von ihnen tragen kleine Babys auf dem Rücken und alle haben sie ihre Fäuste vor der Nase. Um ihre Aufmerksamkeit zu erregen, breite ich meine Arme aus. Mein Herz macht einen Sprung, als mein Ärger und meine Traurigkeit über *Gabriel* miteinander ver-schmelzen.

Ein Halbwüchsiger steuert auf mich zu, doch sein Körper schwingt in halbkreisförmigen Bewegungen, als hätte er Probleme, das Gleichgewicht zu halten. Der Geruch von Verdünner dringt mir so stark in die Nase, dass ich selbst ein bisschen high werde. Er stopft sein Stoffknäuel in die Tasche und versucht, genügend Neuronen zusammenzuschalten, um einen Gedanken zu formen.

„*Chi*", lallt er, „warum bist du jede Nacht hier auf der Straße bei uns? Wawawarum verbringt ein Paarundzwanzigjähriger seine Wochenenden auf der Straße, anstatt irgendwo Party zu machen oder ins Kino zu gehen?"

Schweigen. Ich beantworte seine Frage nicht.

Ein Junge ruft: „Weil du Christ bist!"

„Ja, ich bin Christ. Mein Glaube spielt bei dem, was ich bin und tue, eine große Rolle."

Die Kinder denken nach.

„Woran also könnt ihr erkennen, ob ein Mensch auf der Straße Christ ist?", frage ich sie. „An seiner großen Nase? An seinen langen Haaren? Daran, dass er ein guter Mensch ist? Daran, dass er sagt, Jesus ist Gott? Macht das einen Menschen zum Christen?"

Keine Antwort.

„Was ist ein Lama?", frage ich die Kinder.

„Das ist ein Tier, das *uurruu* macht!", ruft ein Junge. Die Kinder kichern.

„Wo lebt es?"

„In den Bergen!", schreit ein Mädchen.

„Hat es ein Fell?"

„Ja, es hat ein Fell", erklärt ein Junge. „Sonst könnte es ja nicht da oben in den Bergen leben!"

„Wenn ihr so viel über Lamas wisst, heißt das, dass ihr sie besonders lieb habt?"

„Nein, die stinken doch!", verkündet der Junge. Die Kinder schütten sich aus vor Lachen.

„Mit Jesus ist es dasselbe. Viele Menschen sagen, dass sie wissen, wer Christus ist, aber sie kennen nur die Fakten – ihn selbst aber kennen sie nicht. Man kann jeden Sonntag in die Kirche gehen und ihn trotzdem nicht kennenlernen."

„Wie lernt man ihn denn kennen?", fragt der Junge.

„Indem man zu Gott betet, die Bibel liest und jeden Tag ehrlich über sich selbst nachdenkt." *Gabriel* geht mir durch den Kopf. „Bei vielen Menschen geht das zum einen Ohr hinein und zum anderen wieder hinaus. Tatsächlich aber sollte es von euren Ohren ins Herz gehen. Ich habe vor acht Jahren Gott in mein Leben eingeladen. Das hat mich so verändert, dass ich mich danach sehne, ein Leben zu führen, das ihm gefällt, selbst an einem Freitagabend. Sein Geist lebt in mir und verändert mich mehr und mehr. Deswegen versuche ich das zu tun, was Jesus verlangt: den Nächsten lieben. Das seid ihr."

* * *

Ein Blick auf meine Armbanduhr verrät, dass es bereits eine Stunde nach Mitternacht ist, und ich sehe zu *Rodrigo* hinüber, der einem Straßenmädchen den christlichen Glauben erklärt. Als ich meinen Rucksack öffne, ein paar Liederzettel heraushole und die Straßenkinder frage, ob sie singen möchten, ernte ich ein enthusiastisches „Jaaa". Die Kinder schnappen sich die Blätter, *Rodrigo* stimmt seine Gitarre und wir beginnen mit *„Cuan Bello Es el Señor"*:

Cuan bello es el Señor, cuan hermoso es el Señor.
Cuan bello es el Señor, hoy le quiero adorar.
La belleza de mi Señor nunca se agotará.
La hermosura de mi Señor siempre resplandecerá.

(Wie schön ist der Herr, wie prächtig ist der Herr.
Wie schön ist der Herr, ich will ihn jetzt anbeten.
Die Schönheit meines Herrn wird niemals vergehn.
Der Glanz meines Herrn strahlt in alle Ewigkeit.)

Auch wenn ihre Stimmen den Ton nicht immer ganz treffen, so schwingen sie sich doch empor und klingen weithin wie ein ungeordnetes Zwitschern. Polizisten, Soldaten, Betrunkene und Prostituierte werfen einen kurzen Blick auf die Kinder und gehen weiter.

* * *

23:30 Uhr, 8. November 1997
Eine Brücke über dem Abwasserkanal

Zwischen der Straße und dem Zaun vor dem Kanal verkaufen die Rund-um-die-Uhr-Händler in ihren gelben Metallständen fleißig gegrillte Hotdogs und Hamburger. Eine Frau, die eine fleckige Schürze umhat, trägt einen Eimer mit Schmutzwasser auf die Straße und schüttet ihn aus. Die braune Brühe spritzt über den Asphalt und fließt ein paar Meter weiter, um schließlich eine Pfütze zu bilden. Ein winziger Fuß weicht ihr aus. Er gehört einem kleinen, schwarzen Jungen, der einen dreckigen, grau-weißen Hut trägt und dunkle, fadenscheinige Jeans. Im Moment steht er vor dem Hamburgerstand, dreht sich um und sucht nach etwas oder jemandem. Niemand beachtet ihn, als er zwischen zwei gelbe Stände schlüpft. Er bückt sich und krabbelt durch ein Loch im Zaun vor dem Abwasserkanal, das aussieht, als wäre es für Hunde gemacht.

„Mario", ich rufe den Jungen. Erschrocken dreht er sich um, macht dann kehrt und schreit durch das Loch im Zaun: „Hey, Leute! Dr. *Chi* ist hier! Dr. *Chi* ist hier! Dr. *Chi* ist hier! Kommt her, Leute! Kommt her, Leute!"

Der Junge winkt mir zu, dass ich mich beeilen soll. Ich stelle meine Medizinbox kurz ab und zwänge mich durch den schmalen Durchlass. Fünf Betonstufen führen hinab auf einen ausgetretenen Trampelpfad. Wenn man den nach rechts geht, kommt man zu einer anderthalb Meter tiefen Grube, auf dessen Boden ein rechteckiger Betonkasten steht, der auf einer Seite offen ist – groß genug, dass sich einige Straßenkinder darin verkriechen können, aber kurz genug, um für Erwachsene unbequem zu sein. In ihm wohnen kleine Kinder.

Ich wende mich aber nach links und folge *Mario* einen steilen Pfad hinab, der an den Rand eines tiefen Tals führt. Durch diesen Canyon verläuft der gigantische Kanal, der die Abwässer der Stadt in den La-Paz-Fluss trägt. Ein falscher Tritt auf dem Weg und man macht eine üble Rutschfahrt über einen Abhang voller Müll und Exkremente hinein in die grässliche Brühe. Eine schreckliche Art zu sterben. Doch als Menschen, die in viertausend Metern Höhe zwischen den Bergen leben, sind die *Paceños* – die Einwohner von La Paz – das Klettern gewöhnt und die Straßenkinder benutzen diesen Weg mehrmals am Tag.

Wir kriechen nun auf allen Vieren, um nicht abzurutschen, und es fällt mir unendlich schwer, das Gleichgewicht zu halten, weil ich meinen medizinischen Einsatzkoffer mit mir herumschleppe. Über mir höre ich das Brutzeln der Hamburger, unter mir das Rauschen und Gluckern des ungefilterten Abwassers, das in die Natur zurückkehrt. Ich sehe zum Zaun hinauf. Niemand beobachtet uns. Obwohl ich das nun schon mehrmals getan habe, komme ich mir ziemlich blöd vor. Kleine Steinchen rollen hinunter in den „Orkus", an dessen Rand vier Jungen und ein Mädchen stehen.

„Seid vorsichtig! Beeilt euch!", ruft *Paola*.

„Schau mal", sagt *Enrique*. „Mein Schnitt. Da ist Eiter drauf. Siehst du es? Siehst du es?"

„Meine Augen. Meine Augen", jammert *Lupe*. „Sie jucken."

„Ich habe Durchfall! Schlimmen Durchfall", stöhnt *Jorge*, der sich den Unterleib hält.

„Hallo, Dr. *Chi*", sagt *Gabriel*. Er ist nüchtern, in mehr als nur einer Hinsicht.

„Hallo, *Gabriel*", sage ich und verkünde: „Ich kann nur einem nach dem anderen helfen."

Um das Warten überstehen zu können, halten sich die Kinder die Fäuste vor die Nasen und inhalieren den Verdünner aus ihren Stofffetzen. Ein Hund schnüffelt neugierig meinen sauberen Seifenduft und knurrt. *Lupe* gibt ihm einen Klaps, dass er verschwindet, und ich untersuche die linke Hand des achtjährigen *Mario*. Acht Rasierklingennarben laufen kreuz und quer übereinander. Das letzte Mal waren es sieben.

„Was ist passiert, *Mario*?"

„Das ist ein Schnitt." Er kichert.

„Das weiß ich. Wie kam es dazu?"

„Ich war betrunken!" Er schwankt herum und die Kinder lachen.

„Was hast du benutzt?"

„Eine Rasierklinge. Ich bin nämlich ein Harter!" Wieder lachen sie.

Ich reinige seine Wunde und nehme mir den nächsten Jungen vor. Nachdem ich mich um alle gekümmert habe, frage ich jeden einzelnen meiner Patienten, wie es ihm ansonsten so geht, und jedes Kind antwortet: „Mir geht es gut." Ich frage sie, ob sie gerne Lobpreislieder singen. Sie sagen Ja, meinen es aber nicht wirklich so.

„Schau dort, Dr. *Chi.*" *Gabriel* zeigt nach oben in die Richtung, aus der wir gekommen sind. Zwei Männer starren auf uns herab, die Augen zu Schlitzen zusammengezogen. Einer der beiden stützt sich auf einen Knüppel. Er wendet sich zu seinem Partner, der seinen Blick nicht von uns wendet.

Wie konnte ich nur?!

Sie haben uns natürlich die ganze Zeit über beobachtet! Und jetzt sitzen wir in der Falle. Die beiden haben sich direkt vor dem Loch im Zaun postiert, unserem einzigen Fluchtweg. Diese Art von Männern geben sich mehr Mühe als andere, die Straßen von Straßenkindern „zu säubern", und ich habe immer noch keine Ahnung, warum. Warum muss jemand so grausam sein? Warum nimmt jemand solche Anstrengungen auf sich? Mir ist diese zusätzliche Gefahr für das Leben dieser Kinder sehr wohl bewusst.

Es bleiben nur zwei Möglichkeiten: Am Abwasserkanal entlang bis zu der großen Brücke, die den Kanal überspannt. Dazu müssen wir uns aber durch einen engen Kontrollgang zwängen, der nur ungefähr dreißig Zentimeter breit ist und ein paar Meter parallel zum Abwasserkanal verläuft. Die Wände des Durchgangs haben die Kinder mit Fäkalien beschmiert, um Eindringlinge abzuwehren. Sich dort hindurchzuzwängen wäre gleichbedeutend mit dem Weg durch einen großen Darm. Sollten wir die Brücke erreichen, müssten wir nur noch eine Leiter hochklettern. Doch wenn die Schläger wirklich entschlossen sind, können sie uns mit Leichtigkeit abpassen, wenn wir oben ankommen. Die andere Möglichkeit besteht darin, am Kanal bis zum Fluss zu laufen. Das wäre zwar nur ein Fußmarsch von wenigen hundert Metern, aber an seinem Ende blieb uns nur eine Option: in den Fluss zu springen – zusammen mit Tausenden von Litern Fäkalien.

Die Jungen bilden vor mir und *Paola* einen Halbkreis. Sie bereiten sich auf Schläge vor. Ich packe meine Sachen zusammen. *Marios* Stimme zittert: „Geh nicht weg! Bitte, geh nicht weg!" Wenn ich gehe, können die Männer tun, was ihnen gefällt, ohne andere Erwachsene als lästige Zeugen.

„Ich werde nicht weggehen", versichere ich ihnen, denn ich hatte das auch gar nicht vor. Der Mann, der den Knüppel in der Hand hält – wie es aussieht, der ältere der beiden – macht sich auf den Weg den Abhang hinunter. Der andere folgt ihm, wobei er in seinen Lederstiefeln immer wieder abrutscht. Die Körper der Jungen versteifen sich. Ihre braunen Augen weiten sich, als sie zu mir aufsehen. Was kann ich tun? Niemand macht einen Schritt, niemand sagt ein Wort. Sie werden bald hier unten sein, selbst wenn sie es vorsichtig angehen und sich nicht beeilen. *Gabriel* sieht sich um. Sein fünfzehnjähriges Hirn arbeitet auf Hochtouren. Er weiß, dass die Männer hier unten, wo sie kaum jemand sehen kann, mit uns tun können, was sie wollen. *Gabriel* hebt seine Hände zum Himmel. „Los, lasst uns singen!"

Und tatsächlich – die fünf Jungen und das eine Mädchen öffnen ihre Münder und singen. Am Anfang ist ihr Lied nur ein Häufchen zittriger Stimmen, gepresst von der Angst, die Männer zu provozieren, vielleicht sogar davor, sich selbst zu hören.

Doch dann wird das Lied stärker und immer stärker, bis sich die zaghaften Laute in Klänge voller Mut und Hoffnung verwandeln. Sie singen über einen Gott, den sie in dieser Welt noch nicht bewusst erlebt haben, einen Gott, der für sie ein ferner Mythos ist, ein Wesen, den sie nur aus Geschichten kennen, die sie kaum glauben können. Sie singen von Seiner Schönheit und Seiner Größe und davon, wie Er die Schwachen und Hilflosen beschützt. Die Stimmen hallen von den Wänden des Abwasserkanals wieder – hinauf, hinaus, hinein in Ohren, die das nicht erwartet haben. Die Händler unterbrechen ihr Grillen auf und spähen in das Tal, um – was zu sehen? Ein Wunder? Ich hoffe es.

Die zwei Männer sind schließlich auf derselben Höhe wie wir. Angespannt bis zum Geht-nicht-mehr trete ich vor und blockiere ihnen den Weg zu den Kindern. Die Uhren in der Stadt schlagen zwölf. Mein Herz rast. Und Ärger steigt in mir auf. Solche Männer sind die Feinde meiner Kinder. Sie vergewaltigen die Mädchen, treten die Jungen in die Geschlechtsteile, brechen die Knochen der Kinder und lassen sie hinkend und verkrüppelt zurück. Ich bin bereit, ihre Schläge einzustecken. Das Lied der Kinder hat meine Furcht vertrieben. Die Männer sind da.

„Hallo." Ich strecke meine Hand aus, um ihre zu schütteln. Nichts. Langsam ziehe ich meine Hand zurück und stecke sie in meine Jacke, wo ich fest die Metalltaschenlampe umfasse. Wenn ich einen oder zwei Schläge damit landen könnte, haben die Kinder vielleicht genügend Zeit, um den Hang hinaufzurennen und zu verschwinden.

„Hallo", sagt der ältere Mann. „Was machen Sie hier?"

Schweigen. Wir sehen einander an.

„Was machen *Sie* hier?", entgegne ich.

„Was wir tun, geht Sie nichts an."

„Ich arbeite mit den Straßenkindern von zehn Uhr abends bis zwei Uhr nachts. Von Montag bis Donnerstag. Außerdem bin ich auch in zwei Waisenhäusern tätig."

Der ältere Mann sieht mir in die Augen. „Diese Kinder sind kriminell und drogenabhängig, das wissen Sie."

Hat er auch nur ein Wort ihres Liedes gehört? Hat er auch nur eine Millisekunde in ihre Gesichter gesehen? Unsere einzige Chance, den sicheren Schlägen zu entgehen, besteht darin, diese Männer das Unhörbare hören und das Unsichtbare sehen zu lassen. Mit anderen Worten – diese Kinder in ihren Augen in Kinder zu verwandeln.

„Nun", sage ich dem Mann, „einige von ihnen schnüffeln Verdünner. Verstehen Sie, warum? Wissen Sie, wie aus diesen Kindern Straßenkinder geworden sind?"

Der Mann ist durch meine Direktheit überrascht. „Ihre Eltern sind Alkoholiker", sagt er, „und manchmal verlassen sie sie einfach." Ich kann nicht erkennen, ob er so etwas sagt, um Sympathie zu zeigen oder sein Urteil zu verhängen.

„Ja", sage ich, „die meisten von ihnen sind aus El Alto. Armut kann Mütter dazu zwingen, ihre eigenen Kinder zu verlassen, und Väter dazu, ihre Söhne und Töchter zu schlagen. Armut kann zu Alkoholismus führen. Einige dieser Kinder wurden im engsten Familienkreis sexuell missbraucht. Sie rennen vor den schlimmsten Dingen weg, die man sich nur vorstellen kann, und landen schließlich auf der Straße, wo sie Verdünner schnüffeln und versuchen, einfach zu vergessen: ihre Vergangenheit, ihre Gegenwart und ihre Zukunft. Schauen Sie sie nur an."

Obwohl dieser Mann mit Sicherheit weniger verdient als der schlechtbezahlteste illegale Einwanderer in den Vereinigten Staaten, könnte es sein, dass er trotzdem keine Ahnung hat von der äußersten Armut, die diese Kinder in die Flucht getrieben hat. Er wurde vielleicht niemals geschlagen oder misshandelt. Er wird sich vielleicht niemals mit diesen Kindern identifizieren, die für ihn nur so etwas wie Tiere sind. Dennoch entspricht der Mann meiner einfachen Bitte und sieht sie sich an, vielleicht zum ersten Mal. Er sieht sie so, wie sind sind – lebendige, atmende Wesen. Während uns die Straßenhändler zuschauen, während ein paar Passanten einen kurzen Blick in unsere Abwasserfinsternis werfen und während das Lied der Kinder immer noch in unseren Ohren klingt, sieht der Mann die Kinder an und zieht zischend Luft durch die Lippen. Er schluckt, seine Kiefermuskeln verspannen sich.

„Ja", sagt er. „Es ist traurig."

Er wirft seinem Partner einen Blick zu, der alles andere als beeindruckt aussieht. Dann machen sich die beiden Männer auf den Rückweg. Hinter mir stimmen die Kinder ein weiteres Lied an. Die Störenfriede kriechen durch das Loch im Zaun und verschwinden. Ein Gefühl unendlicher Erleichterung durchströmt mich und die Kinder strahlen einander an, dankbar dafür, dass die Männer sie nicht auf ihrem eigenen Territorium verprügelt haben. Dann wandern wieder ihre Fäuste an die Nasen und tief inhalieren sie ihren Verdünner. Während sie in den Zustand des Nichts entschwinden, blicken sie mich vage an, so als erwarteten sie eine Reaktion von mir.

„Hört mir zu, Kinder. Ich glaube nicht, dass diese Männer wegbleiben werden. Selbst wenn einer so ausgesehen hat, als hätte sich heute Abend in seinem Herzen etwas verändert, könnten sie später zurückkommen. Ihr müsst also sofort verschwinden von hier. Könnt ihr irgendwohin gehen, wo es sicher ist?"

Gabriel tritt vor. „Ich habe ein Geheimversteck."

Wirklich? Er sieht mich unter seiner zerrissenen roten Kappe an. Erwartet er, dass ich ihn aufhalte? Wenn er den anderen Kindern sein Geheimversteck zeigt, ist es nicht mehr länger geheim. Seine Feinde könnten ihn aufspüren und erstechen. „Ich kenne einen Platz", sagt er, ohne zu zögern, „unten in der Kanalisation, in der Nähe des Flusses. Da gibt es ein kleines Loch in einem Zementblock, dort schlafe ich. Niemand findet mich da und das Abwasser hält mich warm. Dort ist genügend Platz für uns alle."

Die Kinder starren *Gabriel* an. „Vielleicht solltet ihr alle mit ihm gehen", empfehle ich ihnen.

Sie nicken. *Gabriel* ist ihr Anführer und sie werden ihm eher zu einem Loch im Kanal folgen, als in einem fremden Waisenhaus zu schlafen.

„Also gut. Wenn ich oben angekommen bin, sehe ich nach, ob die Männer noch da sind, und winke euch, wenn die Luft rein ist. Ihr könnt dann unentdeckt das Versteck aufsuchen. Hört sich das gut an?"

„Ja, Dr. *Chiiiii*", singen sie.

Mario fragt mich: „Wann kommst du wieder?"

„Morgen Nacht, keine Sorge. Passt gut auf euch auf, aber beeilt euch. Gute Nacht!" Ich klettere den Abhang hinauf, wobei ich immer wieder fast den Halt verliere. Endlich oben angekommen, sehe ich auf die Kinder hinunter – sie stehen eng beisammen, ein kleiner Chor, ein Refrain ihrer eigenen Tragödie. Die einzigen Menschen hier oben sind die Straßenhändler. Ein Taxi hupt, als es vorbeisaust. Die Augen der Kinder sind auf mich gerichtet. Ich winke ihnen zu. Fünf Jungen und ein Mädchen krabbeln in Windeseile die Böschung entlang, die von Müll und Fäkalien übersät ist, und verschwinden in der Nacht.

10. ICH BLUTE

9. November 1997

Er kommt aus dem Dunkel der Nacht, springt die Straße hinunter und den Hang hinauf, in der Hand eine Plastiktüte mit einer weißen Flüssigkeit. Bevor ich mir Gedanken machen kann, wer unter der roten Kappe steckt, ist er bei mir.

„*Chi*!", keucht er. „Ich habe dich gesucht!"

Der Teenager mit der roten Kappe ist *Gabriel*. Ich hätte ihn an seinem Gang erkennen müssen, an der Art und Weise, wie er seinen ganzen Körper beim Laufen hin- und herschwingt. Er ist wie ein kleiner Bruder für mich, ein Bruder, der heute Abend allerdings wie ein Fremder aussieht. Seine Augen sind klar und leuchtend, wach und schnell taxiert er seine Umgebung. Und dann blickt er wieder mich an.

„*Chi*, du musst schnell kommen", sagt er. „*Anna* ist krank. Sie blutet. Eine Menge." Abgesehen von dem ominösen weißen Zeug in der Tüte trägt *Gabriel* in seiner Armbeuge zwei frische Brotlaibe.

„Wofür sind die denn?" Ich deute auf sein Essen.

„Für *Anna*. Sie ist wirklich schwach."

„Was ist in der Tüte?"

„Milch", antwortet er.

Ich neige meinen Kopf zur Seite. „So eine Milch habe ich noch nie gesehen."

„Ein bisschen Milch mit einer Menge Wasser und Zucker."

„Es ist Mitternacht. Woher hast du sie?"

„Ich musste eine ganze Weile suchen, bis ich sie bekommen hab. Ich habe sie gekauft, nicht gestohlen, und ich durfte keine Zeit verlieren."

Ich senke meine Augen vor Scham. Habe ich *Gabriel* nicht als jugendlichen Kriminellen abgeschrieben? Es erschreckt mich beinahe, als ich nun entdecke, dass er ein menschliches Wesen mit Mitgefühl ist. Aber wie kann ich diesen Kindern helfen, wenn ich ihnen noch nicht einmal grundlegende menschliche Züge zutraue? Ich hatte dafür gekämpft, dass er im *Bururu* bleiben konnte, hatte es damit begründet, dass man aus seiner Vergangenheit nicht auf sein gegenwärtiges Verhalten schließen dürfe, und dann hat er einen Jungen in den Rücken gestochen. Erst hatte ich das Gefühl, er schulde mir etwas dafür, dass ich ihn von der Straße geholt hatte, und als er mich wie einen naiven Deppen aussehen ließ, revanchierte ich mich, indem ich ihn als schwarzes Schaf verurteilte.

„Komm schon, *Chi.*" *Gabriel* zieht an meiner Hand. „Wir müssen uns beeilen."

Es geht im Laufschritt zu „*Gabriels* Haus". Ich nenne es so, weil er der Einzige ist, der ständig dort schläft, und weil er sich darum kümmert. *Gabriel* lässt jedes Straßenkind in dieser Hütte schlafen, vorausgesetzt, es ist für ihn selbst noch ausreichend Platz. Die Wände der Hütte bestehen aus Holzbrettern, verbogenem Metall, Pappe und einer blauen Plane. Das Dach ruht auf einem halben Dutzend Holzplanken wie auf Säulen und der Betonrand des Abwasserkanals bildet die Rückwand. Die Behausung hat sogar eine provisorische Holztür, die mit Seilen an einem Pfosten angebunden ist. Während wir uns dem „Anwesen" nähern, schlagen zwei Wachhunde an, die zu einem Rudel von sieben Straßenkötern gehören, welche im Müll herumschnüffeln und Vorbeigehende anknurren. Und sie verteidigen die Kinder gegen Fremde – so loyal und übelriechend, wie es nur Hunde sein können. Normalerweise schlafen sie bei den Kindern, aber heute Nacht sind sie draußen. Das Abwasser rauscht im offenen Kanal vorbei.

Ich öffne die Tür zu *Gabriels* Haus und leuchte mit der Taschenlampe in die Dunkelheit. Ein Junge – *Javier* – und ein Mädchen liegen hintereinander vor mir auf dem Boden, beide mit dem Rücken zu mir. Er hat einen Arm über ihren Unterleib und ein Bein über ihre Beine gelegt. Sie atmen simultan. *Javier* dreht sich um und blinzelt ins Licht. „Hallo, *Chi.* Wir haben gehofft, dass du kommst. *Anna* blutet wirklich schlimm. Kannst du ihr helfen?"

„Wo blutet sie denn?"

„Du weißt schon. Da unten."

„Wie lange blutet sie schon?"

„Seit zwei Tagen. Ich weiß nicht, was ich tun soll. Kannst du ihr helfen? Bitte."

„Warum blutet sie?"

„Wir sind das Baby losgeworden."

Mir bricht das Herz. Straßenabtreibungen sind eine Realität, der ich mich nur sehr ungern stelle. „Wie habt ihr das Baby abgetrieben?"

„*Mate.*"

„*Mate?*"

Ehemalige Straßenmädchen im *Yassela* haben mir verraten, wie man ein Baby loswird. Sie können nicht zum Arzt gehen, weil sie den nicht bezahlen können, also wenden sie sich an die Hexen. Oh ja, es gibt überall Hexen, mit allen Arten von medizinischen Kräutern und Tees und Lamaföten. Die Unterwelt kümmert sich um alle Probleme des Lebens.

„Die Hexen mixen den *Mate* für uns aus vielen verschiedenen Dosen und Tiegeln zusammen, mit Blättern und Puder", erklärten die Mädchen. „Wir trinken den ekligen Tee und innerhalb eines Tages fangen wir an zu bluten. Es ist eine so schreckliche Blutung, das kannst du dir nicht vorstellen. Aber sie erfüllt ihren Zweck. Sie erfüllt ihn sogar ziemlich gut."

„Ja, *Mate*", seufzt *Javier*. „Das Zeug ist da drüben in dem Eimer."

„Ich habe es mit heißem Wasser vermischt", murmelt *Anna,* „und dann getrunken. Dann habe ich zu bluten angefangen und dann ging es los und das Baby ist herausgekommen."

Ich gehe mit *Javier* nach draußen und sehe die alte, verrostete Kaffeedose. Das *M* von „*Maxwell*" ist der einzige Buchstabe, der nicht im Lauf der Zeit völlig verblasst ist. Ich erinnere mich an den Werbespruch von *Maxwell House* – „Gut bis zum letzten Tropfen" – und muss unwillkürlich aufstöhnen. Ein Griff in den Eimer fördert verschiedenfarbige Blumen mit großen, kleinen und irgendwie seltsam geformten Blütenblättern zutage. Auch grüne Kräuter. Das kochende Wasser hat das bunte Durcheinander etwas verblassen lassen.

Mein Herz ist ungeheuer schwer. Wer – außer den räudigen Straßenkötern – hat *Anna* begleitet durch diese schrecklichen Stunden? Ich stelle mir vor, wie sie das bittere Gebräu aus dem Eimer trinkt. Einen Schluck. Noch einen. Sie zuckt vor Schmerzen zusammen. Die Hunde bellen, der Abwasserkanal rauscht. Die Überreste eines menschlichen Fötus verlassen ihren Körper. Ich kann mir ihr Leiden nur ungefähr vorstellen, seine Tiefe und Weite, wie es die entlegensten Ecken ihrer

Seele erreicht, wie es sich um sie herumschlingt und sich dort für immer festsetzt. Ich muss ihr nicht sagen, was richtig ist und was falsch. Sie weiß es durch ihren Schmerz. Ich kann nichts anderes tun, als zu verstehen, warum *Anna* und andere Straßenmädchen ihre Kinder abtreiben.

„Wo ist das Baby nun?"

„Hier." *Javier* zeigt auf den Kanal unter meinen Füßen und ich trete einen Schritt zurück.

„Du hast das Baby ...?"

„Ja", antwortet er. „Wo hätte ich es denn sonst hinbringen sollen?"

Der Fötus wurde also in der Kloake „beigesetzt", genauso wie viele andere. Ein Drittel der Kinder dieser verlorenen Jugendlichen wird abgetrieben, ein weiteres Drittel stirbt im Kindesalter und der Rest sind Straßenbabys, die weder Betten noch Badewannen kennenlernen werden. Meine Tränen fallen leise auf den Boden dieses Abwasserfriedhofs. Wieviel können diese Kinder aushalten, bis sie aufgeben? Ich wische mir über die Augen und gehe zurück ins Haus. *Javier* kauert sich schützend über *Anna* und flüstert ihr etwas zu.

Anna dreht sich um und sieht zuerst mich an und dann meine Einsatzkiste. „Oh nein", sagt sie. „Mir geht es schon besser. Mir geht es gut, *Chi*."

„Sie blutet immer noch, *Chi*", sagt *Javier*, „aber sie hat einfach nur Angst vor Nadeln. Gib ihr doch bitte eine Spritze oder so was, um das zu stoppen." Ich bin beeindruckt, welches Mitgefühl dieser Junge mit seiner Geliebten hat. Er scheint sich für ihr Wohlergehen verantwortlich zu fühlen.

Ich greife tief in meine Angelkiste und finde eine braune Kanüle mit der Aufschrift *Ergonovin*. Meine letzte Kanüle. Damit will ich eigentlich später am Abend ein Straßenmädchen namens *Vera* behandeln. Aber *Vera* kommt vielleicht gar nicht und *Anna* ist hier und hat Schmerzen. *Ergonovin* zieht die Arterien der Gebärmutter zusammen, jene Arterien, die durch die Abtreibung aufgerissen wurden. Zwei Zehntel eines Milligramms dieses Medikaments werden die Blutungen eine Nacht lang stoppen, was mir genug Zeit verschafft, um morgen früh mehr davon zu kaufen. Möglichst unauffällig ziehe ich 0,2 Milligramm auf, doch irgendwie erhascht Anna einen Blick auf die Kaliber-zweiundzwanzig-Spritze, zuckt zusammen und versteckt ihr Gesicht unter ihrer Decke.

„Okay, *Anna*, wir sind dann soweit." *Javier* kichert vor Aufregung.

„Wo wirst du das hineinstechen?", fragt sie.

„Wohin wohl?"

„Ich lasse mich nicht in den Hintern spritzen!"

Javier sieht sie an und lacht übertrieben.

„Du bist absolut keine Hilfe", blaffe ich ihn daraufhin an, also reißt er sich zusammen und schafft es tatsächlich – er überredet *Anna*, sich von mir spritzen zu lassen.

„Auuu!", kreischt sie, reibt sich den Hintern mit einer kreisenden Bewegung und wirft mir einen finsteren Blick zu.

„Ich komme morgen wieder, um zu sehen, ob du in Ordnung bist."

„Nein", bettelt sie. „Ich werde morgen nicht mehr bluten, versprochen."

„Ich sehe dich morgen."

Ich richte mich auf und bleibe leicht gebückt stehen, damit ich mir nicht am Dach den Kopf stoße. Das ist auch ein Problem, mit dem ich in meinem bisherigen Leben noch nicht konfrontiert worden bin. *Javier* und *Anna* nehmen wieder ihre Schlafposition ein – ein Arm über ihrem Unterleib und ein Bein über ihren Beinen – und ich gehe hinaus in die Nacht.

Gabriel passt mich noch ab und fragt: „Wie geht es *Anna*?"

„Einigermaßen gut", sage ich. „Aber wenn sie weiterhin blutet, musst du sie ins Krankenhaus bringen."

Er nickt, doch wir wissen beide nur zu gut, dass *Anna*, selbst wenn sie die Unverfrorenheit hätte, in ein staatliches Krankenhaus zu gehen, als *aymaranisches* Straßenmädchen dort wohl nicht behandelt werden würde.

„Mach dir keine Sorgen, *Chi*, ich werde mich um sie kümmern." *Gabriel* hält seine Plastiktüte mit Milchwasser hoch, als sei es ein Talisman gegen alle denkbaren Krankheiten.

Je länger Kinder auf der Straße leben, desto mehr erkennen sie, wie bedeutungslos Worte sind. „Danke" oder „Du bist mein Freund" sagen sie nicht, sie zeigen lieber durch Taten, was sie empfinden. Einem Straßenkind fällt es schwerer, die richtigen Worte zu finden, als das Richtige zu tun. Und irgendwie ist die mit Milchwasser gefüllte Plastiktüte das Sinnbild für eine Art Bund zwischen *Gabriel, Anna, Javier* und den anderen Straßenkindern. Dieser eine Teil Milch unter sechs Teilen

117

Wasser bedeutet: „*Anna*, verlass dich auf uns, wir gehören untrennbar zusammen."

* * *

Der nächste Tag

Am nächsten Morgen komme ich wieder zu *Gabriels* Haus und finde *Anna*, die halb schläft und halb wach ist. In ihrem konfusen Zustand öffnet sie die Augen und erkennt mich, doch irgendetwas ist nicht in Ordnung mit ihr und ich kann nicht sagen, was. „Was ist passiert, *Anna*? Warum wolltest du dein Baby loswerden?"

Ihr Blick wandert in eine andere Richtung, sie starrt auf den Boden. Zwar war sie immer schon still, oft sogar traurig, doch ihr verbissenes Schweigen jetzt macht mir große Sorgen. Ich warte eine lange Zeit.

„Es war *Javier*", murmelt sie.

„Wie meinst du das, es war *Javier*?"

„*Javier* hat die hundert Bolivianos besorgt. Keine Ahnung, wie er an so viel Geld gekommen ist, aber er hat es geschafft und mir aufgetragen, sie sicher zu verwahren. Irgendwie habe ich sie dann verloren. Überall habe ich gesucht, aber ich konnte sie nicht mehr finden. Am ganzen Körper hab ich gezittert vor Angst. Also habe ich gewartet und gewartet, bis alles ans Licht kommt und ich meine Strafe kriege. Als ich ihm gebeichtet hab, dass ich das Geld verloren habe, ist er fuchsteufelswild geworden. Er hat völlig die Kontrolle verloren, hat gebrüllt und getreten, und zwar wieder und wieder in meinen Bauch. Erst hab ich versucht, mich so zu drehen, dass er den Rücken oder die Beine trifft, überall hin, nur nicht in den Bauch, doch irgendwann hab ich einfach nur noch dagelegen und gewartet, dass es aufhört, dass er sich abreagiert hat. Mein Baby war da schon tot und ich wusste, es würde niemals schreien, niemals lächeln. Danach stand ich irgendwie unter Schock und ich weiß nicht mehr, ob ich geweint habe oder nicht. Ich weiß nur noch, dass alles vorbei war. Vorbei." *Annas* Gesicht ist ausdruckslos. Keine Wut. Keine Traurigkeit. Nichts.

„Und was ist dann passiert?"

„Dann habe ich langsam zu bluten angefangen. Teile von meinem Baby sind herausgekommen, Stück für Stück, aber nicht alles. Ich musste also etwas finden, das es ganz entfernt. Also bin ich zu den Hexen gegangen und die haben mir Mate gegeben. Als ich das Zeug getrunken habe, hat es furchtbar wehgetan und die Bluterei ging erst richtig los. Dann ist *Gabriel* losgezogen, um dich zu suchen."

Javier hat sein eigenes ungeborenes Kind umgebracht. Die Sonne verschwindet langsam hinter schweren Wolkenbänken. Es gibt keine klaren Grenzen mehr zwischen Licht und Schatten. Alles ist zu einem grauen Einerlei zusammengewachsen. Die Kinder leben in einer gewalttätigen und desolaten Welt und ihre Seelen verwandeln sich in etwas, was zu dieser Umwelt passt. Sie werden grau. Wie *Annas* Gesicht, wenn sie weint. Sie dreht sich auf ihrem Pappbett um und ich kann ihr Gesicht nicht mehr sehen.

„Warum bleibst du mit *Javier* zusammen?", frage ich.

„Weil ich ihn liebe und weil er mich vor Männern und anderen Straßenjungen beschützt. Er ist gut – und böse."

11. LÄUSE

10. November 1997
Das Loch unter einer verkehrsreichen Straßenüberführung

Ich sehe hinunter, hinein in *El Hueco*. Das Loch. Ein Dutzend Straßenkinder schläft in einem vier Meter tiefen Betonloch unter einer Brücke in der Innenstadt. Dieser architektonische Blinddarm wird auf beiden Seiten von einer Treppe begrenzt, die ich gerade hinuntersteige. Unten angekommen setze ich mich auf die Stufen neben El Hueco und frage mich, warum Straßenkinder so selten schnarchen.

Im Süden erheben sich die vier schneebedeckten Gipfel des Illimani über die klitzekleinen Gebäude der Menschen, glitzern im Mondlicht, singen in 6500 Metern Höhe ihr Crescendo und kitzeln Gott an den Füßen. Ich atme langsam. Kalte Luftströme halten sich unter den Nebeln des Illimani und kriechen in meine Lungen.

Ich höre Schritte, ein Junge schwankt die Treppe hinunter. Wo ist *Gabriel* gewesen? Er setzt sich neben mich.

„Was liegt an?", frage ich ihn.

„Nichts."

„Ich habe dich gesucht", sage ich ihm.

„Du kannst mich nicht finden, weil ich unsichtbar bin." Er wirft mir ein verschmitztes Lächeln zu. Sein Haar reicht wieder bis auf den Kragen hinab.

„Warum bist du unsichtbar?"

„Das weißt du doch." *Gabriel* neigt seinen Kopf nach rechts, streckt seine Zunge heraus und dreht mir eine imaginäre Nase. „Sie sind hinter mir her."

„Du hättest beinahe einen Jungen umgebracht."

„Ich weiß. Es ist schlimm, dass er verletzt wurde", stellt er trocken fest, „aber ich musste meine Leute beschützen."

„Aber warum hast du gleich mit einem Messer zugestochen?"

„Entweder du tötest oder du wirst getötet, so läuft das mit dem Überleben auf der Straße. So ist es nun einmal und ich will überleben. Das ist das Gesetz der Straße, *Chi*. Das weißt du doch."

„Du müsstest im Gefängnis sein."

„Ich weiß", sagt *Gabriel*. „Aber sie werden mich niemals finden."

„Vielleicht sollte ich dich da abliefern."

„Das wirst du aber nicht, du verstehst uns."

Schweigen. Ich erwidere nichts. „Ich mag deine Schuhe", sage ich, während ich die verblasste Edding-Schrift auf ihrer Seite lese: *Gabriel Garcia*.

„Jau, das sind gute Schuhe." Er lächelt.

Wir schauen hinüber zum *Illimani*, atmen die kalte Luft.

„*Chi*", sagt *Gabriel*, „meine Haare jucken." Er sieht mich mit ruhigen Augen an.

„Hm", sage ich, „nimm die Mütze ab."

Läuse und Nissen bevölkern die Locken auf seinem Kopf. Ich öffne meine Medizinkiste und wühle zwischen verschiedenen Flaschen herum, bis ich es gefunden habe: Ein Fläschchen Permethrin.

„Lehne dich mit deinem Kopf über das Geländer."

Langsam gieße ich ihm die Medizin über den Kopf. Ein Viertelliter sickert durch die langen Locken und tropft träge in den La-Paz-Fluss. Ich reibe ihm die Medizin in die Kopfhaut. Mit fest zugekniffenen Augen fragt *Gabriel*: „Glaubst du, dass das funktioniert? Wird das die Biester killen?"

„Nein", sage ich, „aber einen Versuch ist es wert. Ansonsten muss ich dir die Haare abschneiden und dich zum Mönch machen."

Gabriel möchte kein Mönch werden. Er lässt seinen Kopf noch ein paar Minuten über das Geländer hängen und die toten Läuse segeln direkt in den Fluss.

„Hier." Ich drücke *Gabriel* die Flasche mit dem Permethrin in die Hand. „Behalte sie und wasche in zehn Minuten die Medizin heraus."

„Danke, *Chi*." Schweigen.

Der *Illimani* ruft und sein eisiger Atem erinnert uns daran, dass es bald Zeit wird, *El Hueco* zu verlassen.

„Hey *Gabriel*", sage ich, „ich möchte, dass meine Freunde in den Vereinigten Staaten etwas von dir erfahren, dass sie deine Geschichte kennenlernen."

„Warum sollte irgendjemand meine Geschichte hören wollen?" Er meint es anscheinend sehr ernst.

Ich sehe ihm direkt ins Gesicht. „Du hast eine wichtige Geschichte zu erzählen."

„Wirklich?", fragt er, weil er die Geheimnisse meiner Welt ebenso wenig versteht wie ich die der seinen. Warum sollten Menschen, denen es gut geht, etwas über ihn wissen wollen? Doch er vertraut mir und weiß: Wenn ich ihn um etwas bitte, dann muss das einen guten Grund haben.

Ich hole den Kassettenrekorder aus meiner Jacke.

„Warum nimmst du uns auf?"

„Weil ich alt bin und mein Gedächtnis furchtbar ist." Ich klopfe mir an die Schläfe.

„Du lässt mich aber nicht schlecht aussehen, oder?"

„Nein, und zwar weil ich dich verstehe. Ich werde die Wahrheit erzählen."

„Versprochen?"

„Versprochen." Wir haken unsere kleinen Finger zusammen.

Gabriel sieht den Kassettenrekorder an und dann mich.

* * *

„Mein Name ist Gabriel Garcia und ich lebe seit acht Jahren auf der Straße. Mein Zuhause ist El Alto. Die meiste Zeit meiner Kindheit war ich traurig. Ich habe mein Zuhause verlassen, weil mich meine Familie misshandelt hat. Manchmal kam ich mit dreckigen Hosen und Hemden aus der Schule nach Hause. Meine Mutter wurde dann immer wütend und hat mich verprügelt. Und danach hat sie mich die Klamotten waschen lassen, manchmal bis ein Uhr morgens.

Die Straße mag ich mehr oder weniger. Dabei habe ich viele Freunde auf der Straße. Wir helfen einander, besonders wenn wir einander verteidigen müssen oder das, was uns wichtig ist: Essen. Trinken. Ich habe Anna geholfen, als sie geblutet hat. Sie ist ein bisschen wirr im Kopf, und wenn sie Drogen nimmt, sagt sie komische Sachen. Alles in allem sind Straßenkinder ein schlimmes Pack. Sie trinken und nehmen Drogen.

Ich habe den Jungen niedergestochen, weil er meine Freunde aus dem Waisenhaus genervt und verspottet hat. Er hat mit dem Kampf angefan-

gen. *Ich war gerade dabei, an einem Radiergummi herumzuschnitzen, als er daherkommt und Sachen sagt, die unglaublich hässlich waren. Dann hat er auch noch seine Kumpels zusammengetrommelt, damit sie mitmachen. Da habe ich ihn halt niedergestochen.*

Ich gebe zu, dass das eine schlimme Sache gewesen ist. Es war so schlimm, dass ich dafür ins Gefängnis geworfen werden kann. Mir tut die Sache leid, weil ich damals im Waisenhaus gelebt habe und da vieles gut für mich gelaufen ist. Doch ein Straßenjunge weiß oft nicht, was er tut. Er kapiert nicht, welche Folgen sein Tun hat, bis es zu spät ist. Und dennoch stehle ich auch heute noch von den Frauen auf der Straße, damit ich nicht verhungere. Ich muss überleben.

Die älteren Männer auf der Straße sind finster, böse und korrupt. Vor ein paar Tagen habe ich mein Radio gehört, da haben sie mich geschlagen und versucht, mir den Apparat wegzunehmen. Aber ich habe es ihnen nicht gegeben. Oft stehlen sie mir Geld, fünf oder zwanzig Bolivianos, oder sie verprügeln mich einfach so. Doch ich habe keine Angst vor ihnen, vor allem nicht, wenn ich high oder betrunken bin.

Auch schlafe ich nie mehrmals an demselben Ort, weil sie immer hinter dir her sind und versuchen, dir etwas zu stehlen. Manchmal sprühen sie dir Gas in die Augen, wenn du ihnen kein Geld gibst.

Ich glaube, dass sich die Straße in den letzten acht Jahren verändert hat. Es gibt heute mehr Kinder auf der Straße. Früher waren das nur vierzig oder fünfzig, heute sind es viel mehr.

Egal – ich will nicht den Rest meines Lebens auf der Straße verbringen, will lernen und arbeiten, weil ich vom Betteln und Schuheputzen die Nase voll habe. Ich möchte in meinem Leben etwas erreichen und die Straße verlassen, aber das wird schwer, weil ich mich so an das Leben auf der Straße gewöhnt habe.

Und nochwas – einige Waisenhäuser für Straßenkinder sind furchtbar. Sie sind furchtbar, weil wir da misshandelt werden und Tag und Nacht arbeiten müssen. Dabei sollte uns so ein Heim unterstützen und helfen. Wenn ich ein Betreuer für Straßenkinder wäre, dann würde ich ihnen immer wieder sagen, dass sie ihr Leben ändern müssen. Das kann man nur erreichen, wenn man mit ihnen redet und ihnen hilft, zu ihren Familien zurückzukehren.

Die wichtigsten Menschen in meinem Leben sind die, die mir und den Straßenkindern helfen. Sie haben uns mit ihrer Medizin geholfen und da-

durch, dass sie uns Sachen gebracht haben. Sie haben unsere Wunden und Stichverletzungen geheilt. Sie haben uns ermutigt, uns zu verändern und vorwärtszugehen. Aber alles hängt wirklich von uns ab und wir verändern uns nur in sehr kleinen Schritten.

Ich träume davon, die Straße zu verlassen und mich zu verändern. Wie? Ich ändere mein Leben durch Arbeit und indem ich mit dem Stehlen aufhöre. Wenn ich mal irgendwann kein Geld mehr brauche, werde ich sowieso aufhören zu stehlen, weil das falsch ist – aber ich habe keine andere Wahl.

Am liebsten möchte ich Mechaniker werden. In fünf Jahren werde ich einen Job haben und genug Geld, um mich selbst zu versorgen. "

* * *

Neun Jahre sind seitdem vergangen und ich habe *Gabriel* aus den Augen verloren, meinen Freund, mein Kind. Während dieses Interviews habe ich ihn zum letzten Mal gesehen. Gerüchten zufolge ist er in den Süden gezogen, nach Cochabamba, weil es dort wärmer ist und die wirtschaftliche Lage besser. Andere haben erzählt, er sei bei einem Kampf ums Leben gekommen. Niemand weiß etwas Genaueres außer *Gabriel* und Gott. Manchmal ist es das Beste, wenn man nicht alles weiß.

Alles in allem bin ich von *Gabriel,* dem Kriminellen, enttäuscht und stolz auf *Gabriel,* den Lebenskünstler. Ich kann das jetzt so sagen, weil ich ihn kenne. Ich verstehe ihn.

12. FETTIE

Rückblick

38 °C, Sommer 1980
Texas

Schwüle Luft schlägt mir durch die geöffneten Autofenster ins Gesicht. Wir fahren nach Houston und mein Kopf tut mir weh, weil
mein Vater am Steuer sitzt. Er wird langsamer, wenn er redet, und dann
wieder schneller, wenn ihm einfällt, dass er eigentlich Auto fährt. Ich
lege meine Beine auf den Deckel des Styropor-Kühlcontainers, der mit
Mountain Dew und *Ba Zang*, unserem Mittagessen, gefüllt ist. *Ba Zang*
ist Reis mit Schweinefleisch und Erdnüssen, eingewickelt in Bananen-
blätter. Ich genieße es, mir mit *Ba Zang* den Magen vollzuschlagen, und
bin froh, dass *Chiufang*, meine ältere Schwester, daheim geblieben ist.

Dafür ist *Mingfang* dabei, Schwester Nummer zwei und einige Jahre
jünger als ich.

Sie schläft neben mir, ihren gigantischen Teddybären im Arm. Ich
hasse *Mingfang*. Sie ist fett. Sie ist dumm. Sie ist hässlich. Ich habe
keine Ahnung, warum meine Eltern sie immer noch „Kleine" nennen.
Als wir noch in South Carolina gewohnt haben, wurde *Mingfang* ins
Krankenhaus gebracht, weil sie krank war, und als sie zurückkam, hatte sie eine Glatze und war abgemagert. Aber Mama hat das mehr als
ausgeglichen, indem sie sie aufgepäppelt hat, als gäbe es kein Morgen.
Mingfang blieb im Haus, weg von den Bazillen, und hat nichts anderes
gemacht als gegessen.

Jetzt wohnen wir in College Station, Texas, wo mein Vater den ganzen Tag lang Informatik studiert. Er hat so viel zu tun, dass es ihm
kaum gelingt, sich auch nur in der Nähe unseres Hauses aufzuhalten.
Abend für Abend kommt er nach Hause und sagt nicht viel. Mama
meint, dass er viel Stress hat, also gehe ich ihm aus dem Weg und halte
den Mund.

125

Ich öffne still und heimlich den Eiscontainer und hole ein paar Eiswürfel heraus. *Plonk. Plonk. Plonk.* Was für ein Wurf! Der Würfel hat
sie am rechten Nasenloch erwischt! Sie zuckt zusammen und wechselt
ihre Position. Gut, dann ist es also an der Zeit, dass der Crack ihr linkes
Ohr trifft und sich den Pokal holt. *Zack!* Ups. Das Eis verfehlt sein Ziel
und trifft sie im rechten Auge.

„Auuuuh!", kreischt meine Weichei-Schwester. „Mama! *Chin-Chin*
wirft Eiswürfel nach mir!" Auweia, technisches Foul.

„Ich werfe gar keine Eiswürfel nach dir, Fettie", sage ich ihr. „Wenn
du nicht so ein Grunz-Grunz wärst, würdest du vielleicht auch nicht so
schwitzen. Stimmt's, Grunz-Grunz?"

„Mami! *Chin-Chin* hat mich schon wieder ‚Schwein' genannt!"

Meine Mutter dreht sich um und funkelt mich an. „Hör auf damit!"

Jedes Jahr machen wir dieselbe doofe Reise nach *Houston* mit unserem gelben *Ford Maverick*. „Das nervt, Mama. Ich hasse das Bana-
nenauto. Wir brauchen eins mit Klimaanlage." Meine Mutter reagiert
nicht. „Und warum kriegt *Mingfang* immer Geschenke, wenn wir nach
Houston fahren? Sie geht in das Zimmer, sie kommt wieder heraus und
du kaufst ihr in dem Kiosk ein Geschenk. Du magst sie lieber als mich.
Ich hasse dich!"

* * *

Ein großer Mann in einem langen weißen Kittel betritt das Büro. Eine
blödsinnige gelbe Gesichtsmaske baumelt ihm an einem weißen Gum-
miband von den Ohren. „Hallo, ich bin Dr. *Jacoby*", sagt er mit einer
tiefen Bassstimme und zwinkert mir zu.

Verlegen sehe ich zu meiner Mutter hinüber, die sich eine Träne aus
dem rechten Auge wischt. Ich ziehe sie an ihrer Bluse. Mama! Warum
verschwinden wir nicht von hier? Am liebsten würde ich Dr. *Jacoby*
einfach in den Magen boxen und die Beine in die Hand nehmen.

„*Mingfang*, wie geht es dir heute?"

Sie fängt an zu weinen und zu jammern. Na was glauben Sie denn,
wie es ihr geht, Mister? Sie klammert sich an ihren Teddybären. „Nein,
Mami! Nein, Mami!" Der Bär liegt jetzt auf dem Boden und sie klammert sich mit beiden Händen an Mama.

„Bringen wir sie zum Untersuchungstisch und bereiten wir die Anästhesie vor", sagt Dr. *Jacoby* zu der blonden Krankenschwester. Die spritzt daraufhin irgendeine Flüssigkeit in einen Schlauch, der mit *Mingfangs* Arm verbunden ist. Wow! Was geht denn da jetzt ab? *Mingfangs* Augen rollen einfach nach oben und ihre Arme werden labbrig wie Götterspeise. Abgefahren!

Nun legen sie meine Schwester auf den mit Kissen bezogenen Tisch. Ihr Hintern guckt raus. Ich habe ihn noch nie zuvor gesehen. Mann, ist der weiß und fett! Wie geht mir diese verwöhnte Nervensäge auf den Zeiger!

Alle sind jetzt mucksmäuschenstill und Dr. *Jacoby* holt eine glänzende silberne Schachtel hervor. In der Box sind lange Metallstäbe mit scharfen Spitzen. Während er eine braune Flüssigkeit auf den Hintern meiner Schwester reibt, hält eine uniformierte Frau sie fest. Meine Mutter sieht zu, resigniert.

„Sind Sie so weit, Mrs *Huang*?"

„Ja", antwortet sie. So weit für was?

„Sind Sie sich sicher, dass auch Ihr Sohn das sehen sollte?"

„Was sehen, Mama?", rufe ich.

Sie nickt. „Er muss es sehen."

Der Arzt nimmt einen Metallstab, so dick wie ein Bleistift und ziemlich lang, und sticht ihn ganz langsam in die Pobacke von meiner Schwester.

„Jiiaaoww", jammert meine Schwester.

„Können wir ein bisschen mehr Fentanyl haben?", fragt er die Krankenschwester. Der Stab dringt immer tiefer und ich wünsche mir, dass es aufhört, aber es hört nicht auf, bis das ganze Ding verschwunden ist. Hat er keinen Knochen getroffen? Kommt er nicht auf der anderen Seite ihres Körpers wieder heraus? Abgefahren. Ich könnte schreien oder herumspringen und diesen Idioten vermöbeln, weil er meiner Schwester wehtut, doch ich weiß nicht, warum ich nichts tue. Vielleicht muss das so passieren. Bevor ich noch irgendetwas anstellen kann, holt der Idiot den Stab wieder heraus.

„Mrs *Huang*, ich bekomme im Laufe der nächsten Woche die Ergebnisse der Knochenmarksbiopsie mitgeteilt. Dann kann ich Ihnen sagen, ob sich die Leukämie Ihrer Tochter zurückgebildet hat", stellt er emotionslos fest.

Leukämie? Was ist Leukämie? Was immer es ist, ich will es nicht haben, vor allem deshalb nicht, weil ich diesen Folterknecht nie wieder sehen will.

Ich drücke den Arm meiner Schwester. „Hab keine Angst, *Mingfang.* Alles wird gut werden."

* * *

Meine Schwester sitzt in ihrem Zimmer an ihrem Schreibtisch und malt Tierbilder. Ich gehe zu ihr und grinse ihr ins Gesicht. „Hey, Fettie. Weißt du, welchen Tag wir heute haben?"

„Was für einen Tag haben wir denn?", fragt sie und fällt schon wieder auf eine Fangfrage herein.

„Heute ist Zeugnisausgabe."

„Wirklich?"

„Wirklich! Was hast du für Noten, *Mingfang*?"

„Das geht dich nichts an." Sie deckt ihre Tierbilder zu.

„Komm schon, mein kleines Ferkelschwesterchen. Zeig mir deine Noten."

„Nein."

„Komm schon. Ich will dein Zeugnis sehen."

„Du bist so fies, *Chin-Chin.* Ich weiß genau, was du für Noten bekommen hast."

„Das weißt du gar nicht."

Sie überlegt einen Moment lang, doch sie ist klug genug, um rechtzeitig klein beizugeben. „Nein", sagt sie. „Und jetzt lass mich in Ruhe."

„Komm schon. Wir können heute Abend Karneval oder Hindernisrennen mit Preisen oder so etwas spielen."

Bei „Karneval" muss Fettie Bälle in kleine Kisten werfen und dabei drei in einer Reihe hinbekommen.

„Was gibt es denn für Preise?", fragt sie.

„Hmmm, Aufkleber, Radiergummis, Bleistifte, Kugelschreiber."

„Das sind die Preise? Das ist das Zeug, das auf deinem Schreibtisch herumliegt!"

„Komm schon. Ich bringe dir etwas von *Toys 'R' Us* mit."

„Okay. Du versprichst, dass du dich nicht über meine Noten lustig machst?"

„Natürlich", beschwichtige ich und meine Schwester offenbart mir ihr Zeugnis: 2, 2, 2, 3, 4, 2.

„Mann, Fettie. Du bist nicht nur fett wie ein Schwein – grunz, grunz – du bist auch so dumm!"

Sie reißt mir das Zeugnis aus der Hand, schreit: „Ich hasse dich!", steht auf und stürmt aus dem Zimmer.

„Gleichfalls und noch ein bisschen mehr", spucke ich aus.

„Ich hasse dich!", höre ich Fetties tränenerstickte Stimme. „Nie wieder siehst du mein Zeugnis!"

Dann knallt die Tür ihres Zimmers zu. Eine Sekunde später öffnet sie sie wieder und ruft: „Ich brauche das nicht!" Das sagt sie immer. Als ob es mir nicht egal wäre, was sie braucht.

* * *

Ich stehe vor dem Zimmer meiner Schwester. „Komm schon, *Mingfang*. Es ist Zeit für den Hindernislauf."

„Nein! Lass mich in Ruhe mit Hindernislauf", höre ich durch die Tür.

„Ich habe aber einen super Preis."

Für gute Noten gibt die örtliche Spielhalle Gutscheine heraus und ich habe meine in kleine Gimmicks investiert, die ich als Preis für *Mingfang* nutzen will.

Die Tür öffnet sich einen Spalt, dann geht sie noch etwas weiter auf. „Was für Preise?", fragt *Mingfang*.

„Sie sind in meinem Rucksack. Du musst sie dir verdienen."

Sie öffnet die Tür ganz und zeigt ein engelgleiches Lächeln. Ich bin fast versucht, ihr einen Preis einfach so zu überlassen, ohne dass sie sich ihn verdienen muss. Wir gehen ins Wohnzimmer und ich erkläre ihr die Regeln. „Okay. Du musst den Parcours in sechzig Sekunden durchlaufen. Wenn du ihn in Weltrekordzeit schaffst, lasse ich dich einmal blind in meine Schatztüte greifen."

„Du musst mir versprechen, dass du nicht so fest zuschlägst", nölt sie. „Als wir das letzte Mal Hindernislauf gespielt haben, hatte ich hinterher einen blauen Flecken am Ellenbogen."

„Was kann ich denn dafür, wenn du mit dem Innenverteidiger nicht klargekommen bist." Sie sieht mich traurig an und ich beeile mich, sie zu beschwichtigen. „Okay, es ist nur ein Anfängerlauf, versprochen." „Gut", lächelt sie dünn und setzt dann einen festen, entschlossenen Blick auf.

„Fertig", sage ich. Sie beugt sich vor. „Auf die Plätze, fertig, los!" *Mingfang* springt über die Kissenhürden. „Los! Lauf!", rufe ich. „Jetzt Zickzack zwischen den Kegeln durch. Unter der Klavierbank hindurch. Vorsichtig, wenn du sie berührst, verbrennst du! Gut, und jetzt spring über den Sumpf voller Alligatoren. Okay, jetzt kommt der härteste Teil" – ich nehme ein großes Kissen zur Hand – „die Innenverteidiger des Todes." *Mingfang* versucht, an mir vorbeizurennen, während ich sie mit dem Kissen schlage. Sie fällt, steht wieder auf. „Die Zeit läuft ab! Komm schon, du schaffst es! *Bumm! Bumm! Bumm!* Zeig's deinem Gegner!" Sie windet sich mit ihrer Schulter um das Kissen und springt über die Ziellinie.

„Und der erste Platz! *Mingfang Huang* in fünfundfünfzig Sekunden – ein neuer Weltrekooord!" Meine Schwester lässt sich keuchend fallen und strahlt vor Entzücken.

„Okay. Und nun kannst du dir etwas aus der Schatztüte holen." Sie greift in den Rucksack, betastet Bleistifte, Papiere, kleine Flipperspiele, Schlüsselanhänger, aber ich weiß genau, was sie herausnehmen wird.

„Schau mal, was ich bekommen habe! Schau, was ich bekommen habe!", ruft sie.

„Ein kleines Stofftier, gut gemacht."

„Danke, *Chi*." Sie strahlt. „Du bist der Beste."

* * *

Oktober 1985
College Station, Texas

Es ist fünf nach sieben Uhr morgens. Die Leukämie meiner Schwester hat sich zurückgebildet. Ich habe keine Ahnung, was das bedeutet, aber wir müssen nicht mehr nach *Houston* fahren, und darüber sind alle echt froh.

Heute habe ich eine Matheprüfung. „Papa!" Ich brülle aus der Diele in den Flur. „Beeile dich! Wir sind sonst wieder zu spät." Mannometer.

„Papa!", krakele ich. Da taucht ausgerechnet meine Schwester auf. Ich kann Fettie nicht mehr sehen. Sie müsste mehr Sport machen und weniger essen, das ist einfach nur eine Sache von Angebot und Nachfrage. „Hey, *Mingfang*! Beweg dich schneller!"

„Lass mich in Ruhe", sagt sie, als sie an mir vorbei ins Wohnzimmer gehen will.

„Ich muss dich nicht in Ruhe lassen, wenn ich keine Lust dazu habe, also halt einfach die Klappe!"

„Lass mich in Ruhe", sagt sie noch einmal, als sei ich eine Maschine, die klare, wiederholt gesprochene Anweisungen braucht.

„Hey", raune ich ihr zu, „du solltest etwas wissen."

„Was denn?", schnappt sie zurück.

„Die abnormale Fettverteilung in deinem Körper führt dazu, dass du das Gleichgewicht verlierst und auf die Nase fällst."

„Wovon sprichst du überhaupt?" Sie macht einen Ausfallschritt auf mich zu, doch ich fahre mein Bein aus und lasse sie ins Leere laufen. Sie stolpert und knallt mit dem Kinn auf den Boden.

„Auuuuaaaa!"

Mist. Ein Blutstropfen erscheint auf ihrer Unterlippe. Hat sie einen Zahn verloren? „*Chi*, was hast du angestellt?" Wie aus dem Nichts taucht Papa auf.

* * *

Ich hasse meine Schwester, immer bringt sie mich in Schwierigkeiten. Hätte sie nicht ahnen können, dass ich ihr ein Bein stellen würde? Hätte sie ihr Gesicht nicht so halten können, dass es nicht auf den Boden knallt? Warum kann sie nicht ein bisschen robuster sein? Ich wünschte, ich hätte einen Bruder, mit dem ich auch mal herumbalgen könnte.

„*Chi*! Komm hierher."

Es ist sieben Uhr abends. Eigentlich hatte ich gehofft, mein Vater hätte längst vergessen, was passiert ist. Ich habe die goldene Regel unserer Familie gebrochen: keine Gewalt gegen niemanden. Während ich ins Wohnzimmer schlurfe, geht mir durch den Kopf, dass er mich noch nie verhauen hat. Doch er steht auf und das ist ein schlechtes Zeichen.

„*Chi*!", knurrt er. „Du hast mich heute Morgen angelogen!"

„Habe ich?"

Habe ich das wirklich?

„Ja, das hast du", sagt er auf Taiwanesisch. „Du hast deiner kleinen Schwester ein Bein gestellt. Dabei weißt du ganz genau, dass du niemanden schlagen darfst."

„Ja, Vater."

„Wegen dir hätte sie beinahe einen Zahn verloren."

„Ja, Vater."

„Wegen so etwas kann man für immer eine Narbe im Gesicht herumtragen."

Sein Gesicht ist puterrot und er funkelt mich unverrückt an. „Geh hinaus und hole einen Stock!"

Ich sehe ihn an, als hätte er einen Scherz gemacht.

„Geh hinaus und hole einen Stock!"

Panisch ergreift meine Mutter meinen Arm, führt mich zur Tür und raunt mir zu: „Geh einfach raus und komm eine Weile nicht wieder. Warte, bis er sich beruhigt hat."

Ich verlasse das Haus. Es ist dunkel und kalt draußen und ich sehe tatsächlich verschieden große Äste unter den Bäumen liegen. Keiner von ihnen sieht so aus, als könnte man gut mit ihm schlagen, abgesehen von einer Latte mit Nägeln an einem Ende. Mein Vater hat mich oder meine Schwester noch niemals geschlagen – nicht einmal einen Klaps gab es.

Ich weiß nicht, was ich tun soll – einfach nur warten? Auf einmal fühle ich mich so allein. Ziellos gehe ich zum Spielplatz, wo ich beim Basketballkorb herumlungere. Eine lange Zeit sehe ich einfach nur zum Himmel hoch, dann starre ich den Basketballkorb an.

Es soll ja Leute geben, die ganz allein und ohne Familie leben. Haben die's nicht viel besser?

Nun, ich weiß, dass ich jederzeit nach Hause gehen kann. Vielleicht muss ich ein paar Schläge einstecken, aber das ist mit Sicherheit das letzte Mal, dass ich geschlagen werde. Und meiner Schwester werde ich definitiv nie wieder wehtun. Letzten Endes hat mich das sogar selbst genervt. Lieber suche ich mir einen Stock und lasse mich von meinem Vater vermöbeln, als dass ich auch nur eine Stunde länger hier draußen rumhänge. Ich schaue mich nach einem geeigneten Instrument um. Wie fühlt es sich an, wenn man verdroschen wird? Möchte ich wirklich nach Hause?

Eine halbe Stunde später komme ich heim und öffne die Eingangstür. Meine Eltern sehen mich schweigend an und in den Augen meines Vaters lese ich, dass sein Zorn verraucht ist und dass er mich heute Abend nicht schlagen wird. Ich senke den Blick und gehe auf mein Zimmer. Ohne mich umzuziehen lege ich mich auf mein Bett. Mein Vater hat mir Gewaltlosigkeit beigebracht. Gewalt ist falsch. Ich schlafe in diesem Wissen ein und ich schlafe gut mit diesem Wissen.

* * *

November 1987
College Station

Ich bin gerade damit fertig, für mein Biologieexamen in der Junior Highschool zu lernen. Im Schlafzimmer meiner Eltern sehe ich *Mingfang*, die bäuchlings auf dem Bett liegt und ebenfalls büffelt.

„Was lernst du?", frage ich sie. „Vielleicht kann ich dir helfen."

„Aber klar", sagt sie und rollt sich auf den Rücken. „Jedes Mal, wenn du mir hilfst, lachst du mich doch nur aus."

„Okay. Ich verspreche dir, dass ich mich diesmal nicht über dich lustig mache."

„Versprochen?"

„Versprochen!"

„Ich muss morgen ein Diktat schreiben", erläutert meine Schwester.

„Gut, dann möchte ich, dass du drei Dinge tust. Erstens will ich, dass du jedes Hauptwort aus dem Übungstext buchstabierst, dann schreibst du es auf und dann bildest du einen Satz, in dem das Wort vorkommt."

„Aber es ist doch nur ein Diktat."

„Das weiß ich, aber so kannst du dir auf lange Sicht die Wörter besser merken. Ganz abgesehen davon möchte ich, dass du morgen eine Eins schreibst."

„In Ordnung."

„Das erste Wort ist *Logik*."

„Logik. L-O-G-I-G."

„Versuche es noch einmal. Denk nochmal nach."

„Logik. L-O-G-I-K."

„Sehr gut. Jetzt schreibe es auf einen Zettel."

Ich beobachte genau, wie sie das Wort in ihr Heft schreibt. „Großartig", sage ich. „Jetzt bilde einen Satz damit."

„Hmmm. Ich habe keine Ahnung, was Logik ist."

„Dann schlage es nach."

„Scherzkeks. Dann habe ich doch noch mehr zu tun. Es geht doch nur um die Rechtschreibung."

„Schlage es nach", insistiere ich.

Zwei Stunden später, so gegen Mitternacht, haben wir alle wichtigen Wörter durch. Ich verstehe nicht, warum meine Schwester ein so miserables Gedächtnis hat. Teilweise ist mir das sogar ein bisschen peinlich. Die Tatsache, dass sie weder athletisch, noch klug, noch künstlerisch begabt ist, macht mir zu schaffen. *Mingfang* ist in allen drei Bereichen eine Versagerin, und das, obwohl sie viel mehr Zeit mit Lernen verbringt als ich in ihrem Alter. Meine Mutter sagt, dass das mit dem Krebs zu tun hat, aber wie kann einen eine Krankheit dumm machen?

„In Ordnung", verkündige ich. „Jetzt wird es Zeit, dass wir einen Gang zulegen!" Ich schieße die Wörter so schnell heraus, wie sie sie aufschreiben kann, und sie schreibt sie alle richtig.

„Großartig. Jetzt darfst du ins Bett gehen. Schau dir morgen früh die Wörter noch einmal an, dann bekommst du eine Eins im Diktat."

Am nächsten Nachmittag kommt *Mingfang* nach Hause und ich frage sie, wie es mit ihrem Diktat gelaufen ist. „Nicht so gut", sagt sie mir. „Ich wurde völlig nervös und habe wahrscheinlich einige Worte versiebt, weil ich einen Blackout hatte."

* * *

Ein paar Tage später. Nachdem alle anderen schon zu Bett gegangen sind, ruft mich mein Vater zu sich ins Wohnzimmer, um mit mir zu reden. Wir reden nie über irgendetwas, denn normalerweise befiehlt er und ich führe aus. Mein Vater beugt sich vor und ringt mit den Händen. „Wir müssen über *Mingfang* reden."

„Das war nicht meine Schuld. Wir haben nur gespielt!"

„Was war nicht deine Schuld?", fragt er. „Wir müssen über *Mingfangs* Zukunft reden."

„Was gibt es da schon zu reden? Sie wird für den Rest ihres Lebens ein dickes, fettes Schweinchen sein. Hahahaha."

„Nein, *Chi*. Das hier ist ernst."

„Entschuldige, Papa."

„Du wirst dich um sie kümmern müssen, wenn du älter bist."

„Ich?! Warum ich? Ich bin nur ein Teenager. Warum nicht *Chiufang*? Sie ist die Älteste und schon auf dem College."

„Warum du? Weil du der älteste Sohn bist."

„Na und? Sie ist die älteste Tochter. Was hat denn das Geschlecht damit zu tun?"

„Als der älteste Sohn musst du dich um deine jüngere Schwester kümmern."

„Warum kann sich *Mingfang* nicht um sich selbst kümmern? Sie hat zwei Beine, also kann sie sich doch im Zoo von Houston melden und als kleines Ferkel im Streichelzoo anfangen. Hahaha!"

„*Chi*. Du hast deine Schwester mit Respekt zu behandeln, ich dulde so ein Verhalten nicht."

„Entschuldige, Papa." Ein todernster Blick huscht ihm über das Gesicht und ich frage ernüchtert. „Was soll ich also deiner Meinung nach tun?"

„Nun, wir möchten, dass *Mingfang* nach der Highschool aufs College geht. Ich habe ernsthafte Zweifel, dass sie es mit ihren Noten auf eine Universität schafft, aber das *Regent College* ist eine echte Option."

„Sicher, aber was würde das kosten?"

„Deine Mutter und ich werden die Studiengebühren bezahlen. Aber wenn wir in Rente gehen, möchten wir, dass du *Mingfang* unterstützt."

„Wow, das ist eine ziemlich große Sache. Schätze, ich sollte mich besser nach einem gut bezahlten Job umsehen."

„Du brauchst einen Beruf, der dich, deine zukünftige Familie, deine Schwester und uns über Wasser hält."

„Aber wer bin ich denn? Die Sozialfürsorge? Und was macht *Chiufang*? Im *Club Med* herumhängen und *Piña Coladas* schlürfen? Das ist ungerecht."

„So ist das Leben, *Chi*."

„Mannomann, dann sollte ich aber besser alles mitnehmen, was ich als Jugendlicher an Spaß kriegen kann, denn es sieht ganz so aus, als ob ich als Erwachsener in die Sklaverei komme."

„Red nicht so ein dummes Zeug. So ist es eben, wenn man erwachsen wird."

„Nein, so ist es, wenn man arm wird!"

„Eine Möglichkeit wäre, dass du deiner Schwester so viel Kapital zur Verfügung stellst, dass sie einen Geschenkeladen eröffnen kann. Sie liebt diese *Hello-Kitty*-Sachen und kann gute Sachen an den Mann bringen."

Ein Geschenkeladen – das würde ihr wirklich Spaß machen. Keine schlechte Idee. „Okay, okay. Kann ich gehen? Wegen dir habe ich jetzt schlechte Laune."

„Respekt, *Chi*!"

„Ja, Vater."

* * *

Mingfang spricht nie vor mehreren Leuten und ich weiß nicht, warum. Vielleicht hat sie nichts zu sagen? Glaubt sie, dass die Leute dann denken, sie sei dumm? Oder dass ihr niemand zuhört? Ich habe sie nie nach den Gründen gefragt, aber irgendwann werde ich es. Wir sind Geschwister; wir reden nicht wie Freunde miteinander.

Im Augenblick macht sie Ballett und ich sitze am Küchentisch und esse eine Schüssel Müsli. Jeden Samstagmorgen tanzen meine beiden Schwestern zusammen mit drei anderen Mädels Ballett. Zuerst machen sie Dehnübungen, die scheinbar nie aufhören wollen. Und dann wird's ernst – kleine Tanzschritte und Ballettfiguren. Meine Mutter unterrichtet sie. Sie hat selbst früher in einem Ballettstudio in South Carolina getanzt.

Ich kaue auf meinen *Frosted Flakes* herum und sehe zu, wie *Mingfang* ihren Körper in Formen biegt, die ich bisher für unmöglich gehalten hätte. Es ist, als wäre sie plötzlich ein anderer Mensch. *Mingfang* liebt Ballett. Sie hängt ihre Ballerinas über ihr Bett, wacht jeden Samstagmorgen fröhlich auf, nimmt die Schuhe von der Wand und zwingt ihren Körper in diese anstrengenden Verrenkungen, die ihr anscheinend das Gefühl von Freiheit vermitteln. Sie fliegt geradezu in diesen Schuhen.

Ich bin jetzt in der Highschool, sie ist in der Junior Highschool. Nach dem Ballett gehen wir zum Chinesischunterricht und lesen in chinesischen Grundschullehrbüchern. Darauf freue ich mich wie eine Katze auf die Badewanne. Als ich mein Müsli verdrückt habe, versuche ich, mich durch all das fröhliche Ballettgehopse zu meinem Zimmer durchzuschlagen. Mann, bin ich froh, dass meine Mutter nicht mir das Tanzen beibringen will. Da schau ich doch lieber *Mingfang* zu: Jetzt streckt sie ihr Bein aus, kerzengerade nach vorn. Das ist total unnatürlich, aber auch wunderschön. Ja, ich gebe es nicht gern zu, aber das ist es. Und es tut schweineweh, wie ich vermute. Aber sieh sich das einer an – sie schwebt ganz ruhig durch den Raum, ihr ganzer Körper – rund wie er ist – verwandelt sich irgendwie in anmutig fließende Linien. Wie sie da so auf ihren Zehenspitzen steht und ihren Kopf kerzengerade hält, muss doch jede Faser ihres Körpers schreien. Und trotzdem hört man von ihr keinen Mucks.

13. HEILIGABEND

Rückblick

24. Dezember 1987
College Station, Texas

Es ist der Morgen des Heiligen Abends. Ich bin sechzehn Jahre alt, die „Kleine" dreizehn. Ich bin in der Abgangsklasse der Highschool, sie hat dort gerade erst angefangen. Gedankenverloren stehe ich hinter *Mingfang*, während sie am Kaffeetisch sitzt und aus Karton, Hello-Kitty-Aufklebern und bunten Stempeln Weihnachtskarten bastelt. Eigentlich ist sie ein bisschen zu alt, um mit so einem Zeug zu spielen. *Chiufang*, die zur Zeit ein psychiatrisches Praktikum in *Dallas* macht, sagt, dass die Kleine „sozial zurückgeblieben" ist. Doch ich denke, alles, was zählt, ist, dass sie ein nettes Mädchen und eine gute Schwester ist. Manchmal wünschte ich, ihr ein besserer Bruder zu sein.

„Ich schicke sie an meine Freunde", erzählt sie mir schniefend. Sie hat gerade eine Erkältung.

Ich setze mich hinter sie auf das Sofa und lese. Nach den Weihnachtsferien beginnt das neue Semester, also versuche ich einen Vorsprung gegenüber den anderen Strebern herauszuarbeiten, indem ich *Hamlet* lese.

Den ganzen ersten Akt schaffe ich, dann gehe ich hinaus und spiele mit einem Klassenkameraden Tennis. Der Tag ist sonnig, trocken und schön, mit Temperaturen um die zwanzig Grad und der Tennisball schwirrt durch die Luft.

* * *

Als ich vom Tennisspielen nach Hause komme, bastelt *Mingfang* immer noch ihre Weihnachtskarten.

„Hey, *Mingfang*."

„Was willst du? Lass mich in Ruhe."

„Welche Laus ist dir denn über die Leber gelaufen?"

„Ich weiß, dass du irgendetwas Gemeines vorhast." Sie richtet ihre Augen auf mich.

„Morgen ist Weihnachten. Glaubst du wirklich, ich würde an Heiligabend gemein zu dir sein?"

„Okay, okay. Was willst du?"

„Nichts. Hast du Lust, mit nach College Hills zu kommen und dort auf dem Spielplatz ein wenig abzuhängen?"

Ihre Augen leuchten auf und über ihr bleiches rundes Gesicht breitet sich ein Lächeln aus. „Na klar", ruft sie.

Mingfang ist in College Hills in die Grundschule gegangen. Auf dem Pausenhof gibt es ein Klettergerüst mit Rutschen, Brücken, Stangen und einer Reifenschaukel und dort hängt auch ein Basketballkorb auf nur zwei Meter fünfzig Höhe. Wir fahren in dem kleinen Ford Fiesta, den ich mir vor kurzem zusammengespart habe. Ich springe aus dem Auto und dribble mit meinem rot-weiß-blauen *„Dr. J"*-Basketball bis zum Korb und versenke ihn. Meine Schwester folgt.

„Okay" – ich drehe mich um und betrachte sie mit gerunzelter Stirn – „du darfst schaukeln gehen, wenn du fünf Runden um den Spielplatz gerannt bist."

„Was?"

„Fünf Runden."

„Warum?"

„Darum."

Meine Schwester ist zu dick. Sie muss abnehmen und körperlich wie geistig stark werden, denn in dieser Welt gibt es keine Schonung für die Schwachen.

Ok, ok – wenn ich deswegen gemein zu ihr bin, baut das ihr Selbstvertrauen auch nicht gerade auf, aber vielleicht bin ich auch nur eifersüchtig? Meine Eltern lassen mir zwar mittlerweile viele Freiheiten, doch dass ich mich eines Tages um die Kleine kümmere, ist für sie selbstverständlich.

„Warum?", nölt sie nochmal.

„Weil es gut für dich ist. Wenn du keine Runden rennst, lasse ich dich nicht auf das Klettergerüst."

Mingfang schmollt. Sie mustert die Bahn, auf der ich als Kind immer gerannt bin. Fünf Runden sind eine lange Strecke, aber sie sind zu schaffen.

„Okay", grummelt sie. „Ich habe gewusst, dass die Sache einen Haken hat."

Sie tritt auf die Tartanbahn, während ich ein paar Körbe werfe. Dann bleibe ich stehen und beobachte, wie sie rennt. Sie schlägt ein Schneckentempo an, hat es nicht eilig, weil sie weiß, dass sie ankommen wird. Für sie ist alles nur eine Frage der Geduld, und ob es nun zwanzig Minuten dauert oder eine Stunde, scheint sie nicht zu kümmern. Eigentlich fasziniert mich ja ihr simples Denken, das kann ich ehrlich zugeben, ja, ich bewundere sie. In ihrer Einfalt wird sie ihr Leben meistern. Wenn sie Wimpel und Karten basteln kann, wenn sie mit ihrer *Hello Kitty* spielen kann, wenn sie samstagmorgens Ballett hat, dann ist sie glücklich.

Manchmal wünschte ich mir, ich hätte was von *Mingfang* – zufrieden mit den einfachen Dingen des Lebens.

Zwanzig Minuten später kommt sie zu mir herüber, schnaufend und keuchend stützt sie sich auf ihren Knien ab.

„Okay", sage ich ihr, „du darfst nun zwanzig Minuten schaukeln gehen. Danach lasse ich dich mit dem Auto auf dem Parkplatz herumfahren."

Mingfang richtet sich auf und legt ihren Kopf schief, während sie mein Gesicht nach Anzeichen von Tricksereien oder geistiger Umnachtung absucht.

„Was meinst du damit?", fragt sie.

„Willst du nicht lernen, wie man Auto fährt?"

Als ihr klar wird, dass keine weiteren Vorbedingungen folgen werden, erscheint ein zartes Grinsen unter ihrer Nase und durch ihren Körper zuckt es wie eine elektrische Spannung. „Natürlich. Aber bist du dir sicher, dass Mama nicht böse wird?"

„Mama muss es doch gar nicht erfahren."

Ihr Lächeln erstreckt sich nun von Wange zu Wange.

„Okahay", jubelt sie, hüpft zu den Spielgerüsten hinüber und schaukelt, bis ihre Füße fast den Himmel berühren.

Weihnachten kitzelt eben das Beste aus den Menschen heraus, sogar aus gemeinen großen Brüdern.

Ungefähr zwanzig Minuten später steht sie an der Autotür. Anscheinend ist sie sich immer noch nicht sicher, ob ich das mit dem Fahren ernst gemeint habe, und wenn ja, ob es überhaupt erlaubt ist. Doch selbst wenn es nicht in Ordnung wäre – es würde sie sogar noch glücklicher machen. Kein anderer als ein großer Bruder könnte ihr so etwas erlauben.

Sie öffnet so langsam die Tür, als wäre sie der Deckel einer magischen Schatztruhe.

„Okay, steig ein und setze dich zu mir auf den Fahrersitz."

Sie kichert, während sie auf meinen Schoß klettert. Da sie nur einen Meter fünfzig groß ist, könnte sie ohne diese Hilfe nicht über das Armaturenbrett schauen. Ehrfürchtig greift sie mit beiden Händen nach dem Lenkrad und starrt durch die Windschutzscheibe, als führe sie bereits. „Dreh den Schlüssel um und lasse den Motor an", sage ich ihr. Sie tippt den Schlüssel nur ganz leicht an. „Nein", sage ich ihr, „du musst ihn ganz herumdrehen." Sie dreht ihn aus der Schulter heraus, während ich das Gaspedal leicht durchtrete.

Wrummm!

„Na also", sage ich. „In Ordnung. Jetzt habe ich meine Füße auf dem Gas- und dem Bremspedal. Ich werde das Auto erst etwas zurücksetzen und dann können wir fahren." Behutsam steuere ich den Wagen in die Mitte des Parkplatzes. Zum Glück sind keine Kinder in der Nähe. Dann schalte ich die Automatik in den Vorwärtsgang und *Mingfang* steuert das Auto in einer geraden Linie bis zum Ende des Parkplatzes. Etwas mutiger geworden, versucht sie nun, nach links abzubiegen, indem sie das Lenkrad um neunzig Grad dreht. Ich stehe auf der Bremse, bevor wir die Mauer streifen.

„Es ist ganz schön schwer, das Lenkrad zu drehen", sagt sie. Der Ford hat keine Servolenkung und ich drücke das Lenkrad bis zum Anschlag nach links. Wir steuern nach links und immer weiter nach links und bald fahren wir in der Mitte des Parkplatzes wunderschöne Kringel heraus. Die Kleine kichert freudestrahlend: „Hihihi!" Die Sonne scheint blendend hell und der Himmel strahlt tiefblau.

„Pass auf!" Wir sind kurz davor, in der Eingangshalle der Schule einzuparken, doch sie reißt so heftig am Lenkrad, dass wir knapp daran vorbeischrammen. Aufgeregt strampelt sie mit den Füßen und hüpft auf meinen Knien auf und ab. Und schon geht es um die nächste Kurve.

„Wow", stöhnt sie. „Es ist wirklich schwer, das Lenkrad zu drehen."
Wir fahren in der falschen Richtung in eine Einbahnstraße und gerade so am Pavillon der Schule vorbei. „Das macht vielleicht Spaß!" Aus feuerroten Backen lächelt sie mich an. Nun noch ein paar Runden über den Parkplatz, bevor ich schließlich zum letzten Mal auf die Bremse trete.

„Oh danke, *Chi*. Das hat so einen Spaß gemacht! Können wir das irgendwann nochmal machen?"

„Vielleicht morgen, an Weihnachten."

„Okay. Du bist der Beste." Sie schnieft und lächelt selig.

„Lass uns nach Hause fahren, ich will nicht, dass deine Erkältung schlimmer wird. Und bitte erzähl Mama nichts davon."

„Okay", strahlt sie. „Versprochen."

14. WACH AUF!

Rückblick

Weihnachten 1987
College Station, Texas

Voller Erwartung schlüpfe ich aus dem Bett, doch die Kälte greift nach mir und ich zittere am ganzen Körper. Schnell ins Wohnzimmer – vielleicht gibt's ja was zu entdecken, vielleicht. Nachdem ich die beschlagenen Fensterscheiben freigerieben habe, werfe ich einen Blick nach draußen und hoffe so sehr, eine weiße Landschaft oder einen weißen Flecken, wenigstens irgendwas Weißes zu erspähen. Doch das Bermudagras in unserem Vorgarten ist trocken und welkt – wieder mal ein brauner Weihnachtstag.

Ich drehe mich um und sehe die zweihundert selbstgemachten rot-weißen Strümpfe, die an der Wand des Wohnzimmers aufgehängt sind. Meiner wird wohl mit dem gefüllt sein, was ich jedes Jahr bekomme: lange Kniestrümpfe und einen rot-goldenen chinesischen Umschlag, in dem ein Zwanzig-Dollar-Schein steckt.

Ab in die Küche. Meine Mutter knetet Bohnenpaste zu kleinen Bällchen und hüllt sie in Teig. Zwar können wir uns keinen *Nintendo* leisten oder so etwas, Zeit aber kostet nichts und meine Mutter opfert uns so viel von ihrer.

„Frohe Weihnachten, Mama!"

„Frohe Weihnachten."

„Was machst du da?"

„Bohnenkuchen."

„Du meinst Bohnengranaten. Sie haben genau die richtige Größe, um sie *Mingfang* an den Kopf zu werfen, und sie riechen etwas eklig. Du weißt schon, dass ich noch nie eine davon gegessen habe? Abgesehen davon – sind nicht noch vom letzten Weihnachten solche Granaten übrig?"

„Red keinen Unsinn und lass mich in Ruhe meine Arbeit tun. Geh lieber und wecke die Kleine. Normalerweise ist sie doch die Erste, die ihre Geschenke auspackt."

„Oh, lass mich raten, Mama. Es sind Strümpfe und ein Zwanzig-Dollar-Schein!"

„Red keinen Unsinn", sagt meine Mutter, die ihren Tonfall nicht ein einziges Mal verändert hat.

Ich trage die „Bohnenbomben" zum Zimmer meiner Schwester und klopfe leise an die Tür. Keine Antwort. Ein Schild an der Tür warnt: „Draußen bleiben!"

„*Mingfang*", flöte ich. „*Mingfahang*. Ich habe hier ein paar Weihnachtsgeschenke für dich, ausgesprochen lecker und schmackhaft." Keine Antwort. Die Tür öffnet sich von allein. Ich strecke meinen Kopf in ihr Zimmer. „Wach auf! Es ist Weihnachten!"

Sie liegt auf der Seite mit dem Rücken zu mir. „Aufgewacht *Mingfang*", sage ich hinterhältig. „Möchtest du nicht von diesen Delikatessen probieren? Los, komm schon, wach auf, du Schlafmütze." Ich packe sie an der Schulter und sie kippt auf den Rücken. Ihre Hände und ihr Gesicht sind blau. Die ganze untere Hälfte ihres Körpers ist blau. Entsetzen durchfährt meinen Körper. Meine Hand berührt vorsichtig ihr Gesicht. Es ist eiskalt. Ich zucke zurück. „Mama!", schreie ich. „Mama! Komm!" Die Füße meiner Mutter klappern über den Linoleumboden, rutschen über den Teppich. Chinesische Bohnen hören sich dumpf an, wenn sie auf den Boden poltern. Ein Schrei hallt wider von den Wänden des Zimmers. Meine Augen sind trocken und der Schock lähmt meinen Verstand. Wie ein Gabelstapler strecke ich meine beiden Arme unter den eisigen Körper meiner Schwester und trage sie ins Wohnzimmer.

Fffwuooo. Ffffwuooo.

Ihre Lippen sind kalt und teigig, ihr Brustkorb hebt und senkt sich mit jedem Atemzug, den ich aus meinen Lungen in ihre drücke, wie bei den lebensgroßen Puppen im Erste-Hilfe-Kurs in der Highschool. Meine Hände pressen auf den Brustkorb meiner Schwester. „Eins. Zwei. Drei. Vier. Fünf."

Sie ist schon seit Stunden tot. Ich wusste das in dem Augenblick, als ich ihr Gesicht anfasste. Der Lebensatem, der nun durch ihre Brust strömt, ist meiner, er füllt die Hohlräume aus und zirkuliert sinnlos herum. Ich puste um meinetwillen, um meiner Mutter willen, um der Beruhigung unserer Seelen willen, damit wir wenigstens etwas tun, damit wir uns selbst vielleicht etwas besser zu Gott schreien hören – umsonst!

Fwuooo. Fwuooo.

„Eins, zwei, drei, vier, fünf …"

Das nervtötende Geheul eines Martinshorns schneidet mir ins Ohr. Die Rundumleuchte des Krankenwagens blitzt wie ein Leuchtturm, der mich wohin leitet? Ich habe Angst, diesen Weg zu gehen. Ich starre in *Mingfangs* Gesicht und sie sieht mir tiefer in die Augen als jemals zu ihren Lebzeiten.

Zwei Sanitäter und eine Frau in weißen Anzügen kommen in unser Wohnzimmer und stellen eine Krankentrage ab. Sie hören auf einen feisten Mann, der ruft: „Wir versuchen, sie wiederzubeleben, geh zur Seite, Junge." Ich trete zurück und lasse mich auf das Sofa fallen. Ich kann nicht mehr stehen.

Zack!

Der Körper meiner Schwester schießt hoch, als wollte er durch die Zimmerdecke springen. Der Defibrillator blitzt künstliches Leben in ihren kleinen Körper. „Wir brauchen mehr Joule", ruft die Frau. „Achtung!", schreit der feiste Mann.

Zack!

Meine Schwester schießt wieder in die Höhe, besessen vom Geist der Medizintechnologie. Die Frau stülpt *Mingfang* eine Plastikmaske über das Gesicht und pumpt ihr Sauerstoff in den Mund. „Achtung!"

Zack!

Sie ist immer noch steif. Immer noch kalt. Immer noch blau.

„Okay, bringen wir sie ins Krankenhaus", sagt die Frau. Sie wendet sich zu meiner Mutter, die stehen geblieben ist, die immer noch denselben Gesichtsausdruck hat, der noch nichts von Angst oder Verzweiflung ahnen lässt, nur Bereitschaft ausdrückt. Sage mir einfach, was ich tun kann, sagt ihr Gesicht. „Madam", sagt die Rettungsassistentin, „wir werden Ihre Tochter ins Sankt-Joseph-Krankenhaus bringen. Möchten Sie im Krankenwagen mitfahren?"

„Nein. Ich nehme mein Auto", antwortet meine Mutter und läuft in *Mingfangs* Zimmer.

Die Männer schnallen *Mingfang* auf das Gestell und tragen sie zur

Eingangstür hinaus. Das Martinshorn verklingt in der Ferne. Meine Mutter kommt zurück ins Wohnzimmer, in der Hand eine Tasche.

„Was ist in der Tasche?", frage ich.

„*Mingfangs* Kleidung. Ich fahre ins Krankenhaus", sagt sie auf Taiwanesisch. „Ruf deinen Vater und *Chiufang* an und sage ihnen, dass sie nach Hause kommen sollen." Sie springt in den Ford und fährt weg. Mein Vater ist zur Zeit auf Besuch bei seinen Eltern in Taiwan und meine Schwester lebt nun mit ihrem Mann in San Antonio. Ich bin jetzt allein.

Was ist gerade passiert? Ich wäre gern ein kleiner Ball, zusammengerollt wie ein kleiner Käfer, der sich vor der Welt durch seinen Chitinpanzer schützt. Im Schockzustand sitze ich eine lange Zeit einfach nur da.

Irgendwann schalte ich den Fernseher an. Die *Green Bay Packers* spielen auf dem *Lambeau Field*. Der erste Schnee fällt leise auf Spieler und Gras. Das Spiel, bei dem ein Stück Leder hundert Meter weiter an das Ende eines Feldes bewegt werden muss, wirkt auf seltsame Weise beruhigend auf mich. Ich klammere mich an das Lieblingsstofftier meiner Schwester, einen lebensgroßen Teddybären. Zeit vergeht. Vergeht.

Die Türklingel schrillt und ich springe vom Sofa. Wer besucht uns am Weihnachtsmorgen? Hektisch öffne ich die Tür. Ein stämmiger Polizeibeamter stellt sich vor und sagt: „Entschuldige, dass ich störe, aber ich muss im Haus ermitteln."

Der Polizist geht in *Mingfangs* Zimmer und sieht die selbst gemachten Wimpel an der Wand und das Durcheinander von Stofftieren auf ihrem Regal. Er nimmt ein Fläschchen Amoxicillin, das ihr der Kinderarzt wegen ihrer Erkältung verschrieben hat, öffnet den Deckel und riecht daran. „Hat deine Schwester Drogen genommen?"

„Nein, Sir."

„Hat sie dir gegenüber jemals Selbstmordgedanken geäußert?"

Ich denke über die Frage nach. War *Mingfang* glücklich gewesen? Ich weiß es nicht. „Nein, Sir", sage ich.

Der Polizist möchte wissen, warum Mingfang gestorben ist. Ja, warum ist sie gestorben? Dieser Mann ist wahrscheinlich Christ. Herr Wachtmeister, sagen Sie mir doch bitte, warum Ihr Gott meine Schwester an Weihnachten umgebracht hat.

Er öffnet jede Schublade in *Mingfangs* Schreibtisch, untersucht die

Hello-Kitty-Bleistifte, mit denen ich ihr Leiden beim Hindernislauf belohnt habe, dann geht er ins Wohnzimmer. Die *Packers* haben gerade einen Touchdown gelandet, ich setze mich auf das Sofa und umarme den Bär meiner Schwester. Der Beamte sieht mich an. „Möchtest du, dass ich noch ein wenig bleibe?"

„Nein, Sir. Ich schaffe das schon. Trotzdem vielen Dank."

Die Tür fällt ins Schloss und ich bin wieder allein. Mit klopfendem Herzen rufe ich meine ältere Schwester an. Der Anrufbeantworter springt an. *„Zee-zee!"*, flüstere ich heiser, große Schwester, wo bist du? Die Tränen fließen mir übers Gesicht. *„Zee-zee! Zee-zee!* Bist du da? Heb ab! Die Kleine ist gestorben. *Mei-mei* ist tot. *Zee-zee*, wo bist du?"

Ich setze mich wieder aufs Sofa. Meine Lippen zittern immer noch, während meine Augen *Mingfangs* Teddy durchtränken. Ich möchte laut rausschreien, ich möchte aus vollem Halse brüllen. Aber was würde das ändern? Wie betäubt zappe ich durch die Kanäle: MTV, ESPN, CNN, ABC, NBC. Auf keinen Fall allein sein!

Irgendwann rufe ich meinen Kumpel *Chris* an. „Hey, *Chris*. Könntest du vielleicht losfahren und mir etwas zu essen bringen? Meine Schwester ist gestorben und ich habe Hunger."

Warum erwähne ich den Tod meiner Schwester so sachlich? Warum bin ich in einem Moment voller Emotionen und im anderen völlig gefühllos?

Nach dem Mittagessen mit *Chris* sitze ich wieder auf dem Sofa, starre einfach ins Leere. Wieder klopft es an der Tür. Ein gedrungener Mann mit einem angegrauten Bart steht vor mir. Er hält eine schwarze Lederbibel in der Hand. „Hallo", spricht er langsam in texanischem Slang, „ich bin Pastor *John*." Er reicht mir eine Visitenkarte:

Pastor John
2ⁿᵈ Baptist Church von College Station
In Jesu Liebe

Ich starre in seine Augen, während mir langsam dämmert, wie bescheuert diese Karte ist.

„Darf ich hereinkommen?"

Natürlich, warum nicht? Wenigstens wird *er* sprechen. Die nächsten zwanzig Minuten nehme ich wie durch einen Nebel wahr. Pastor John redet von der Liebe und davon, dass sich Jesus in tragischen Zeiten um uns kümmert. Seine Worte erschüttern mich so sehr wie ein Echo den Grand Canyon. Schließlich fragt er mich: „Kann ich noch irgendetwas für dich tun?"

Ich möchte Pastor *John* erzählen, dass die Blase, die meine Welt war, zerplatzt ist. Eine Welt, die ein wenig Sinn gemacht hat, eine Welt, in der es zumindest eine minimale Form von Gerechtigkeit gab. Also verschwende keine Zeit mit mir, möchte ich ihm sagen. Vielleicht kannst du ja deinen Jesus fragen, warum er unschuldige Kinder umbringt.

„Ja", sage ich zu Pastor *John*. „Können Sie mich ins Sankt-Joseph-Krankenhaus fahren?" Pastor John sagt dankbar Ja und wir steigen in seinen Ford Ranger Pick-up.

* * *

Mingfang liegt auf einem weißen Krankenhausbett und meine Mutter sitzt am Fußende. Ich reiche den Bären meiner Mutter, dann stehe ich vor *Mingfang*. Eine dicke Blutkruste verunziert ihren linken Mundwinkel und in ihrer Nase steckt ein ekelhafter Schlauch, der zu einer Art Blasebalg führt, in dem sich grüner Schleim bewegt. Ihre gefrorene Brust, ihr erschlafftes Gesicht, der Schleier des Todes, der sie undramatisch einhüllt – als ich das alles sehe, bin ich mir sicher: Weihnachten hat absolut nichts mit Wundern zu tun.

Meine Mutter lässt ihre Augen nicht von *Mingfang*. Sie sorgte sich um die Kleine mehr als um mich oder *Chiufang*, weil *Mingfang* das schwächste ihrer drei Kinder war. Mütter wollen das beschützen, was besonders verletzlich ist, das, von dem Gott beschlossen hat, dass es vor der Zeit sterben soll. Alle Mütter dieser Welt schreien „Nein!", doch meine Mutter war heute nicht stark genug, um Gott oder dem Schicksal oder wem auch immer zu trotzen. *Mingfangs* Geist wurde in der Nacht gestohlen. Warum er sie weggenommen hat und nicht mich, verstehe ich nicht. Nimm mich. Nimm mich statt ihrer! Und trotzdem bin ich immer noch hier und sie ist weg.

Eine Krankenschwester betritt das Zimmer. „Madam, wir brauchen diesen Raum für Traumapatienten."

„Oh." Meine Mutter sieht die Schwester verwirrt an. „Natürlich. Äh, wir gehen, sobald meine Tochter aufgewacht ist."

15. NUR NOCH EINMAL

Rückblick

26. Dezember 1987
Rider Beerdigungsinstitut, College Station, Texas

Der Bestatter ist ein Mann mittleren Alters, der einen Anzug aus den 1960ern trägt. Seine Haut ist seltsam gelblich, als ob sie zuviel künstlichem Licht ausgesetzt war. Zwischen seinen Schultern bildet sich ein kleiner Buckel. Mein Vater ist gerade aus Taiwan zurückgekommen, sieht den Bestatter an und überlegt sich, wie er seinen Wunsch vorbringen soll. Vorsichtig fragt mein Vater: „Ähm, gibt es eine Möglichkeit für mich, meine Tochter zu sehen?"

Peinlich berührt raune ich ihm zu: „Papa, ich dachte, wir sind hier, um einen Sarg auszusuchen."

Er winkt ab.

„Nun", sagt der Bestatter, „Ihre Tochter ist noch im Kühlraum." Kühlraum? Sie muss doch frieren. Aber nein, wie dumm ich bin, sie ist doch tot. Ich vergesse das immer wieder.

„Oh, Papa", sagt *Chiufang*, „ich glaube nicht, dass das eine gute Idee ist. *Mingfangs* Körper ist an vielen Stellen immer noch blau. Die Bestatter hatten noch keine Zeit, sie herzurichten."

Mein Vater denkt einen langen Augenblick nach. „Gut", sagt er, „wir werden bis zur Beerdigung warten."

„Wieviel kosten Kiste?", fragt meine Mutter.

Der Bestatter dreht seinen Kopf meiner Mutter zu. Sie hat ihn überrascht, indem sie den Ton so radikal gewechselt hat. Es wird Zeit, dass etwas geschieht.

„Nun" – der Bestatter zeigt auf einen glänzenden Hartholzsarg – „dieses edle Modell ist luftdicht und kostet fünftausend Dollar."

„Zu viel", sagt meine Mutter. Sie führt uns zu einer Art Ford-Fiesta-Sarg. „Wie viel?"

„Dieser kostet zweitausend Dollar."

„Gut, wir nehmen", antwortet meine Mutter. „ Sie bereiten alles vor."

* * *

Ich sitze, vornübergebeugt und mit verkrampften Gliedern, an *Mingfangs* Schreibtisch. An diesem abgewetzten Secondhand-Möbelstück hat sie gelernt. Klebrige Post-it-Hafties bedecken die Tischplatte und über alles verteilt sich ein Durcheinander aus Halsketten und Spielzeugteilen. Am rechten Rand steht eine Fotografie von *Mingfang,* die ein Tutu trägt und eine Ballettpose einnimmt. Und an der Wand dahinter klebt ein Zeitungsausschnitt, der vermeldet, dass ich einen Preis für ein Naturwissenschaftsprojekt bekommen habe. Damals hatte ich die Wirkung des Süßstoffs Aspartam – ein potentieller Neurotransmitter – auf den Herzrhythmus von Küchenschaben untersucht und den zweiten Platz im Fach Biologie belegt. Dafür hatte ich die Küchenschaben aufgeschnitten und NutraSweet direkt auf ihre Herzen gestreut. Das alles erscheint mir heute ziemlich dämlich, geradezu pervers.

Mingfang hat mich vergöttert. Sie war in der Schule nie eine große Leuchte gewesen, also holte sie sich ihre Erfolgserlebnisse durch mich und pinnte alle meine Erfolge an ihr Schwarzes Brett. Jedes bisschen Wärme, das von mir ausging, dehnte sich in ihrem Herzen unendlich aus. Doch statt Wärme gab ich ihr Hilfe – das, was sie meiner Meinung nach brauchte – und ließ sie in der Kälte ihre Runden rennen.

Ich nehme ihre Flickenpuppe in die Hand. *Mingfang* bekam sie letztes Jahr, obwohl meine Mutter es nicht wollte, und ich weiß noch nicht einmal ihren Namen. Ein silbernes, aerodynamisch gestyltes Matchboxauto steht auf dem Standfuß der Schreibtischlampe. Es hat getönte Scheiben und die kleinen Türen lassen sich öffnen und schließen. Irgendwie komisch, dass *Mingfang,* ein Mädchen, Autos gesammelt hat. Das war ihr Traumauto gewesen, dieser silberne Mazda RX-7.

Lächelnd öffne ich die Schreibtischschublade. In der hinteren rechten Ecke der Schublade ist ein Stapel verschlissener blauer Spielkarten verstaut. Das Kartenspiel war Teil ihres Abendrituals gewesen. Meistens spielte sie mit sich selbst, manchmal mit meiner Mutter und seltener mit mir: Mau-Mau, Hearts, Siebzehn und vier.

Meine Augen wandern durch ihr Zimmer und ich lese den Wimpel direkt über mir: „*Mingfangs Zimmer*". Nie wieder werde ich hinter dieser Tür ihre Stimme hören: „Lass mich in Ruhe!"

Was wäre gewesen, wenn ich weniger gelernt, weniger Tennis gespielt und mehr Zeit mit *Mingfang* verbracht hätte? Was wäre, wenn wir uns alle so verhalten würden, als liebten wir die, die wir zu lieben behaupten? Wie würde die Welt aussehen? Es gäbe weniger Technik, weniger Produktion, weniger materielle Werte – das aber, was fabriziert wird, würde besser eingesetzt.

Und wir wüssten alle, wie die Flickenpuppe unseres Nächsten heißt.

* * *

Mingfang liegt vor uns in einem offenen Sarg. In der ersten Bankreihe sitzen mein Vater, meine Mutter, *Chiufang* und ich. Vater sitzt wie versteinert da. Dann kippt er langsam nach vorn und ein furchtbares Schluchzen bahnt sich den Weg aus seinem Körper nach oben. Tränen fallen zu Boden und er schüttelt sich. Meine Güte, ich habe meinen Vater noch nie weinen sehen und irgendwie gefällt mir das auch nicht. Väter sollten nicht weinen, hör auf damit! Du kannst hier nicht einfach zusammenbrechen. Du musst für uns stark sein.

Um mich abzulenken, sehe ich mich um. Die Bankreihen sind dicht besetzt, in der Mitte, links und rechts – alles so voller Menschen, dass sie sogar im Gang, durch die Kirchentür und bis hinaus auf den Platz davorstehen. Ich hätte nie geahnt, dass *Mingfang* so beliebt war; und vermute, dass auch sie es nicht wusste.

Chiufangs Mann beginnt, die Trauerrede zu verlesen. Da ich es wahrscheinlich nicht fertiggebracht hätte, haben wir ihn gebeten, das zu übernehmen. Während ich meinem Schwager zuhöre, klingen mir meine eigenen Worte in den Ohren wie ein Echo aus der Vergangenheit: „*Mingfang*, du siehst aus wie unser nationales Wappentier. Ja genau, der Glatzkopf-Seeadler." „Hey, Primaballerina, du solltest besser mit dem vielen Essen aufhören, sonst wirst du eine echte *Ballina* und das ist dann nicht so prima." Die einfachste Version war vermutlich die schlimmste: „Du bist ja geistig zurückgeblieben!"

Ok, ich war damals noch jung und verstand nicht, warum sie immer eine Vorzugsbehandlung bekam, obwohl sie in nichts besonders gut war. Und dennoch – ich war niederträchtig, ich war ein Schwein, bis

in die letzten Stunden ihres Lebens. Jetzt ist es zu spät, um das wieder-
gutzumachen.

Mein Schwager redet immer noch. Nervös warte ich darauf, endlich
„Amazing Grace" zu singen. Meine Familie geht selten in die Kirche,
und wenn sie es tut, dann nur wegen des kostenlosen Mittagessens
danach und um die Englischkurse mitzunehmen. Wenn ich mich da
sehen lasse, dann einzig und allein wegen David Ray Wright, einem
meiner besten Freunde und einer der wenigen Christen, die ich respektiere. Er brüllt mich nicht an und prophezeit mir, dass ich in der
Hölle schmoren werde. Nein, ihm sind Menschen wirklich wichtig.
Trotzdem schütze ich an den meisten Sonntagmorgen irgendein Wehwehchen vor, damit ich noch ein bisschen schlafen kann.

Mrs Johnson, die Sonntagsschullehrerin, spielt eine leichte Einleitung
auf dem Klavier. Ich hole tief Luft und stelle mich neben Mingfang, mit
dem Gesicht zur Beerdigungsgesellschaft. Mingfang liebte dieses Lied.
Ich werde es für sie zum letzten Mal singen.

Amazing grace! How sweet the sound
That saved a wretch like me!
I once was lost, but now am found,
Was blind, but now I see.

Oh Gnade Gottes, wunderbar
hast du errettet mich.
Ich war verloren ganz und gar,
war blind, jetzt sehe ich.[3]

Ich weiß nicht, ob meine Schwester etwas mit Gott anfangen konnte.
Was macht Gott mit den Kindern, die keine Chance zu leben hatten?

'Twas grace that taught my heart to fear
And grace my fears relieved.
How precious did that grace appear
The hour I first believed.

---

3   Übersetzung: Anton Schulte.

Die Gnade hat mich Furcht gelehrt
und auch von Furcht befreit,
seitdem ich mich zu Gott bekehrt
bis hin zur Herrlichkeit.

Wenn es eine Hölle gibt, ist *Mingfang* jetzt dort? Ist es dort so, wie es die Höllenprediger der *Southern Baptists* beschreiben? Oder stimmt eher der „Jesus liebt dich"-Kram, den mir Pastor *John* erzählt hat? Ist das vielleicht alles dasselbe?

Through many dangers, toils and snares,
I have already come.
'Tis grace hath brought me safe thus far
And grace will lead me home.

Durch Schwierigkeiten mancher Art
wurd' ich ja schon geführt,
doch hat die Gnade mich bewahrt,
die Ehre Gott gebührt.

War ich mitschuldig am Tod meiner Schwester? Ich habe sie die Runden rennen lassen. Am nächsten Morgen war sie tot.

When we've been there ten thousand years
Bright shining as the sun

Wenn wir zehntausend Jahre sind
in seiner Herrlichkeit.

Wenn ich lauter singe, glaube ich vielleicht tatsächlich, dass es einen Gott gibt. Und dass er ein guter Gott ist, nicht einer, der *Mingfang* aus dieser Welt genommen hat. Wie kann er nur so grausam sein?

We've no less days to sing God's praise
Than when we'd first begun.

Mein Herz noch von der Gnade singt
wie in der ersten Zeit.

* * *

Der Leichenzug beginnt. Mein Vater tritt an *Mingfangs* Sarg und sieht sie einen Sekundenbruchteil an, dann geht er an ihr vorüber, als wolle er nicht, dass sich dieses Bild seiner Tochter in sein Gedächtnis einbrennt. Er wird sich nur an die lebendige Kleine erinnern. Jetzt kommt meine Mutter. Sie hat so ein liebevolles Gesicht, als sie ihr Baby zum letzten Mal sieht. Ihre Hand greift nach *Mingfangs* Hand, als könnte diese Geste sie wieder zum Leben erwecken.

Und jetzt stehe ich neben meiner Schwester. Sie liegt so friedlich in ihrem Sarg. Ich lege ihre Flickenpuppe neben ihre Hand und ihr silbernes Matchboxauto, in Erinnerung an unseren letzten glücklichen gemeinsamen Tag. Dann schaue ich ihr ins Gesicht. *Mingfang*, Kleine, ich frage mich, ob du es gewusst hast. Hast du gewusst, dass du mir wirklich wichtig gewesen bist? Jene kurzen Augenblicke, in denen ich dir beim Diktat geholfen oder dir kleine Geschenke gemacht habe, und sogar als ich dich rennen ließ – irgendwie waren das alles die unbeholfenen, groben Versuche eines Teenagers, einem anderen zu sagen: „Ich hab dich lieb.“

* * *

Chris, Josh und *Irwin* – meine Freunde –, mein Schwager und ich tragen den Sarg aus der Kapelle. Hinten rechts ist mein Platz. Auf der Oberfläche des lackierten, mahagonifarbenen Holzes spiegeln sich die plüschigen Kumuluswolken über uns und unseren Gesichtern. Unzählige schwere Gedanken gehen uns durch den Kopf auf den wenigen Metern bis zum Grab. Auf drei quergespannten Riemen setzen wir *Mingfang* über der Öffnung ab. Ein Mann dreht langsam an einer Winde und der Sarg gleitet gemächlich nach unten. *Warte! Warte! Warte! Ich möchte meine Schwester sehen. Öffne die Kiste nur noch ein einziges Mal! Ich werde sie doch sonst nie wieder sehen. Kann ich bitte meine Schwester sehen? Nur noch ein einziges Mal, bitte.* Natürlich behalte ich diese Worte für mich, ich gebe nichts von mir, noch nicht einmal ein Flüstern. Selbst weinen kann ich nicht. Starr sehe ich zu, wie der Sarg im Schatten des Grabes verschwindet.

16. ROTER JANUAR

Rückblick

3:00 Uhr
Ein Jahr später

Ich stehe in einem roten Raum. Eigentlich ist alles rot, nicht nur der Raum. Er ist vollkommen leer, absolut schlicht. Ich glaube nicht einmal, dass er eine Tür hat.

„Hallo, *Mingfang*. Warum bist du zurückgekommen? Bist du hier, um Hallo zu sagen?" Moment mal – sie ist jetzt schon über ein Jahr tot und sieht immer noch aus wie mit dreizehn? Warum ist sie nicht gewachsen? Ihre Haare sind nicht länger geworden, sie gehen ihr immer noch gerade so bis auf die Schultern. Sie sitzt ruhig in der Ecke, mit dem Rücken zu mir.

„*Mingfang*", flüstere ich ihr zu. „*Mingfang*! Was machst du?"

Meine Babyschwester dreht sich für einen Moment um. Ihre großen, braunen Augen starren mich an wie die Augen der Frau in dem Gemälde *Panchita* von Diego Rivera. Aber – aber ihre Augen werden mit jeder Sekunde größer. *Stop!* Ich möchte es herausschreien, es herausbrüllen, aber nichts kommt heraus. Ich möchte zu ihr hin, aber meine Beine bewegen sich nicht. Gelähmt. Sie starrt wieder in die Ecke. Ich habe meine Gelegenheit verpasst. Moment mal. Ich spüre, wie meine Stimme zurückkehrt. „*Mingfang*. Kleine. Hey, du!"

Keine Reaktion.

„Warum bist du hier?", frage ich sie, um eine Antwort bettelnd. „Warum besuchst du mich jede Nacht?"

Nichts. Sie ist mit mir fertig. *Mingfang* wippt nun gedankenverloren vor und zurück. Ich habe sie immer als zurückgeblieben bezeichnet, jetzt ist sie es. *Bumm. Bumm. Bumm.* Sie donnert ihren Kopf in die Ecke des roten Raumes. *BUMM. BUMM. BUMM.* Lauter und lauter, fester und immer fester.

„Hör auf, deinen Kopf gegen die Wand zu schlagen", fordere ich. „Lass das."

Sie dreht sich um und ihre schwarzen Augen starren mich wütend an. Ich hasse diesen Blick. Sie hat seit ihrem Tod kein Wort zu mir gesagt. Beinahe jede Nacht kommt sie zu mir und sagt nie ein Wort. *BUMM*. *BUMM*. *BUMM*. Ich möchte meine Hand zwischen ihren Kopf und die Wand schieben, aber meine Füße bewegen sich nicht.

Der Raum verschwindet. Rot wird zu schwarz. Vielleicht bin ich aufgewacht, doch meine Augen öffne ich nicht, ich will nicht wissen, wo ich jetzt bin. Bis zum Test sind es nur noch ein paar Stunden. Die Verben. Die Konjugationen. *Daran* solltest du denken.

Vine. Viniste. Vino. Venimos? Venieron?

Ist das denn richtig? Vor fünf Minuten konnte ich die Konjugation noch.

Hablé. Hablaste? Habló? Hablamos? Hablaron?

Ich habe noch zwanzig Minuten, muss noch drei Seiten Verben konjugieren. Beeil dich, *Chi*. Beeil dich, *Chi*. Ich werde meine erste Fünf bekommen und im College-Examen durchfallen. Denk nach! Ich kann nicht! Ich kann mich an nichts erinnern!

Ich bin wieder in dem roten Raum. Wie konnte das diesmal so schnell gehen? Alles wird schneller. Die Röte ist nun dunkler, fast weinrot, wie Blut. Ich kann nicht scharf sehen, aber ich weiß, dass sie hier ist. Ich kann sie hören. *BUMM*. *BUMM*. *BUMM*.

„Hallo, *Mingfang*. Du bist wieder in deiner Ecke. Was hast du seit unserem letzten Mal getan?"

Sie dreht sich um und ihr Blick zerfrisst meine Augen wie Säure. Ich falle wieder aus dem roten Raum heraus, aber ich kann es immer noch hören. Wie die Trommeln einer Marschkapelle, das Geräusch ist monoton, konstant, ohrenbetäubend. Auch tagsüber begleitet es mich, es untermalt meine Gedanken, kriecht zwischen die Worte, die ich spreche, ist in der Luft zwischen ein- und ausatmen. Wenn ich nichts zu tun habe, höre ich das Dröhnen, das Dröhnen, das Dröhnen, also versuche ich erst gar nicht mich zu entspannen und lerne ohne Unterbrechung für die Schule.

Irgendwie bin ich auf der Flucht, doch auch achtzehn Unterrichtsstunden und verschiedene Studentenorganisationen retten mich nicht vor dem, was ich immer noch lächerlicherweise „Schlaf" nenne. Ich liege auf meinem Bett, versuche tief durchzuatmen, und mein Unterkiefer zittert. Wie konnte das passieren?

Nach der Beerdigung lief alles ganz normal. Als Erstes sollte ich Dankeskarten an die Familien senden, die uns nach *Mingfangs* Tod Essen gebracht und uns unterstützt hatten. Aber ich bin nie damit fertig geworden. Ich konnte es nicht. Nachdem ich fünfzig Karten geschrieben hatte, ging mir die Luft aus und ich hörte einfach auf. Dann entschied ich, mich über das Lautsprechersystem in der Schule zu bedanken. Ich hatte gerade angefangen, da brach das System zusammen und ich musste alles noch einmal sagen.

Danach ging ich total unter in der Arbeit für die Schule. Vor *Mingfangs* Tod war ich drauf und dran, Jahrgangsbester zu werden, doch danach wurde schnell klar, dass dieser Ruhm meiner Klassenkameradin Christina Laane zufallen würde. Also kniete ich mich während des letzten Semesters in der Highschool noch eifriger rein und lernte jede Nacht bis zum Umfallen, um wenigstens den zweiten Platz zu halten. Das Examen schloss ich als Dritter ab.

Um weiter bei meiner Mutter sein zu können, die nach wie vor sehr litt, schrieb ich mich an der *Texas A&M University* ein. Ich besuchte fleißig meine Collegekurse und dachte kaum an meine Schwester, immerhin lag ihre Beerdigung schon Monate zurück. Ja, sie kam mir gelegentlich in den Sinn, aber sie drängte sich nie in mein Gewissen. Auch ihr Grab besuchte ich – an ihrem Geburtstag und an Weihnachten, ihrem Todestag. Ich sorgte dafür, dass frische Blumen auf ihrem Grab standen und der Grabstein von Vogelkot gereinigt war.

Alles in allem habe ich mich verändert, ich bin kein unachtsamer Bruder mehr. Dennoch – es ist nun schon weit über ein Jahr her, seit sie gestorben ist, und ich kann nichts tun, um sie zurückzubringen. Es spielt keine Rolle, was ich mir wünsche und wie viel ich weine – sie wird nicht zurückkommen. Meine Schwester ist Vergangenheit und ich muss nach vorne schauen. Ich habe zu tun.

An Tagen wie heute aber ziehe ich mir die Decke über den Kopf. Eigentlich sollte ich schnellstens aufstehen und lernen, aber wem mache ich damit etwas vor? Ich kann nicht lernen. Alles, was ich höre, ist das Dröhnen. Unmerklich hat es sich angeschlichen, und noch bevor es mir bewusst geworden war, waren aus meinen vierzehn Stunden Lernzeit pro Tag nur noch acht geworden. Die Trainingseinheiten im

Fitnessstudio reduzierten sich von einer Stunde auf fünfundvierzig Minuten. Jetzt kann ich mich am Ende eines Satzes nicht mehr an seinen Anfang erinnern und meine Sätze finden kein passendes Ende. Die Worte der Professoren? Unverständlich.

Zuerst war es irgendwie nett, *Mingfang* wiederzusehen. Aber immer passiert irgendetwas Schlimmes in den Träumen. Immer in Rot. Entweder stirbt sie am Ende eines Traumes oder es liegt an dieser Ecke oder an ihrem Blick. Ich wollte, sie würde mich anschreien, dass ich sie in Ruhe lassen soll, mir vorwerfen, wie gemein ich bin, aber sie sieht mich nur an mit einem Blick voller Abscheu, Mitleid, Hass.

Vielleicht muss ich mich einfach nur besser motivieren und härter arbeiten. Schließlich habe ich keine Zeit, mir über kleinere Unannehmlichkeiten Gedanken zu machen.

Chiufang hatte schon ein paar schöne Träume über *Mingfang*. „Ich war mit *Mingfang* in *SeaWorld*", erzählte sie mir. „*Mingfang* war ganz aufgeregt, als sie *Shamu,* den Wal, sah. Und dann sind wir in den Souvenirladen gegangen und ich habe ihr ein *Shamu*-Stofftier gekauft. Als ich aufgewacht bin, hatte ich tief in mir drin immer noch dieses warme Gefühl. *Mingfang* hat mir gesagt, dass es ihr im Himmel gut geht."

Da *Chiufang* eine überzeugte Christin ist, lieferte sie auch gleich die Traumdeutung ihres Seelenklempners mit. Ich hätte sie am liebsten wegen dieses ganzen Psychogeschwätzes ausgelacht, stattdessen aber murmelte ich was von einem Spanischtest und zog mich zurück.

Ich schließe die Augen, denn ich glaube, ich kann jetzt schlafen. Der Gedanke an *Chiufangs* Traum entspannt mich.

Wieder betrete ich den roten Raum. „Hör auf, deinen Kopf gegen die Wand zu schlagen", bitte ich. „Bitte, bitte, hör damit auf. Du machst mich traurig. Sehr traurig."

Alles ist jetzt still. Sie liegt in einer Embryonalstellung auf dem roten Boden; ich sehe nur ihren riesigen Rücken und wage nicht, zu ihr hinüberzugehen und ihr ins Gesicht zu schauen.

„*Mingfang*. Steh auf. Bitte setz dich hin! *Mingfang*, Kleine." Ich beuge mich über sie, wünschte, ich könnte ihr eine Belohnung geben, sie überreden, ihre Augen zu öffnen. „Bitte setz dich hin. Bitte wach auf. Bitte." Je mehr ich mich ausstrecke nach ihr, desto mehr zieht ihr Körper sich in die Röte zurück, sie verschwindet. Auch ich versuche, auszubrechen aus dem roten Raum. Nein, bitte, ich muss ihr doch noch etwas sagen. Ich muss ihr sagen –

Langsam öffnen sich meine Augen. Ich bin wieder in meinem Zimmer. Verzweifelt drehe ich mich auf den Bauch und bedecke meinen Hinterkopf mit den Händen. Tränen durchtränken mein Bettzeug. Irgendwann werfe ich mich herum und starre an die Zimmerdecke. Ich kann das hier niemandem erzählen, sie werden denken, dass ich verrückt geworden bin. Aber das bin ich doch auch! Habe ich nicht den Verstand verloren? Besser, niemand erfährt von alledem. Wie kann ich mitten in einer Stadt, in einem Haus mit meinen Eltern zusammen, so einsam sein? Jahrelang habe ich keine Träne vergossen, jetzt weine ich jede Nacht, nach jedem Albtraum.

Es ist besser, ich mache mich wieder ans Lernen. In einem Anfall von wilder Entschlossenheit trete ich die Bettdecke weg.

Du wirst durchfallen. Du erinnerst dich nur an das, was schon lange zurückliegt, an Dinge, an die du dich gar nicht erinnern willst. Alles andere ist mit einem roten Stift übermalt worden – du bekommst keine zwei Gedanken mehr zusammen.

Es ist hoffnungslos. Wenn ich nicht mehr geradeaus denken kann, werde ich vom College fliegen. Auch schon egal. Ich tue alles, *alles*, damit das hier aufhört. Ich bin so müde. Ich möchte einfach nur schlafen. Schlafen ohne zu träumen.

17. MAGISCHER SAFT

12. November 1997
Yassela-Waisenhaus, La Paz, Bolivien

In einem Monat liegt der Tod meiner Schwester genau zehn Jahre zurück. Gott schafft die Kreisläufe des Lebens. Manche Ereignisse wiederholen sich in einer beinahe mystischen, déjà-vu-artigen Weise. Manche Menschen lernen aus ihrer Vergangenheit und gehen mit ihrer Gegenwart in einer reiferen Art um. Andere stürzen über die Unebenheiten auf ihrem Lebenskreis, fallen in das schwarze Loch der Verzweiflung und werden all das Leiden erneut durchleben. Werde ich meine schmerzhaften Erlebnisse bewältigen oder werde ich in dieses schwarze Loch fallen? Hoppe, hoppe, Reiter. Wenn er fällt, dann schreit er.

Ich stehe auf dem Dach des *Yassela*-Waisenhauses und betrachte den Himmel über mir. Unter mir, auf dem Dach des zweiten Obergeschosses des Kinderheims, stehen Mädchen um einen Zementtrog herum und schrubben ihre Kleidung. Die knirschend-schmirgelnden Geräusche der Bürste auf den Klamotten aus dem Altkleidersack hat eine nahezu hypnotische Wirkung. Ich beobachte ein älteres Mädchen, dessen Namen ich noch nicht kenne. Ihre Fingernägel sind kurz gestutzt und ihre Hände mit Seifenschaum bedeckt. Ihr breites, rundes Gesicht rahmt ihre beinahe asiatisch aussehenden Augen ein, fast wirkt es wie eine Karikatur. Die zierliche Stupsnase verschwindet nahezu darin. Ich steige die Treppe zum zweiten Obergeschoss hinab. Nach einer Trennung durch viele hundert Jahre, zwei Kontinente und Tausende von Kilometern trifft der Asiate die Aymaranin. Ich entdecke meine Vorfahren, meine Schwestern, meine Brüder, mein Fleisch und Blut in diesen indigenen Amerikanern, denn ich bin mit diesen Aymaranern enger verwandt als mit meinen hellhäutigen Freunden in Boston, Massachusetts. Selbst das Wort Aymaran hört sich Taiwanesisch an. Sie erledigt ihre Aufgabe sehr sorgfältig, wäscht Babybekleidung, hängt sie auf die Wäscheleine und wirft mir einen Blick zu, als ich die Treppe zum ersten Obergeschoss des Waisenhauses hinuntergehe, in die Küche, wo vier Mädchen das Mittagessen zubereiten. Eine Kleine mit glühenden Wangen und zwei gleichmäßigen Pferdeschwänzen, die ihr seitlich aus dem Kopf sprießen, kommt herbeigehüpft. Sie überreicht mir eine Puppe und rennt schnell weg. Die Puppe sieht nur noch mit einem Auge und leidet unter schwerem Haarausfall. Ist das nicht komisch? Blonde Haare sieht man hier nur im Kino oder auf den Köpfen von Barbiepuppen.

„Wie heißt denn das kleine Mädchen?", frage ich ein Mädchen namens *Diana*, das gerade mit einem riesigen Pfannenwender in einem Topf Suppe rührt.

„Sie heißt *Natalia* und ist vier", verrät sie mir.

„*Natalia*? Ich glaube, die kenne ich noch nicht. Zu wem gehört sie?"

„Sie gehört zu *Daniela*."

„Wer ist *Daniela*?"

„Na *Daniela*. Du kennst doch *Daniela*. Das große Mädchen, das oben die Klamotten wäscht." Die Mädchen kichern leise in sich hinein.

„Warum hilft *Daniela* nicht hier in der Küche?"

„Du weißt schon, sie ist was Besseres." Sie schiebt sich mit dem Zeigefinger die Nase ein Stückchen nach oben. Eine Kakophonie von Gelächter ertönt ringsumher.

„Du meinst, sie ist hochnäsig."

„Jau. Sie findet uns ‚Kinder' nicht besonders toll."

„Warum nicht?"

„Das weiß ich nicht. Sie ist lieber für sich, erledigt ihre Aufgaben, wäscht die Kleidung ihrer Kinder, trifft jeden Tag um drei diesen Mann an der Tür und geht früh ins Bett."

„*Natalia!*" Auf geradezu magische Weise leuchtet ihr Gesicht auf in einem Türrahmen vor dem dunklen Hintergrund eines dunklen Raumes.

„*Natalia*, möchtest du deine Puppe nicht wiederhaben?", frage ich sie.

Sie macht einen vorsichtigen Schritt auf mich zu und ich nehme die Puppe und tue so, als würde sie auf dem Zementboden auf sie zugehen. „*Hola, Natalia. Me llamo Raquel. Me gustaria tener una amiga. Puedes jugar conmigo? (Hallo Natalia. Ich heiße Raquel. Ich möchte so gern eine Freundin haben. Willst du mit mir spielen?)*"

Ihre Augen werden größer und größer und ihr Kopf neigt sich nach links. Dann hüpft sie herbei, um mit ihrer neuen Freundin Raquel zu spielen. Sie hebt die Puppe hoch und trägt sie zu einem netten, warmen Plätzchen auf dem Boden vor dem Haus, hinein in die Strahlen der Andensonne.

„*Hola, Raquel. Vamos a jugar ‚la casa'?* (*Hallo Raquel. Wollen wir ‚Zuhause' spielen?)*" Ein kleines Mädchen, das vermutlich noch nie in etwas gelebt hat, was Sie und ich ein eigenes Heim nennen würden, spielt trotzdem „Zuhause".

„Ich glaube, *Natalia* mag Sie." Ich höre die Stimme einer jungen Frau hinter mir. „Sie mag eigentlich keine Unbekannten, am wenigsten Männer. Wahrscheinlich erinnern sie sie an ihren Vater." Ich drehe mich um und sehe sie an.

„Hallo, ich heiße *Daniela*", sagt sie, „und Sie müssen Dr. *Chi* sein."

„Woher weißt du das?", frage ich.

„In diesem Waisenhaus für Mädchen arbeiten nicht allzu viele Männer, und abgesehen davon: Wie viele Chinesen wird es wohl in *La Paz* geben?"

„Ich vermute, du hast recht", sage ich. „Du wäschst eine Menge Klamotten, wie ich sehe."

„Ich wasche jeden zweiten Tag."

„Jeden zweiten Tag? Warum machst du das nicht einmal pro Woche und sparst dir den ganzen Aufwand?"

„Weil ich nur zwei Garnituren Kleider habe – eine wird getragen und ist bald schmutzig und die andere ist schon schmutzig und muss sauber gemacht werden."

„Oh, ich verstehe", sage ich. „Und warum bist du hier?"

„Warum ich hier bin? Weil ich hier wohne. Warum sollte ich hier sein, wenn ich hier nicht wohnen würde?"

„Ich meine, wie bist du hierhergekommen?"

„Oh." Sie wendet sich ab, weicht meinem Blick aus. „Sie möchten wissen, warum ich ein Straßenkind bin."

„Ja, wenn du es so ausdrücken möchtest."

„Weil mich meine Mutter geschlagen hat", sagt sie mit zusammengepressten Lippen. „Sie hat meine jüngere Schwester und mich jeden Abend verhauen, deshalb sind wir auf und davon. Wir haben lange Zeit als Schwestern auf der Straße gelebt – zwei Jahre lang."

„Und warum seid ihr von der Straße hierhergekommen?"

„Wir hatten sie satt wegen all der Drogen, Schlägereien, Zuhälter, Betrunkenen, der Kälte und dem Hunger."

„Und gefällt es dir hier?"

„Ja", sagt sie, „und nein. Ich möchte nicht, dass *Natalia* und *Maria* in dasselbe Leben hineinwachsen wie ich es habe. Hier gibt es Essen und Betten, ich kann mich also nicht beschweren, aber ich habe nicht das Gefühl, dass ich hier gewollt bin."

„Wie meinst du das, du bist hier nicht gewollt? Das ist doch ein Waisenhaus für Straßenmädchen."

„Ja, schon." Sie nickt und richtet sich auf, die Hände in die Hüften gestemmt. „Ich bin kein junges, süßes Straßenmädchen mehr. Sieh dir nur die Narben in meinem Gesicht an – das sind ‚Orden und Ehrenzeichen', die allen deutlich machen, dass ich eine Veteranin der Straße bin." Sie schweigt einen Moment, um zu sehen, ob ich ihr folgen kann. Dann fährt sie fort: „Die Verwaltung hier mag uns nicht, weil sie uns nicht wie alle anderen behandeln kann. Keiner mag ältere Straßenmädchen. Je mehr Jahre wir auf dem Buckel haben, desto härter wird unser Herz. Aus unschuldigen kleinen Kindern werden so kleine Dreckskerle und Kriminelle." Sie verschränkt die Arme. „Das ist jedenfalls das, was die meisten Leute glauben."

„Hast du jemals ein Verbrechen begangen?", frage ich sie.

„Ein Verbrechen? Nein, eigentlich nicht, ich habe nie irgendwem irgendetwas gestohlen. Das einzige Verbrechen, das ich begangen habe, ist, dass ich keine bessere Mutter bin."

„Wie war es auf der Straße?"

„Ich bin angegriffen worden, geschlagen, beraubt, getreten. Wenigstens wurde ich nicht vergewaltigt – jedenfalls noch nicht – und das habe ich *Pedro* zu verdanken."

„Wer ist *Pedro*?"

„Pedro ist mein *marido*."

Marido, so sagt sie, bedeutet „Liebhaber".

„Liebhaber", sage ich. „Das ist ein seltsames Wort."

„Na du würdest wohl eher sagen, er sei mein Mann, der Vater von *Natalia* und *Maria,* unserem zweiten Mädchen, das erst vor kurzem geboren wurde."

Ich denke, dass die meisten Straßenkinder keine traditionellen Eheschließungszeremonien kennen.

„*Pedro* hat dich also auf der Straße beschützt", sage ich.

„Oh, ja." Sie nickt kräftig. „Er beschützt mich vor den anderen Straßenjungen, den Erwachsenen und den Zuhältern."

„Haben alle Straßenmädchen ‚Liebhaber'?"

„Wenn sie schlau sind, suchen sie sich einen. Ansonsten werden sie von Banden vergewaltigt." Sie wirft mir einen Blick zu, der mir zu verstehen geben soll, wie wichtig diese Tatsache ist. „Ohne einen Liebhaber passiert das früher oder später auf jeden Fall."

„Du liebst also *Pedro*?"

„Oh, ja." Sie geht hinaus, um nach *Natalia* zu sehen, und ich folge ihr. „*Pedro* habe ich kennengelernt, da waren wir noch auf der Straße. Dann haben wir beide in dem Heim gewohnt, in dem ich war, bevor ich hierhergekommen bin. Ich bin eine von den Glücklichen, die ihren Liebhaber, ihren Beschützer, wirklich lieben. Andere Mädchen suchen sich einfach den stärksten Kerl aus und sind dann sein Eigentum. Ich denke aber, es ist besser, sich an nur einen Menschen zu binden als einem Dutzend hinterherzulaufen. Ganz abgesehen davon – was ist Liebe überhaupt? Wir müssen zuallererst an unser Überleben denken."

Ich sehe auf Natalia hinunter, die auf Raquel hinuntersieht, welche in einem imaginären Fluss badet.

„Wo ist *Pedro* jetzt?"

„Der verkauft Kaugummis auf der Straße beim Krankenhaus und nachts schläft er in einem Heim für Jungs."

„Vermisst du ihn?"

„Oh, er besucht mich jeden Tag und bringt mir Geld."

„Wo ist deine Schwester?"

„Sie wohnt in einem anderen Heim für Straßenmädchen, in einem anderen Stadtteil."

„Wie lange möchtest du denn hierbleiben?"

„So lange wie sie mich lassen. Ich erledige meine Aufgaben und versuche mir keinen Ärger einzuhandeln. Dabei hoffe ich, dass *Pedro* irgendwann genug Geld verdienen wird, um uns in der Nähe ein kleines Zimmer mieten zu können."

„Großartig. Vielleicht kann ich euch ja ein bisschen helfen, wenn ihr eure Entscheidung getroffen habt."

„Das wäre wunderbar. Ähm, Dr. *Chi*, könnten Sie noch einen Blick auf *Maria* werfen? Sie hat ganz flüssiges Kacka."

„Oh, du meinst, sie hat Durchfall."

„Ja, Durchfall."

Wir betreten einen schummerig beleuchteten Raum im ersten Stock. Poster von lateinamerikanischen Popsängern mit gegelten Haaren zieren die Wände. In einer Ecke des Zimmers liegt ein kleines Bündel aus zusammengewickelten Tüchern. Ich wickle den Ballen vorsichtig auf und zum Vorschein kommt ein winziges Baby. Es winselt leise. Dunkle, graublaue Schatten rahmen seine Augen ein.

„Wann hat sie das letzte Mal die Brust bekommen?"

„Sie hat schon seit einem Tag nicht mehr geschrien, vielleicht auch länger."

„Hatte sie Fieber?"

„Kann sein, jedenfalls war sie warm und hat geschwitzt."

„Warm und verschwitzt?"

„Ja, wir haben kein Fieberthermometer."

Ich untersuche *Maria* gründlich, und dann sage ich *Daniela*, dass ihre kleine Tochter unter Gastroenteritis und einer leichten Dehydrierung leidet.

„Was ist das?", fragt sie mich.

„Das bedeutet, dass sie wegen des Durchfalls zu viel Flüssigkeit verloren hat."

„Ist das schlimm?"

„Es könnte schlimm werden, wenn wir sie nicht behandeln."

„Was werden Sie mit ihr tun?"

„Ich werde sie ins Krankenhaus bringen und ein paar Untersuchungen machen."

„Nein", sagt sie mit Nachdruck. „Ich möchte nicht, dass sie ins Krankenhaus kommt."

„Aber hier kann ich mich wirklich nicht richtig um sie kümmern." Es ist mir unverständlich, dass *Daniela* nicht das Beste für ihr Baby möchte.

„Ich mag Krankenhäuser nicht", sagt sie. „Weil sie uns nicht mögen."

„Was? Wer ist ‚uns'?"

„Sie wissen schon." Sie neigt ihren Kopf und schaut grimmig. „*Uns*. Sie schmeißen uns normalerweise einfach wieder hinaus."

„Nun, ich komme ja mit", versichere ich ihr. „Das wird kein Problem sein."

An ihrem Gesichtsausdruck kann ich erkennen, dass sie mir kein Wort glaubt.

„Hör zu, wahrscheinlich wird alles gut werden, sie könnte aber auch sterben, wenn ich sie nicht ins Krankenhaus bringe. Ich kann nicht ausschließen, dass sie noch eine weitere Infektion hat – das kann man nur im Krankenhaus feststellen."

„Dr. *Chi*", fleht sie, „sie könnten mir mein Baby wegnehmen und nie mehr zurückgeben, weil … weil ich ein Straßenmädchen bin. Gibt es denn gar keine andere Möglichkeit, ihr zu helfen?" *Daniela* presst ihre Arme fest gegen ihre Brust. „Ich bleibe, wenn es sein muss, die ganze Nacht wach und beobachte sie, ob sie noch atmet."

Wenn ich jetzt in Boston wäre – aber das bin ich nicht. Ich bin in Bolivien, habe kein Labor, keine Scanner. Hier habe ich nur mich selbst und meine Anglerkiste mit Medikamenten. Ohne Krankenhauslabor kann ich keine Blutuntersuchung machen und damit nicht herausfinden, ob sie Bakteriämie hat, ich kann ihren Urin nicht auf Anzeichen einer Blasenentzündung untersuchen, ich kann keine Lumbalpunktion durchführen, um sie auf Meningitis zu testen, und ich kann ihre Brust nicht röntgen, um einer möglichen Lungenentzündung auf die Spur zu kommen.

„Bitte, Dr. *Chi*." *Daniela* legt das Baby *Maria* in meine Arme. Schweren Herzens messe ich *Marias* Rektaltemperatur: 39°C – zu hoch. Ich gehe in die Apotheke und gebe mein monatliches Essensgeld für Medikamente aus. Nun wird mir wohl nichts anderes übrig bleiben, als mich selbst in den Waisenhäusern zum Mittag- und Abendessen einzuladen. Zurück im *Yassela*, lässt mich *Daniela* keinen Infusionsschlauch legen, also gebe ich ihr genaue Anweisungen, wie sie ihr jede Stunde einen Liter Rehydrationsmedizin einflößen muss. Außerdem bereite ich sie darauf vor, dass ich Maria zwei Wochen lang täglich ein Antibiotikum spritzen werde. Daniela hört bei all dem sehr aufmerksam zu.

„Morgen komme ich wieder. Lass es mich wissen, wenn du jemanden brauchst, der nach *Maria* schaut, während du arbeitest. Ich habe eine Freundin, *Laura* heißt sie, die sich gern um Kinder kümmert. Mach dir keine Sorgen, sie wird dir dein Baby nicht wegnehmen."

„Warum hat sie kein eigenes Baby?", fragt *Daniela*.

„Weil sie nicht verheiratet ist."

Sie lacht hart und tief.

„*Chi*. Babys werden nicht beim Heiraten gemacht.“

„Na ja, sie findet es eben nicht gut, Kinder zu haben, bevor man verheiratet ist.“

„Oh. Das ist seltsam. Warum heiratet sie dann nicht einfach?“

„Sie findet nicht den richtigen Mann.“

„Warum denn nicht? Sieht sie nicht gut aus? Kann sie nicht kochen?“

„Nein.“

„Hmmm. Was ist denn dann nicht richtig bei ihr?“

„Nichts, alles ist richtig bei ihr. Ich habe sie in der Gemeinde kennengelernt und sie hat sich für meine Arbeit auf der Straße und mit euch interessiert. Sie ist eine nette Frau, die wirklich helfen möchte. Soweit, dass sie *Maria* sogar adoptieren würde, wenn es nötig wäre, aber sie wird dir auch auf jede andere erdenkliche Weise helfen. Wir alle halten es für außerordentlich wichtig, dass eine Mutter und ihr Kind zusammenbleiben.“

„Okay, ich denke darüber nach.“

„Denke daran, mich anzurufen, wenn *Maria* nicht trinkt.“

„Okay, Dr. *Chi*.“

* * *

Der nächste Tag. Als ich ins *Yassela* komme, sehe ich Daniela, die im zweiten Stock wieder ihre Wäsche wäscht, dieses Mal mit *Maria* auf den Rücken gebunden.

„Wie geht es *Maria*?“

„Gut, Dr. *Chi*. Ich habe ihr den magischen Saft so gegeben, wie Sie es mir gesagt haben, jede Stunde, und sie ist wieder ganz die Alte.“

„Wie ist sie denn, wenn sie wieder normal ist?“

Daniela wringt die Babykleidung aus und nimmt Maria von ihrem Rücken. Sie hält *Maria* vor mich hin. „Sie lächelt, siehst du, sie lächelt wieder. Und jetzt schaut sie sich um. Sie erkennt ihre Mama.“

„Das ist großartig, *Daniela*. Ich bin stolz auf dich.“

„Danke.“ Sie strahlt mich an.

„Okay, ich muss ihr eine Spritze geben.“

„Eine Spritze? Wozu braucht sie eine Spritze? Der Saft hat sie doch schon gesund gemacht.“

„Du weißt nicht, ob das nur der Saft gewesen ist."

„Natürlich weiß ich das." *Daniela* drückt sich *Maria* an die Brust. „Ich habe ihr den Saft gegeben und ich konnte zusehen, wie sich ihr Zustand gebessert hat. Schließlich habe ich die ganze Nacht neben ihr gesessen. Es war eindeutig der Saft."

„Es war sicher zum Teil der Saft. Aber es war vielleicht auch die Spritze."

„Keine Spritze", sagt *Daniela* mit Nachdruck.

„Daniela", sage ich und versuche ihrer eindeutigen Aussage mit dem ganzen Ernst eines Arztes zu begegnen. Ich spreche die Silben sehr eindrücklich aus: „Ich muss ihr eine Spritze geben, damit sie nicht möglicherweise noch kränker wird. Lass mich ihr die Spritze geben."

„In Ordnung."

* * *

Ich gebe *Maria* vierzehn Tage lang jeden Morgen eine Spritze. *„Daniela*, jetzt müssen wir nicht mehr spritzen."

„Gut. Mein armes, kleines Baby ist ja auch kein Nadelkissen."

„Nun, jetzt ist sie wieder ganz normal."

„Ja. Haben Sie vielen Dank."

„Nein, eigentlich hast du ihr das Leben gerettet."

„Vielleicht … mit Ihrer Hilfe."

„Daniela, ich fahre ein paar Tage weg."

„Gut", sagt sie. „Sie haben Urlaub nötig."

„Warum habe ich Urlaub nötig?"

„Weil Sie zu viel arbeiten", sagt sie.

„Ich arbeite zu viel? Hmmm. Ihr seid es, die zu viel arbeiten." Sie antwortet nichts. „Ich fahre nach *Peru*, nach *Machu Picchu*", sage ich.

„Sie fahren also mit dem Bus? Auf der Straße gibt es Banditen, die die Busse anhalten und die Passagiere ausrauben."

„Ehrlich gesagt, ich fliege. Das Ticket kostet nur hundert Dollar."

Danielas Augen weiten sich vor Erstaunen. *„Einhundert Dollar?* Wow, sind Sie reich!"

„Nun ja, wir sehen uns in einer Woche, okay?"

„Okay", sagt *Daniela*. „Passen Sie gut auf sich auf."

„Das werde ich. Und du pass gut auf deine Kinder auf."

Ich sitze im Flugzeug nach Peru. Eine Woche werde ich weg sein. Schon immer habe ich davon geträumt, nach Machu Picchu zu wandern, das man zu den „Neuen Sieben Weltwundern" rechnet. Und weil ich mir das leisten kann, denke ich, dass ich tatsächlich reich bin. Aber spielt Geld wirklich so eine entscheidende Rolle?

Ich denke doch. In den Straßen von La Paz habe ich beides verloren – meine liberalen Überzeugungen wie auch meinen Kinderglauben, dass Gott schon alles in Ordnung bringen wird. Kinder sterben auf meinen Straßen, Babys schlafen jeden Abend hungrig ein. Kümmert sich Gott um unsere Bedürfnisse? Ja. Aber wir Menschen sind auch gefragt, wir sollten mit den uns zur Verfügung stehenden Mitteln helfen – auch mit Geld.

Mir dürfte dieser Urlaub auch sehr helfen. In letzter Zeit wurde ich immer häufiger ärgerlich mit den Kindern, verlor die Geduld. Anscheinend bin ich ziemlich ausgebrannt, verbraucht, und zum Beten nehme ich mir auch kaum noch Zeit. Zu viele Hundert-Stunden-Wochen in den Waisenhäusern, auf der Straße, zu viele Berichte für die *Park Street Church*, zu viele Bibelstunden in der Gemeinde. Langsam verstehe ich, warum manche Ärzte ihre Patienten etwas gröber anfassen. Nach über achtzig Stunden im Krankenhaus wird der, den man behandelt, irgendwie zum Feind.

Vier Monate bin ich nun hier in Bolivien und vier Monate habe ich noch vor mir. Ich muss da einfach mal raus, um seelisch und geistlich aufzutanken. Andrerseits weiß ich: Zwischen Selbsterhaltung und Sich-gehen-lassen verläuft nur ein schmaler Grat.

18. ICH HABE ES JA AUCH NICHT EILIG

1°C, 2:00 Uhr, 23. November 1997
El Hueco

Ein Graffiti auf der Mauer lautet:
    Drogen und Alkohol bringen mich langsam um – oh, S... – ich hab's aber auch nicht eilig.

Die Verfasser unterschreiben diese Verse tagtäglich mit ihren Körpern. Fünfzehn kleine Kinder und Teenager schlafen – zu einem Knäuel aneinandergedrängt – unter diesem Schriftzug. Eine große blaue Plastikplane ist ihre Bettdecke, als Matratze haben sie sich Wellpappe ausgesucht. Ich leuchte mit meiner Taschenlampe an die Decke des Raumes und der goldenretrieverartige Straßenköter der Kinder – kahl, räudig und ausgemergelt – hebt seinen knochigen Körper und knurrt. Ich gehe zu einem Jungen, um ihn zu wecken, und der Hund bellt. Der Junge murmelt etwas, lugt unter der blauen Plane hervor, springt auf und rüttelt die anderen Kinder.

„Wacht auf! Wacht auf! *Chi* ist hier."

Kreuz und quer durcheinander rufen die Kinder nun meinen Namen und zählen ihre Leiden auf. Drei Grüppchen von Straßenkindern schlafen hier heute Nacht. Ich beginne mit meinen Untersuchungen bei der Truppe auf der rechten Seite der Mauernische.

Alejandro geht umher und redet mit den Kindern, findet heraus, welche gesundheitlichen Probleme sie haben, während ich sie behandle. Nachdem ich eine Beinwunde, das Resultat einer Schlägerei, gereinigt und verbunden habe, tippt er mir auf die Schulter.

„Da möchte jemand mit Ihnen reden", sagt er und führt mich zu einem zerzausten Mädchen. Sie hat die Augen und Schultern eines Kindes, aber die Sorgenfalten einer Dreißigjährigen. Es dauert ein paar Sekunden, bis ihr Blick eine Barriere in meinem Kopf überwunden hat

– das Mädchen ist *Daniela*. Mein Trotz hat mich davon abgehalten, sie wiederzuerkennen.

Ich lächele für sie. „Wie läuft es denn so, *Daniela*? Wir haben uns schon eine Weile nicht gesehen."

„Oh, es läuft gut", sagt sie.

„Ich habe gehört, du lebst wieder auf der Straße."

„Jau."

„Wie kommt es? Warum hast du das *Yassela*-Heim verlassen?"

„Sie haben mich hinausgeworfen. Ich bin an einem Samstagabend nicht rechtzeitig zurückgekommen von der Geburtstagsfeier meiner Tante. Doch weil diese Feier für uns beide sehr wichtig war, hatte ich keine andere Wahl. Etwas nach ein Uhr hab ich mich verabschiedet und bin gelaufen und gelaufen und gegen halb drei zurückgekehrt zum *Yassela*, doch die Tür war abgeschlossen. Señora *Lola* hat auch nicht wieder aufgemacht für mich. Wirklich, ich wollte nicht weg aus dem *Yassela*, doch sie haben mich nicht einmal zum Wäschewaschen wieder hineingelassen."

Danielas Blick schweift ab, zur Mauer, zum Graffiti: „*Drogen und Alkohol machen mich langsam fertig* …" Ihr verfilztes Haar sieht aus wie das Fell eines Cockerspaniels, der ein Jahr im Wald gelebt hat. *Drogen und Alkohol machen mich langsam fertig* … Diese Worte scheinen sie zu hypnotisieren, es ist, als würde ihre Seele von den Buchstaben aufgesaugt.

„*Daniela*." Ich versuche Augen zu fixieren, die einfach nicht greifbar sind.

„*Daniela*, was hast du gemacht?"

„Ich laufe einfach und laufe und laufe."

„Wohin bist du unterwegs, *Daniela*?"

„Ich möchte einfach nur laufen, den ganzen Tag, ich laufe überallhin."

Danielas Augen bewegen sich nicht; sie blinzeln nicht, sie zwinkern nicht. Sie versuchen, das drinnen zu halten, was ihr ganzer Körper trotz seines lächerlichen Gewichts herausschreien möchte, ihr Körper, der tot ist, der eher einem Haufen Materie gleicht als einem aufrechten Menschen. Straßenkinder weinen nicht. Das gilt wirklich für alle – für Jungen und Mädchen, für jüngere und ältere. In meinen bisherigen vier Monaten auf der Straße habe ich nicht ein einziges Kind weinen gesehen. Doch jetzt quillt, wie ein einmaliges Ereignis, eine Träne aus

Danielas unbewegtem Auge; sie wird größer und wischt einen Pfad über ihr schmutziges Gesicht.

„Ich konnte die ganze Zeit nur an eins denken …", wimmert sie.

Der Andenwind lässt ihre Fleecejacke flattern wie einen Umhang. Ihre Tränensäcke sehen aus, als könnten sie platzen.

„Was ist los, *Daniela*?"

Sie sieht sich um, entfernt sich ein paar Schritte von den anderen, ich folge ihr und flüstere ihr zu: „Was ist los, *Daniela*?"

„*Maria* ist tot", sagt sie.

Maria. Wer ist *Maria*? Sekunden lang zermartere ich mir das Hirn, um diesen Namen mit einem Gesicht zu verbinden. Ich habe mit zweihundertundfünfzig Kindern zu tun. Welches von ihnen ist *Maria*? Ist es ein Mädchen aus dem Waisenhaus? Dann fällt der Groschen bei mir – *Maria* ist *Natalias* kleine Schwester, *Danielas* jüngere Tochter, fünf Monate alt. Aber sie sah doch noch so gesund aus, als ich ging, wie konnte sie innerhalb von zwei Wochen sterben? Wegen der Kälte auf der Straße?

„Wie ist sie gestorben?", frage ich.

„*Maria* bekam eine Lungenentzündung, während ich noch im *Yassela* war. Doch dann haben sie mich hinausgeworfen und sie hat sich an der Milch verschluckt", murmelt *Daniela*, „und dann wurde die Infektion in ihrer Lunge noch schlimmer."

„Immer langsam, fang von vorne an."

„Ein paar Tage, nachdem du in den Urlaub gefahren bist, hat *Maria* angefangen, sehr schnell zu atmen. Ihr Brustkorb ist rauf- und runtergegangen. Manchmal hat es sich angefühlt, als bekäme sie gar keine Luft. Als ich eines Abends im Bett gelegen und sie gestillt habe, schoss plötzlich ein Strahl Milch aus ihrem Mund und über ihren ganzen Körper. Ich hätte nie gedacht, dass sie so weit spucken könnte. Danach war sie nicht mehr dieselbe. *Chi*, ich wollte, Sie wären da gewesen, Sie hätten ihr helfen können."

Ich könnte verzweifeln darüber, dass ich nach Machu Picchu geflogen bin. „Und was ist dann passiert?", frage ich.

„Nun, dann ist mir eingefallen, dass Sie *Maria* ins Krankenhaus bringen wollten, als sie das letzte Mal so krank war. Nun, dieses Mal sah es noch schlimmer aus, und deshalb wusste ich, dass wir einen Arzt brauchten, obwohl ich das alles hasse."

„Was hasst du?"

„Das Krankenhaus. Trotzdem habe ich *Maria* dorthin gebracht und sie haben mir gesagt, dass ich mir eine Medizin besorgen soll, die ihre Lungenentzündung wegmacht. Natürlich hatte ich dafür kein Geld."

„Bist du zum *Yassela* gegangen?"

„Ja und Señora *Lola* hat mich angeschrien und mir ein schlechtes Gewissen gemacht. Doch ich habe in ihrer Nähe nicht geweint, nie werde ich vor ihr weinen. Sie hat mich eine schlechte Mutter genannt und trotzdem Geld gegeben, damit ich die Medizin kaufen konnte, die *Maria* gebraucht hat. Die Ärzte haben ihr diese Arznei dann eingeflößt und es ist ihr wirklich besser gegangen. Jeden Tag habe ich sie besucht."

„Und was ist dann passiert?"

„Dann bin ich aus dem *Yassela* hinausgeworfen worden, weil ich an dem Samstag erst um halb drei dort gewesen bin. Señora *Lola* hat keine Ausnahme gemacht."

„Wo bist du dann hingegangen?"

„Wo hätte ich hingehen sollen? Ich bin zurück auf die Straße, da lebe ich und schlafe ich."

„Hast du *Maria* weiter besucht?"

„Ja. Und dann ist sie gestorben. Sie ist einfach gestorben."

„Wann ist sie gestorben?"

„Sonntagmorgen um zwei Uhr."

„Vor zwei Tagen also. Wo ist das Baby jetzt?"

„Sie ist immer noch im Krankenhaus."

Wie kann ein Baby innerhalb von zwei Wochen in einem Krankenhaus sterben? „Warum hast du ihren Leichnam nicht geholt?"

„Sie geben mir mein Baby nicht, solange die Rechnungen nicht bezahlt sind."

„Und wo ist dein Baby nun?"

„Ich vermute, in irgendeiner dunklen Kammer ganz allein. Sie haben mir nicht mal erlaubt, sie noch einmal zu sehen."

„Warst du denn nochmal im *Yassela*, um Geld von Señora Lola zu bekommen?" Zwischen Señora *Lola* und *Daniela* hatte es immer schon geknistert. Vielleicht meinte Señora *Lola*, dass sich *Daniela* noch nicht richtig „rehabilitiert" habe. Aber kein Mensch erholt sich vollkommen von einem Kindheitstrauma. Selbst am letzten Tag des Lebens können einem diese Wunden immer noch wehtun. Vielleicht hatte Señora *Lola* eine Abneigung gegen *Daniela*, weil diese junge Frau Autoritäten gegenüber einen starken Willen entwickeln konnte – eine Tugend, die es ihr immerhin ermöglichte, zwei Kinder auf der Straße zu versorgen, obwohl sie selbst noch heranwuchs.

„Ich klingelte an der Tür, aber Señora *Lola* sagte mir, dass ich verschwinden soll. Meine Mutter hat auch kein Geld übrig. Kannst du mir helfen? Ich weiß nicht, an wen ich mich sonst noch wenden könnte."

„Ich kann dir helfen. Wir treffen uns morgen früh um halb neun am Krankenhaus. Aber jetzt solltest du dich schlafen legen. Es ist schon Viertel nach drei."

„In Ordnung", sagt sie.

„Okay, denk daran, halb neun. Komm nicht zu spät."

„*Chi*", sagt sie, „da ist noch etwas."

„Wo ist *Natalia*?", frage ich sie.

„Sie ist bei meinen Eltern."

„Was möchtest du mir noch sagen?"

Daniela sieht wieder auf die Worte. *Drogen und Alkohol bringen mich langsam um* ... „Nichts", sagt sie. „Nichts." *Ich habe es ja auch nicht eilig*, sagen ihre Augen.

19. EINE ART ZU LEBEN

4:00 Uhr, 24. November 1997
Obrajes Distrikt, Kirchenbaustelle

Sie sind jetzt tot. *Maria* und meine Schwester. Was haben sie in ihren kurzen Leben getan, dass sie so grausam bestraft wurden? Wenn hier irgendjemand sterben sollte, bin ich das. Ich habe Menschen schon oft übel mitgespielt, voller Gier und Wut, Lust und Versuchung, Selbstsucht und materieller Sehnsüchte. Und trotzdem sind diese beiden Mädchen gestorben. Wie konnte Gott das zulassen?

Gerade habe ich mit *Daniela* gesprochen. Nun bin ich wieder in der halbfertigen Kirche, in der ich schlafe. Ich wasche mir die Exkremente von den Schuhen, etwas, was ich jede Nacht tue. Dann dusche ich unter einem Gartenschlauch, stelle meinen Wecker auf halb sieben und lege mich ins Bett. Bald schließe ich meine Augen und ich sehe Dinge. Muss das unbedingt ich sein, der *Maria* begräbt? Irgendjemand anders soll zum Krankenhaus gehen und ihren Leichnam holen.

Schlaf endlich, *Chi*! Es ist nicht Weihnachten.

Ich möchte kein totes Baby sehen. Ich möchte kein totes Baby holen und würde alles tun, um nicht in diese Totenkammer gehen zu müssen. Doch ich bin *Marias* einzige Hoffnung, sie soll eine ordentliche Beerdigung bekommen. Wenn sie in der Leichenhalle liegen bleibt, dann werden sie sie einfach entsorgen und zusammen mit medizinischen Abfällen verbrennen.

Das letzte Kapitel in *Marias* kurzem Leben ist nun abgeschlossen. Der wahrscheinlich längere Epilog der Geschichte wird sich darum drehen, wie *Daniela* den Rest ihres Lebens verbringt und wie sie *Natalia* aufzieht. Sie muss nach vorne schauen und eine bessere Mutter werden, aber sie kann mit dem Epilog nicht beginnen, solange sie *Maria* nicht ordentlich begraben und betrauert hat. Auch ich konnte mein neues Leben nicht beginnen, ohne meine Schwester begraben, ohne

176

den Verlust ihres Lebens betrauert und ohne Heilung erfahren zu haben. *Maria* hat eine respektvolle Beerdigung verdient. Ein solcher Akt würde gleichzeitig *Daniela* vor Augen führen, dass auch Kinder von Straßenkindern hilfsbedürftige Wesen sind. Diese Botschaft werde ich jedem verkünden, der sie hören will.

Bevor ich nach La Paz gekommen bin, habe ich sechs Monate lang in Boston *Hermeneutik* studiert. Hermeneutik ist die theologische Untersuchung und Analyse eines biblischen Textes. Während ich da hinter den sicheren Mauern der Universität saß, wo ich nie gefroren habe, nie hungern musste, nie in irgendeiner Gefahr war, habe ich mich verpflichtet, ein gottgefälligeres Leben zu führen. Ich war bereit, die Opfer einzugehen und die Härten zu erdulden, die damit verbunden sind, ein solches Leben in aller Demut zu leben.

Und jetzt liege ich hier im Dunkeln, in einer kalten, unfertigen Kirche, nur einen oder zwei Schritte von den Straßen von La Paz entfernt, man hat mich gebeten, ein Baby zu begraben, und diese einfache Bitte sorgt dafür, dass ich Angst habe einzuschlafen, nein, zu träumen.

* * *

Die Jungen des *Bururu* kneten, in Schürzen gekleidet, Brotteig in großen silbernen Schüsseln. „Warum bist du schon um sieben Uhr morgens hier?", fragt *Jorge*.

„Ich …" Ich zögere. „Ich muss mit *Alejandro* ein paar Dinge erledigen."

* * *

In jeder zweiten Querstraße laufen *Alejandro* und ich an Sarggeschäften vorbei. Der Markt für Särge ist riesig, weil die Sterblichkeitsrate in Bolivien außergewöhnlich hoch ist. Die Kindersterblichkeit liegt bei 90 auf 1000 Geburten, also fast eins von zehn. In den Vereinigten Staaten sterben etwa 7 Kinder auf 1000 Geburten, das sind weniger als ein Prozent. In einem Slumvorort wie El Alto steigt diese Rate auf 200 von 1000 und bei den Menschen auf der Straße sterben die Babys in einem Verhältnis von 300 bis 500 auf 1000 Geburten – also fast die Hälfte! Das ist jedenfalls meine Erfahrung. In Bolivien ist der Tod eine Art zu leben.

Alejandro und ich gehen schweigend durch die Straßen der Stadt. Ich greife in meine Taschen, um sicherzustellen, dass ich mein Wocheneinkommen bei mir habe: fünfhundert Bolivianos oder ungefähr hundert Dollar. Nie habe ich genug Geld, um mich um meine Kinder zu kümmern, deshalb ärgere ich mich über mich selbst, wenn ich mir einen Café au Lait für zwei Dollar kaufe. Wie viele Mahlzeiten für die Straßenkinder hätte ich damit kaufen können?

Alejandro und ich betreten ein Sarggeschäft. Ein Dutzend dieser Holzkisten steht an den Wänden des gut achtzig Quadratmeter großen Raumes aufgereiht. Es gibt dunkelbraune Mahagoniesärge, silbergraue Metallsärge, weiße Holzsärge und Särge, die erst noch fertiggestellt werden müssen.

„Die *Señora*, die die Babysärge verkauft, ist Christin", sagt *Alejandro*. „Sie wird uns sicher einen guten Preis machen." Ich nicke zustimmend. Wenn ich beim Sarg ein paar Dollar sparen kann, kann ich mehr Essen und Medizin kaufen. „Hallo?", ruft *Alejandro* laut.

Eine kleine, ältere Frau in einem goldfarbenen Kostüm kommt aus dem Hinterzimmer gewatschelt. Falten der Weisheit durchziehen ihr Gesicht und ihr tiefschwarz gefärbtes Haar ist zu einem ordentlichen Knoten zusammengesteckt. Sie trägt schwarze Schuhe, die ihr eine Nummer zu klein sind, sodass die Fersen überstehen.

„*Buenos días*", sagt sie.

„*Buenos días*", erwidert *Alejandro*. „Wir müssen einen Sarg für ein fünf Monate altes Baby kaufen. Es ist ungefähr so groß." *Alejandro* hält seine Hände rund fünfzig Zentimeter auseinander. „Wir haben nicht viel Geld."

Die alte Frau schielt uns an. Warum kaufen zwei junge Männer kurz nach sieben Uhr morgens einen Babysarg? Sie geht in ihrem Laden umher. Dann fördert sie einen ein Meter dreißig langen Hartholzsarg zu Tage und bringt ihn zu uns.

„Der ist zu groß, Madam", sage ich, „und vermutlich auch zu teuer." Sie schlurft ins Hinterzimmer. Nachdem wir fünf Minuten schweigend gewartet haben, erscheint die Dame mit einer kleinen, sechseckigen Holzkiste, weiß und voller bunter Farbkleckse. Zwei silberne Stoffblumen verzieren den Deckel. Ich drehe den Kasten um und klopfe mit den Knöcheln dagegen. Das Holz ist dünn, aber solide.

„Wie viel?", frage ich.

„Zweihundert Bolivianos", sagt die alte Frau.

Ich werfe *Alejandro* einen Blick zu.

„Madam", sagt er, „der Sarg ist für ein Straßenbaby. Wir arbeiten nachts auf der Straße und versuchen Kindern zu helfen und ihnen einen Platz in unseren beiden Waisenhäusern hier in der Nähe zu vermitteln. Dieses Baby ist vor zwei Tagen gestorben und wir müssen es aus der Leichenhalle holen."

Sie sieht uns mit wässrigen Augen an. Ihre Schultern hängen herab und sie starrt auf ihre Füße, die aus ihren Schuhen gucken. Dann watschelt sie wieder ins Hinterzimmer und kommt mit einem cremefarbenen Kleidchen wieder, auf dessen Brust zwei kleine Engelsflügel befestigt sind. Papierblumen dekorieren das Röckchen und der Saum ist gekräuselt.

„Euer Baby braucht ein Leichenkleid. Ich verkaufe euch den Sarg und das Kleidchen für hundertfünfzig Bolivianos."

„Vielen Dank, Sie sind sehr freundlich." Wir gehen nach draußen und winken ein Taxi heran. Der Fahrer steigt aus und bemerkt den Sarg. „Ich fahre keine Leichen."

„Wir haben auch noch keine."

* * *

Es ist halb zehn. *Alejandro* und ich sitzen im Wartezimmer der Klinik im ersten Stock. *Daniela* ist nun schon eine Stunde überfällig. Ich fürchte, sie kommt gar nicht mehr. War ihre ganze Verzweiflung nur gespielt? Wie kann sie nur so verantwortungslos sein, noch nicht einmal ihr eigenes Kind zu beerdigen? Weitere zehn Minuten vergehen und ich schaue mittlerweile alle dreißig Sekunden auf die Uhr.

Habe ich nicht alle meine Erwartungen an die Menschen, die mich hier umgeben, auf ein Minimum herabgeschraubt? Und dennoch – wie der Held einer Kafka-Geschichte warte ich anscheinend immer noch auf Unmögliches.

Und dann kommt *Daniela* doch noch durch die Tür gestürzt, außer Atem und in derselben Kleidung wie heute Nacht. Schweißtropfen überziehen ihre gebräunte Stirn. „Es tut mir so leid, dass ich so spät bin. Bitte seid nicht böse auf mich. Ich bin aufgewacht und sofort losgelaufen."

„Es ist schon in Ordnung, du hast es wenigstens versucht. Okay, *Alejandro* kümmert sich um den Papierkram und du und ich, wir gehen zum Arzt, damit er die Erlaubnis unterschreibt, *Maria* aus der Leichenhalle freizugeben."

Daniela tritt einen Schritt zurück und senkt ihre Augen.

„Was ist los, *Daniela*?"

Sie antwortet nicht.

„Möchtest du, dass ich allein mit dem Arzt rede?"

„Ja, wenn das möglich ist."

* * *

Im zweiten Stock studiere ich *Marias* Krankenakte. Ihre Elektrolyt-(Sodium-)Werte sind in den letzten Tagen ihres Lebens in den Himmel geschossen. Hat sie nichts getrunken? Gegessen? Hat sie keine Flüssigkeit bekommen?

Ich wende mich an eine Krankenschwester. „Hallo, kann ich bitte Dr. *Rico Velázquez* sprechen?"

Die Schwester betrachtet mich mit leichtem Argwohn. „Entschuldigung, aber wer sind Sie?"

„Ich heiße *Chi* und ich arbeite mit einigen der Kinder auf dieser Station. Ich würde gern Dr. *Velázquez* sprechen."

„Okay, ich werden ihn anpiepen."

Ein junger Arzt mit einer randlosen Brille und zurückgegeltem Haar betritt den Raum.

„Hallo, kann ich Ihnen helfen?", fragt er.

„Ja, ich würde gern wissen, woran *Maria Moreno* gestorben ist."

„Und wer sind Sie?"

„Spielt das eine Rolle?"

„Ja."

„Ich bin ein Medizinstudent aus den Vereinigten Staaten, der sich um *Maria* gekümmert hat."

„*Maria* ist an Dehydrierung und Lungenentzündung gestorben."

„Wie kann ein Baby in einem Krankenhaus an Dehydrierung sterben?"

„Das Kind wurde zwei Tage lang nicht ernährt."

„Wie meinen Sie das, es wurde nicht ernährt?"

„Ich vermute, in den USA ist das anders, aber in diesem Krankenhaus können wir es uns nicht leisten, unsere Patienten selbst zu versorgen. Es liegt in der Verantwortung der Mutter oder der entsprechenden Sozialarbeiter, die Kinder zu ernähren und ihnen Medikamente zu kaufen. Die Mutter war nie hier, um die intravenösen Flüssigkeiten zu kaufen, die nötig gewesen wären, um ihr Kind zu versorgen."

„Und da haben Sie es einfach sterben lassen."

„Hören Sie zu, wir haben versucht, *Daniela* in ein Entzugsprogramm für Alkoholiker zu vermitteln. Sie ist bei keinem der Treffen aufgetaucht und hat sich auch nicht um ihr Baby gekümmert. Ein paar Tage lang hat eine andere Aymaramutter dieses Kind aus Mitleid gestillt. Aber als die Frau ihr eigenes Kind mit nach Hause genommen hatte, blieb *Maria* immer noch hier und *Daniela* ist nie aufgetaucht. Sie hat ihr Baby sterben lassen, nicht wir."

„Ich wusste nicht, dass *Daniela* Alkoholprobleme hat. Aber abgesehen davon sind Sie Arzt und das hier ist ein Krankenhaus. Sie haben in einem Krankenhaus ein Kind sterben lassen."

„*Maria* war ein Straßenbaby. Wenn sie groß geworden wäre, wäre sie sowieso kriminell geworden."

„Aha, das ist also Ihr Weg, für Gerechtigkeit zu sorgen: *Vernichtet die Obdachlosen!* Was würden Sie sagen, wenn Sie jemand einfach sterben lassen würde?"

„Ich muss mir das hier nicht anhören." Der Arzt wendet sich zum Gehen.

Ich folge ihm. „Wenn ich jemals höre, dass bei Ihnen so etwas wieder vorkommt, werde ich alles in meiner Macht Stehende tun, damit Sie nie wieder in Bolivien praktizieren können."

Ich bleibe stehen, er geht weiter. „Abgesehen davon hätten Sie besser Leichenbeschauer werden sollen als Arzt."

Mit hochrotem Kopf gebe ich der Schwester hundert Bolivianos für die Medikamente und die Infusionen, die *Maria* gebraucht hat. Dann gehe ich die Treppe hinunter, um *Daniela* zu treffen. Was soll ich ihr sagen? Sie trägt Mitschuld am Tod von *Maria*. Soll ich sie mit ihrem Versagen als Mutter konfrontieren? Sie weiß es bereits, denn jedes Straßenkind kennt den Unterschied zwischen richtig und falsch, liebt seine eigenen Kinder und seine Straßenfamilie. Warum sonst sollte *Daniela* tagelang herumgelaufen sein, gefühllos und selbstzerstörerisch? Die *Lo-*

las dieser Welt sorgen schon dafür, dass sich ihr Versagen als Mutter tief in ihre Seele eingräbt.

Ich bin *Danielas* Anwalt, denn abgesehen von *Pedro* steht sonst keiner zu ihr. Straßenkindern gegenüber muss man zuweilen den Stärkeren herauskehren, zuweilen aber auch freundlich und sanft sein. Jetzt ist die Zeit, in der man sich kümmern muss. *Daniela* weiß besser als jeder andere, was sie falsch gemacht hat; sie hat als Folge davon ihre Tochter verloren. Was sie jetzt braucht, das sind praktische Werkzeuge, die verhindern, dass so eine Tragödie noch einmal passiert. Hoffentlich kann ich ihr dabei helfen, ein neues Leben zu finden.

Während *Daniela* und ich schweigend in der Lobby des Krankenhauses stehen, tue ich so, als wüsste ich nichts über ihre Rolle beim Tod ihrer Tochter. *Daniela* sagt kein Wort und untersucht sehr lange eine Narbe auf ihrer Hand.

Wir bekommen noch mehr Stempel, bezahlen noch mehr Gebühren.

Schließlich fordert der Sozialarbeiter im Keller die Leichenhallengebühr: einhundert Bolivianos. Ich greife in meine Tasche: Nichts. Alles, was wir brauchen, sind lausige zwanzig Kröten, und wir haben sie nicht.

* * *

Ich klingle an der Tür einer Obergeschosswohnung, die an *La Iglesia de Dios* angebaut ist. *Laura* öffnet die Tür und sagt, ohne irgendeine Frage zu stellen: „Ich habe nicht viel, aber was ich habe, kannst du haben." Sie betrachtet mein Gesicht. „Es war *Maria*, nicht wahr?"

„Ja", sage ich.

„Woran ist sie gestorben?", fragt sie.

„*Daniela* hat sie im Krankenhaus verhungern lassen, die Ärzte auch. Der Vater war nicht da; die Gesellschaft und die Regierung haben sie auf der Straße wohnen lassen; das Waisenhaus hat sie hinausgeworfen und ich war im Urlaub. Es waren eine Menge Menschen nötig, um *Maria* umzubringen."

Wir sehen zum *Illimani* hinüber und lassen es zu, dass ein langes Schweigen alle Worte ersetzt. Ich möchte zu den Bergen hinausschreien: Warum? Aber die einzige Antwort, die ich bekommen würde, wäre das Echo *Warum*.

„Ach *Chi,* es tut mir leid wegen der kleinen *Maria*", sagt *Laura*. „Wie geht es *Daniela*?"

„Sie spricht nicht darüber. Wenn ich sie frage, sagt sie nur: Es geht mir gut."

„Komm doch herein," sagt sie, „ich habe Besuch von einer unserer Gemeindeältesten, Señora *Nuñez*."

„Was machen Sie denn hier?", fragt mich Señora *Nuñez*.

„Ich bin hier, weil ich von *Laura* etwas Geld leihen möchte, um ein Baby aus der Leichenhalle abholen zu können."

„Oh, das ist ja traurig. Wessen Baby ist es denn?"

„Es ist das Kind eines Mädchens, das ich in den letzten vier Monaten begleitet habe."

„Ist es ein Mädchen aus der Gemeinde?"

„Nein, es lebt auf der Straße."

„Auf der Straße?" Ihre mütterliche Fassade schmilzt wie Wachs zusammen und enthüllt einen mit Kosmetik zugekleisterten Vulkan. „Ach, am besten wäre es doch, wenn sie ihrem Balg gleich hinterherstürbe!", fordert sie. „Ich bitte Sie – Straßenkinder! Alles Drogenabhängige und Diebe! Lasst sie verrotten, sie sind doch keinen Pfifferling wert."

* * *

Daniela, Alejandro und ich warten nun schon seit einer Stunde im Gang vor der Leichenhalle. Wir wissen genau, hinter welcher Tür sie sich befindet, man kann es an dem Geruch erkennen, der durch den Spalt unter der Tür zieht. Ein ziemlich kräftiger Hausmeister kommt, fragt nach unseren Papieren, wirft einen Blick auf den Regenbogen von Stempeln und schließt die Tür auf. Der Geruch von Formaldehyd und Verwesung bohrt sich in unsere Nasenlöcher. *Alejandro* nimmt den Sarg mit.

„Ich kann da nicht hineingehen", sagt *Daniela*. „Können Sie sich für mich um *Maria* kümmern?"

„Natürlich."

Alejandro und ich gehen hinein und schließen die schwere Tür hinter uns. Eine schwüle Brise dringt durch ein geöffnetes Fenster, durch vier verrostete Eisenstangen, und weht mir unangenehm übers Gesicht. Auf einem einsamen Untersuchungstisch aus Stahl liegt ein kleines Päckchen, das in cremefarbenes Tuch eingeschlagen ist.

Alejandro versucht, den Sargdeckel zu öffnen, aber der gehorcht ihm nicht, weil er die weiß gestrichenen Nagelköpfe an der Seite des Sarges nicht bemerkt. Behutsam nehme ich ihm die Kiste aus der Hand und versuche, die Nägel mit meinem Schweizer Armeemesser herauszuziehen, doch meine Hand zittert. Ein stechender Schmerz, und ich sehe, wie mir Blut vom rechten Zeigefinger tropft. *Alejandro* nimmt mir das Messer ab und öffnet den Sarg. Der winzige Innenraum ist gerade einmal so lang wie mein Arm.

Aus einer Schachtel nehme ich ein frisches Paar OP-Handschuhe. Das Schnappen des Latex auf meiner Haut hallt von den Wänden wieder. Mit meinem blutigen Zeigefinger und Daumen schäle ich vorsichtig das cremefarbene Tuch von dem kleinen Paket und eine graublaue Puppe liegt vor mir auf dem Rücken. *Maria*. Ihre glasigen, glänzenden Augen sehen geradewegs in meine. Mein Herz rast. Ich versuche gleichzeitig Luft zu schnappen und den Atem anzuhalten. Beruhige dich! Drei dünne rote Kratzer ziehen sich über ihre linke Wange und zwischen ihren Kiefern klemmt ein Baumwollknäuel. Vergeblich versuche ich, ihren Mund zu öffnen, er ist zu fest verschlossen. Plötzlich kommt es mir so vor, als würde ich mir selbst von der Zimmerdecke aus zuschauen und ich sehe mich selbst weglaufen. Aber es ist nur eine Halluzination und meine Beine bewegen sich keinen Millimeter. Fäkalien von Mäusen oder Eidechsen kleben auf *Marias* Haut. Als ich sie wegwische, flattern meine Nasenflügel und mein Magen dreht sich um. Ihr Gesicht ist starr in meine Richtung gedreht. Diese schwarzen, wunderschönen Olivenaugen von *Maria* …

Mingfang?

Ich schiebe meine Hand unter sie. Es fühlt sich an, als wäre ihr Rücken mit einer eisigen Gummihaut überzogen und ihre Hände sind kalt wie Bergkristall. Vorsichtig lege ich *Maria* in den Sarg. *Alejandro* nagelt den Deckel fest.

20. DIE TOTENWACHE

16:00 Uhr, 24. November 1997
Yassela

Señora *Lola* schreit *Daniela* ins Gesicht. „Das ist alles deine Schuld. Du hast dein Kind umgebracht! Ich erlaube dir diese Totenwache im Waisenhaus nur um *Chis* Willen. Und weil *Maria* jetzt ein kleiner Engel ist. Sie war so jung, noch so rein."

Daniela steht wie unbeteiligt da, während Señora *Lola* mit ihrer Tirade fortfährt. Das Mädchen wirkt weder wütend noch traurig und die Haushälterin redet wie gegen eine Betonwand. *Daniela* will nicht kämpfen, sie möchte einfach nur die Totenwache halten für ihr Baby.

Minuten später ist Señora *Lola* fertig: „Ich möchte dich nie wieder sehen! Das ist das letzte Mal, *Daniela*!" Sie holt Luft und dreht sich zu mir um. „Wie viel haben Sie für dieses Mädchen ausgegeben? Ich hoffe, es war nicht allzu viel!"

Sie zieht mich in eine Ecke. „*Daniela* trinkt wieder", flüstert sie mir zu. „Sie kann einfach nicht damit aufhören, sowas von unverantwortlich. Ich habe gewusst, dass sie es nicht schaffen würde – wie enttäuschend! Sie hat ihr Baby umgebracht, weil sie selbst noch ein Kind ist."

„Señora *Lola*", sage ich in beruhigendem Tonfall, „ich kümmere mich ab jetzt um alles. Geben Sie uns nur einen Raum für die Totenwache."

„Sie können den Raum auf dem Dach haben."

* * *

Blauer Himmel spannt sich über das Dach, über einen magentafarbenen Fliesenboden mit weißen Tupfen. Vom Rand des Daches betrachte ich das riesige „*Trinkt-Coca-Cola*"-Plakat im Norden und die blaue Neonreklame für Bier direkt daneben. Unten auf der Straße schieben sich kleine weiße Taxis durch den Verkehr, vorbei an Omnibussen aus den 60er-Jahren. Bunte Bündel mit Babys hüpfen auf den Rücken ihrer Mütter auf und ab, die sich im Zickzack durch lange Reihen hin- und herschiebenden Blechs schlängeln. Beide Elternteile arbeiten hier in der Regel über achtzig Stunden pro Woche, damit sich die Familie eine rote Lehmhütte in El Alto leisten kann.

Ich trete neben eine kleine, braune Erdfläche auf dem Dach. Gemüse und andere Pflanzen wachsen auf diesem Boden, doch ihre Blätter sind noch zu jung, als dass man die verschiedenen Sorten auseinanderhalten könnte. Auf eine Ecke des Daches hat man den Raum gesetzt, in dem die Totenwache gehalten werden soll. Er ist zwei mal zwei Meter groß, seine alte Tür, vom Regen völlig verzogen, schließt nicht mehr und durch das zerbrochene Fenster sieht man die Stadt. Der fleckige Teppichboden ist von Glasscherben übersät, an denen man sich die Fußsohlen aufreißen kann. Auf einem klapprigen Holztisch steht ein Schwarz-Weiß-Fernseher.

* * *

Sara streckt ihre kleine braune Nase in den Raum der Totenwache. Mit meinem Körper verdecke ich ihren Blick auf *Maria*. „Chi, Chi", sagt sie, „hier sind die Betttücher, nach denen du gefragt hast. Kann ich reinkommen, *Chi*?"

„Nein, *Sara*, das ist keine gute Idee."

„Warum nicht, *Chi*?"

„*Sara*, ich muss heute ein paar Dinge erledigen, die du besser nicht sehen solltest."

„Was ist passiert, *Chi*?", fragt *Sara*. „Ist *Maria* gestorben? Das arme, kleine Baby."

„Ja, *Maria* ist gestorben."

„Warum?"

„So etwas passiert einfach. Ich möchte nicht, dass du hierbleibst, weil ich sie waschen und ihr ein neues Kleidchen anziehen muss."

„Aber, *Chi* …"

„Du wirst Albträume bekommen."

„In Ordnung", sagt *Sara*.

Ich betrachte sie in ihrem schmutzigen pinken Kleid und eine Welle der Traurigkeit durchströmt mich. *Sara* reißt sich von dem Raum los.

Ich nehme mir ein paar Handtücher und eine Wanne mit seifigem, warmem Wasser. *Daniela* sitzt auf den Stufen am Ausgang, wo sie leise einem der älteren Mädchen erklärt, was passiert ist. Auf dem Boden finde ich ein paar rostige Reißzwecken und nagele damit das Betttuch über das Fenster.

Wieder sehe ich *Maria* an. Die drei deutlich erkennbaren roten Kratzer auf ihrer linken Wange sind die einzige Farbe in ihrem käsigen Gesicht. Mein Brustkorb krampft sich zusammen. Hat sie sich selbst gekratzt, als sie nach Luft schnappte, weil ihre Lungen durch die Infektion voller Flüssigkeit waren? Hat sie sich in ihrem Todeskampf selbst verletzt?

Mit klopfendem Herzen tauche ich das Handtuch ins Wasser. Auswringen. Auswringen. Wasser tropft in das Becken. Sorgfältig säubere ich *Marias* Gesicht, in der Hoffnung, damit etwas Farbe zurückzubringen, aber es funktioniert nicht. Vielleicht wird sie ihr Engelskleidchen etwas farbenfroher aussehen lassen.

Alejandro flüstert mir zu: „Was machen wir mit diesen roten Kratzern, *Chi*? *Daniela* wird sich aufregen, wenn sie sie sieht."

„Haben wir Schminke in dieser Farbe?", frage ich.

„Ich glaube nicht, dass eins der Mädchen so was besitzt."

Mit vereinten Kräften schieben wir das Beerdigungskleid über Marias steife Arme. Zwei durchsichtige Papierflügel wachsen nun aus ihrer Brust. Ich biege die Flügel nach oben, aber es gelingt mir nicht, die Kratzer damit zu verdecken. Dann höre ich Stimmen. Aufgeschrocken drehe ich mich um. Fünf kleine Gesichter gucken unter dem Betttuch am Fenster durch. Ich reiße die Tür auf, dass sie gegen die Wand schlägt. „Wie oft soll ich euch noch sagen, dass ihr hier oben nichts verloren habt?"

Die kleinen Mädchen springen die Treppe hinunter, noch nie haben sie mich so wütend gesehen. *Alejandro* ist entsetzt, doch ich erkläre ihm nichts.

* * *

Ich sehe zu, wie es langsam Nacht wird. Der wolkenlose Himmel verdunkelt sich, aus einem satten Blau wird Rosa und dann dunkles Lila. An, aus, an, aus gehen die Neonlichter auf der *Plaza San Francisco*.

Unten im Haus klappern die Mädchen, die das Abendessen zubereiten, mit den Tellern und scheppern mit den Töpfen.

Mit der Nacht kommt der Andenwind auf. In dreitausendvierhundert Meter Höhe verweht die Hitze in kürzester Zeit, während der Wind schnell zuschlägt und überall hineinkriecht. Er weht durch das zerbrochene Fenster herein und lässt das Kerzenlicht flackern, das sanft auf dem geschlossenen Sarg liegt, in dem *Maria* ruht, deren Todesnarben ein mit Stoffblumen verzierter Kragen verbirgt. *Daniela*, die seit Stunden wartet, tritt nun zögernd näher und betrachtet jedes Detail mit offenem Mund. Sie hat diesen Raum noch nie so sauber gesehen, und bisher hat auch noch nie jemand irgendetwas so fein für sie gemacht.

„Möchtest du *Maria* noch einmal sehen?", frage ich *Daniela*.

Sie nickt und schlurft zu dem schäbigen Tisch. Langsam hebe ich den Sargdeckel. Sie stöhnt kurz auf und beugt dann den Kopf. Ihr ganzer Körper zittert, während sie weint, und ihr Schluchzen erfüllt den Raum noch schneller, als es der Wind jemals gekonnt hätte.

* * *

Ein Klopfen an der Tür. Drei der älteren *Yassela*-Mädchen nähern sich schüchtern dem Sarg. Diese Mädchen haben *Maria* gefüttert und ihr die Windeln gewechselt, wenn *Daniela* zu tun hatte oder weg gewesen war. Wieder hebe ich den Sargdeckel an. Ein Mädchen stößt „Pobresita, Pobresita" – *arme Kleine, arme Kleine* – hervor, dann setzt es sich zu *Daniela*.

Minuten später bekreuzigt sich die Sozialarbeiterin des *Yassela* und schreitet andächtig zum Sarg. Erneut nehme ich den Deckel herunter. Ihre Augenbrauen ziehen sich zusammen und sie tritt zurück, Schritt für Schritt, bis zur Türschwelle, bekreuzigt sich noch einmal und geht, ohne auch nur ein einziges Wort gesprochen zu haben.

Stille. Brutale Stille.

Wieder ein Klopfen. Ich öffne die Tür und sehe einen jungen Mann. Er ist klein und drahtig, sieht aber stark aus, trägt ein gestreiftes Hemd und billige Anzugshosen. „Ich bin *Marias* Vater."

Leise tritt er zum Sarg, ich nehme den Deckel ab. Er betrachtet seine Tochter, seine rechte Hand fährt über sein Gesicht und bleibt über seinen Augen liegen. Dann wandert sie vor seinen Mund, so als müsse er sich zum Schweigen zwingen, und er schaut zum Himmel hinauf. Dann richtet er seinen Blick hinunter auf eine Fotografie zwischen den Kerzen: *Maria* wird von einem Priester gesegnet, während *Daniela* und *Pedro* mit fröhlichen Gesichtern zusehen.

Wo warst du, *Pedro*, als dein Kind im Krankenhaus lag? Wo warst du, als dein Baby mit dem Tod rang und seinen letzten Atemzug tat? Bist du ein Mann oder ein Kind? Du bist beides, mehr Kind als Mann.

Pedro setzt sich neben *Daniela*.

„Hast du meinen Eltern Bescheid gesagt?", fragt sie mich.

„Ja", antworte ich.

„Kommen sie?"

„Sie haben nichts gesagt."

Stille. Wir sitzen da und grübeln eine oder zwei Stunden. Irgendwann nach Mitternacht spreche ich ein Gebet für *Maria Moreno*. Ich bitte Gott, ihre Seele zu beschützen und uns die Kraft und Weisheit zu geben, ihn mit unserem Leben zu ehren.

Daniela blickt mich mit geneigtem Kopf an. „Danke für das Gebet, Don *Chi*."

„Das habe ich gerne getan," sage ich, „ich weiß, was du durchmachst."

„Woher wissen Sie das?", fragt sie.

Ich will das Thema nicht anschneiden, aber irgendetwas in mir wischt meine Bedenken zur Seite. „Meine Schwester ist gestorben", sage ich bestimmt.

Ein fragender Blick huscht ihr übers Gesicht. „Wie kam das?" *Danielas* Frage hört sich an, als könne sie sich gar nicht vorstellen, dass in den Vereinigten Staaten überhaupt Menschen sterben, als wäre dort das Paradies.

„Ein Virus hat sie genau am Weihnachtsmorgen getötet. Bei den meisten Menschen löst diese Art von Erreger nur eine gewöhnliche Erkältung aus, aber die Autopsie hat ergeben, dass er bei ihr das Herz angegriffen und sie getötet hat. In den ersten beiden Jahren nach ihrem Tod war es sehr schwer für mich. Beinahe jeden Tag habe ich sie vermisst und in mir war eine Leere, die durch nichts gefüllt werden konnte. Nicht durch Arbeit, nicht durch Familie, nicht durch Ablenkung. Nicht einmal durch Gott."

„Was haben Sie da gemacht?"

„Ich habe hart gearbeitet, um die Vergangenheit zu vergessen. Um sie irgendwie im hinterletzten Winkel meines Herzens wegzuschließen."

„Hat das funktioniert?", fragt sie, als hätte sie auch schon über diesen Weg nachgedacht.

„Nein", erzähle ich ihr. „Das funktioniert nie."

„Was haben Sie also gemacht?"

„Ich habe gebetet, mir in meiner Traurigkeit helfen lassen ..."

„Und?"

„Und obwohl die Leere und der Schmerz nie ganz weggegangen sind, haben irgendwann die Albträume aufgehört. Ich habe ganz bewusst Vergangenes vergangen sein lassen, damit ich in die Zukunft aufbrechen konnte. Du musst das auch tun. Lass uns hier eine richtige Totenwache halten und dann eine ordentliche Beerdigung feiern. Such dir ein paar Freunde, mit denen du reden kannst, meinetwegen auch mit mir. Trauert gemeinsam, trauere allein, aber trauere! Und dann konzentriere dich auf die Zukunft. Die Zukunft ist *Natalia*. Und indem du dich darum kümmerst, dass *Natalia* erwachsen werden kann, findest du Erlösung von deinem seelischen Leid."

„Ja, Don *Chi*." *Daniela* nickt.

Der Rest der Nacht geht langsam vorüber bei hypnotisch flackerndem Kerzenlicht. Die dunkelgelben Flammen tanzen in alle Richtungen. Wir warten auf *Danielas* Eltern, aber sie kommen nicht. Für die meisten Menschen in der Welt ist *Maria,* das Straßenbaby, nur eine kleine Zahl in einer Statistik, die bei der Weltgesundheitsorganisation in Genf geführt wird. Immer wieder nicken wir ein. Die Kerzen beenden ihren Tanz gemeinsam, immer noch weit auseinander, und dann ist das Licht verloschen.

* * *

Der nächste Tag. Ein Dutzend Straßenjungen, die Plastikkanister voller Wasser tragen, lungern am Eingang des Friedhofs herum. Als eine ältere Dame durch das Tor geht, heftet sich einer der Jungen an ihre Fersen und sagt: „Señora, soll ich die Blumen auf dem Grab Ihres Gatten gießen? Ich bin sicher, dass sie dann nächste Woche, wenn Sie ihn wieder besuchen, sehr viel besser aussehen."

„Tut mir leid", sagt die alte Frau, „aber ich habe schon einem anderen Jungen versprochen, dass er die Blumen gießen darf."

„Bitte, Señora."

„Es tut mir wirklich leid, Kind." Sie klopft ihm auf den Rücken und geht weiter.

Das sind die Friedhofskinder – Straßenkinder, die zwischen den Toten leben. Seltsam. Sie schlafen in offenen Gräbern und sie ruhen in Frieden, denn Tote wie Lebende lassen sie dort in Ruhe. Sind sie so auf ihren eigenen frühen Abschied vorbereitet? Oft schlafen sie zu zweit oder zu dritt in den Löchern, um sich warm zu halten.

* * *

Ein Kirchenbeamter sitzt an einem breiten Schreibtisch, vor ihm liegen ein Abrechnungsbuch und verschiedene Formulare.

„Guten Morgen, Señor", sage ich zu ihm.

„Guten Morgen."

„Die Mutter dieses Babys möchte, dass es vor seiner Beerdigung noch einmal gesegnet wird."

Der Mann wirft einen Blick auf *Daniela* und *Pedro*. Er sieht sofort, dass sie auf der Straße leben. „Die Segnung kostet zehn Bolivianos", murmelt er, wendet sich wieder seinem Abrechnungszettel zu, der mit Zahlen und Buchstaben bedeckt ist, und schreibt eifrig Einnahmen und Ausgaben hinein.

„Was soll das heißen, zehn Bolivianos?", frage ich.

„Zehn Bolivianos für die Segnung. Soviel kostet das bei uns."

„Seit wann verkaufen wir Gott?", frage ich.

„Der Priester muss auch von etwas leben, wissen Sie. Er lebt von Spenden."

Alejandro knufft mir sanft in die Seite, aber es hat keinen Zweck. So ruhig wie nur irgend möglich sage ich: „Diese Straßenkinder haben kein Zuhause, keine Familie und kein Geld. Ich kann einfach nicht glauben, dass Sie die Unverschämtheit besitzen, von diesen Jugendlichen Geld zu verlangen. Wenn der Priester meint, er müsse sich den Segen bezahlen lassen, dann möchte ich mit dem Priester sprechen."

„Das geht im Augenblick nicht. Er liest gerade eine Messe."

„Dann warte ich eben."

„Okay, okay. Sie können es diesmal ohne Bezahlung haben."

„Oder immer."

Daniela und *Pedro* sehen sich an. Als Straßenkinder haben sie Angst vor jeder Form von Obrigkeit und sind regelrecht platt, dass ich dem Beamten um ihretwillen widersprochen habe.

* * *

Das Pärchen kommt aus der Kirche und trägt die gerade vom Priester gesegnete *Maria*. Der Hausmeister weist uns den Weg durch den Friedhof. „Das Kind soll im Abschnitt G-3 begraben werden."

Drei Mädchen aus dem *Yassela* tragen bunte Blumen, während wir an einem „Totenhaus" nach dem anderen vorbeigehen. So ein „Totenhaus" umfasst etwa fünf bis sieben 50 cm hohe „Stockwerke" in denen einige Dutzend Särge wabenartig nebeneinander untergebracht werden können. Die meisten dieser Toten stammen aus Familien, die zu arm sind, um sie unter der Erde zu begraben. So ein Platz wird für ein Jahr vermietet und wenn nach Ablauf dieser Frist nicht wieder bezahlt wird, verbrennt man den Toten.

„G-3. Hmmm. G-3", murmelt der Hausmeister. Wir biegen hier ab und dort. „Tut mir leid", sagt der Hausmeister und wir gehen wieder ein Stück zurück. „Ah, ja. Hier ist es." Ein dreistöckiger Block.

Daniela und *Pedro* sehen erschöpft, aber entschlossen aus. „Die Arbeiter kommen gleich", sagt der Hausmeister.

Wir warten in dem engen Gang zwischen G-1 und G-3, in einem windstillen Durchgang einer Totenstadt. Ich bin derartig erschöpft, dass ich fürchte, ohnmächtig zu werden. *Daniela* sieht mir in die müden Augen und sagt: *„Chi*, können Sie für *Maria* beten?"

Natürlich freue ich mich sehr über ihre Bitte, dennoch habe ich nicht den Eindruck, dass es meine Aufgabe ist, als Erster zu beten. „Vielleicht wäre es besser, wenn das *Pedro* oder ein Priester täten", sage ich.

„Nein", sie schüttelt den Kopf, „ich möchte, dass Sie beten."

Wir neigen unsere Köpfe und richten unsere Blicke nach unten, während Tausende von Toten um uns herum hinauf in den klaren Himmel schauen.

„Himmlischer Vater, Herr, Heiliger Geist. Wir sind hier zusammengekommen, um unser Kind *Maria Moreno* zu begraben, das zu früh gestorben ist. Ich verstehe nicht, warum es sterben musste, aber ich bete darum, dass du dich dieses Kindes annimmst und *Daniela* und *Pedro* tröstest. Ich vertraue auf Dich. Erfülle uns mit dem Heiligen Geist, der in uns die Zuversicht stärkt, dass wir nach dieser Tragödie weitermachen können. In Christi Namen, Amen."

Zwei ältere Männer in zementverschmierten Overalls lehnen eine Leiter an Block G-3. Ich klettere die knarzenden Sprossen hinauf und *Alejandro* reicht mir den Sarg, in dem *Maria* liegt. *Daniela* beobachtet alles ganz genau. Ich schiebe die Holzkiste durch das vorgesehene Loch in den Zementblock. Dann klettere ich wieder hinunter und die beiden Alten verschließen die Öffnung mit einem Zementbrocken, durch den sich ein hässlicher Riss zieht. Sie vermischen Mörtel mit Wasser und verschmieren die Ritzen um den Brocken herum. G-3 ist verschlossen.

Daniela reicht mir einen Stock. „Sie haben die beste Handschrift." Ich klettere wieder die Leiter hinauf und drücke den Stock in den nassen Zement:

Maria Moreno – descansa en Paz
Maria Moreno – ruhe in Frieden
Daniela schluchzt.

21. BATIR

-1°C, 23:00 Uhr, 10. Dezember 1997
Alonzo de Mendoza
Batir: schlagen, zertrümmern, zusammenschlagen

Eine Gruppe Schulkinder rennt in einer Ecke der Plaza San Francisco einem Fußball hinterher. Keines dieser Kinder lebt auf der Straße, keines hat Narben im Gesicht, keinem fehlen Zähne, keine glasigen Blicke, kein schwankender Gang. Der Straßenkinder-Radar in meinem Unterbewusstsein bleibt vollkommen ruhig.

Doch dann fühle ich es. *Beatriz.* Die junge Straßenmutter kommt mir vom Alonzo de Mendoza entgegen, wo sie ihre Nächte verbringt. Ihr plumper Körper schwabbelt wie Wackelpudding. *Beatriz* bemerkt mich in der Regel überhaupt nicht, es sei denn, sie braucht Halsschmerztabletten. Meine Lieder über Gott halten sie anscheinend auf Distanz.

„Chi, ich habe Sie überall gesucht. Sie müssen schnell mitkommen."

„Warum? Was ist passiert?"

„Es ist ein *Batir.*"

„Ein *Batir*. Was ist ein *Batir*?"

Sie schleift mich mit der ganzen Kraft, die in ihren hundert Kilo steckt, die Straße entlang. An einer Straßenecke stehen sieben Mütter, ihre Babys in *Ahuayos* auf den Rücken, um einen kleinen Jungen herum. Er kauert dort, nach vorn gebeugt, sein Rücken krümmt sich rund wie ein Schildkrötenpanzer und seine Arme flattern ruckartig auf und ab wie die Flügel eines Vogels. Seine Fäuste, das sehe ich jetzt, reiben und bohren sich tief in die Augen und er quietscht wie eine Katze. Das Kind heißt *Christopher Chávez* und ist neun Jahre alt.

Sein kleiner Bruder *Daniel* kommt angelaufen. „Wir haben dich gesucht. Ein paar Männer haben *Christopher* Benzin in die Augen gesprüht. Wir wissen nicht, was wir tun sollen." *Christopher* und *Daniel* inhalieren praktisch jede Minute des Tages Verdünner, was selbst unter Straßenkindern ungewöhnlich ist. Ihre alkoholabhängige Mutter schlug sie mit Peitschen, Ketten, Gürteln und Eisenstangen. Sie haben ihr Zuhause in El Alto vor einem Jahr verlassen, um auf der Straße ein besseres Leben zu finden.

„Wer ist das?", piepst *Christopher*.

„Ich bin es, *Chi*."

„*Chi*, meine Augen! Ich kann nichts sehen! Sie brennen, *Chi*! Ich kann nichts sehen!" *Christopher* stößt einen furchtbaren Schrei aus. Es ist, als hätte er nur darauf gewartet, dass ihm einer zuhört. Wie eine Furie rollt er auf dem Boden hin und her und ich lege ihm die Hand auf den Rücken, um ihn zu beruhigen.

„Was ist ein *Batir*?", möchte ich wissen.

„Die gewalttätigen Männer", erklärt *Beatriz*, „treiben alle ein oder zwei Monate ein paar Straßenkinder zusammen und bringen sie an finstere Orte. Wenn wir uns wehren, dann verprügeln sie uns und spritzen uns Benzin in die Augen."

Das „Benzin", von dem *Beatriz* spricht, ist tatsächlich eine tränengasartige Substanz, die aus einer Spraydose versprüht wird.

„Sie ,säubern' die Straßen von allem Unrat, und dazu gehören wir auch."

„Wo sind sie jetzt?"

„Sie sind weg, aber sie kommen wieder, darauf können Sie Gift nehmen. Zehn bis fünfzehn Männer. Und immer nehmen sie uns mit, dahin, wo uns keiner sehen kann, und schlagen und vergewaltigen uns. Das ist ein *Batir*."

„Wenn ihr wisst, dass sie zurückkommen, solltet ihr lieber von hier verschwinden", schlage ich den Müttern vor.

„Wir können doch *Christopher* hier nicht allein lassen. Er gehört zu unserer Familie."

Ich gehe zum *Bururu*-Waisenhaus und hole einen silbernen Kessel voller Wasser. Ein paar von den gewalttätigen Männern sind ebenfalls zurückgekehrt. Lautstark streiten sich die Straßenmütter mit ihnen. „Lassen Sie den Jungen in Ruhe!", schreit *Beatriz*. „Wir haben Ihnen nichts getan. Wir haben das Recht, hier im Park zu sein, genauso wie alle anderen auch."

„Ihr könnt hier nicht einfach im Park rumlungern!", bellt der wütende Mann.

Beatriz hält dagegen: „Wie ist das mit dem Betrunkenen da drüben? Oder dem knutschenden Pärchen? Lungern die auch herum?"

„Wir machen die Straßen sauber", der Mann beruhigt sich, „und ihr müsst verschwinden. Wir kümmern uns um den Jungen da."

„Wir lassen *Christopher* und *Daniel* hier nicht allein", ruft *Beatriz*. „Was haben sie überhaupt angestellt?"

„Er hat Widerworte gegeben", sagt der Mann, „und jetzt muss er die Folgen spüren."

Ich führe *Christopher* zu einer Bank in der Nähe, wo ich ihm helfe, sich auf den Rücken zu legen. Dann sage ich ihm, er solle aufhören, sich die Augen zu reiben. Er gehorcht, schließt aber die Augen und dreht den Kopf zur Seite. „*Christopher*, du musst die Augen offenhalten, damit ich die Chemikalie rauswaschen kann."

„Aber es brennt, *Chi*."

„Ich weiß, aber ich muss das machen." Ich gieße den ganzen Kesselinhalt langsam über seine Augen und er atmet ruhiger. „Warum haben dir die Männer Tränengas in die Augen gesprüht?", frage ich ihn.

„Weil ich ihnen widersprochen habe", sagt er schuldbewusst.

Plötzlich werden die Mütter unruhig. Ein großer, dunkelhäutiger Mann mit einem dicken Wanst löst sich aus dem Pulk und taumelt auf *Christopher* und mich zu. Die jungen Frauen eilen uns zu Hilfe und stellen sich um den Jungen herum, bereit, ihn mit ihren Körpern zu verteidigen. Der Klotz tritt ganz nah an mich heran und brummt mir von oben herab ins Gesicht. „Kennen Sie diese Kinder?"

„Ja."

„Diese Kinder sollten nicht auf der Straße sein."

„Diese Kinder haben kein Zuhause, Señor."

„Für so etwas gibt es Waisenhäuser."

„Ich weiß, ich arbeite in einer dieser Einrichtungen. Unglücklicherweise sind aber einige dieser Häuser genauso gefährlich wie die Straße und die Kinder müssen dort mit dem Risiko leben, unter einem Dach mit einem Kinderschänder zu wohnen oder in Messerstechereien und Kämpfe auf engstem Raum verwickelt zu werden. Deshalb riskieren sie lieber ein Leben auf der Straße, als dass sie sich freiwillig in eine Situation begeben, wo sie missbraucht und misshandelt werden."

„Wer sind Sie?" Der große Mann schwankt zur Seite, dann fängt er sich wieder.

„Ich heiße *Chi Huang*. Ich studiere Medizin und ich arbeite mit Straßenkindern."

„Woher kommen Sie?"

„Aus den Vereinigten Staaten."

„Ooooh, ja, was für ein großartiges Land." Er grinst, doch ich verziehe keine Miene. Dann wendet er sich an die jungen Frauen, doch weder sie noch die jüngeren Kinder bewegen sich. Schweiß tropft von seiner buschigen Augenbraue. „Kinder sollten nicht auf der Straße sein, besonders Mädchen nicht. Ihr solltet mit uns kommen, dahin, wo man für euch sorgt. Dort gibt es sogar Fernsehen." Die Mädchen starren ihn mit leeren Gesichtern an.

Ein paar Meter weiter kommt ein Kleinbus mit quietschenden Bremsen zum Stehen. Er ist vollbesetzt mit Männern, die finstere Blicke auf *Christopher, Daniel* und die Mädchen richten. Der Hüne stakst zum Bus hinüber und die Schiebetür wird aufgeschoben.

Hastig flüstere ich den Kindern zu: „Geht nach Süden, zum Fluss. Sie verlassen niemals die Innenstadt. Lauft und schlaft im Wald beim Fußballplatz. Dort seid ihr sicher, wenn ihr als Gruppe zusammenbleibt."

Nun zahlt sich aus, dass ich die gewalttätige Männerbande schon seit Monaten sehr genau beobachte. Ich weiß mittlerweile, wie sie vorgehen.

Als die Kerle aus dem Bus klettern, fangen die meisten Straßenkinder an, davonzurennen, doch es gibt auch Nachzügler, die in eine Art Fatalismus verfallen: Wenn sie sowieso irgendwann umgebracht werden, warum sollten sie es nicht jetzt gleich hinter sich bringen? Immerhin sprinten *Christopher* und *Daniel* im Slalom zwischen den Fußgängern hindurch und die Männer verfolgen sie nur halbherzig, weil sie wissen, dass sie von Jungen, die jeden Tag *Fútbol* spielen, ohne Probleme abgehängt werden.

* * *

Es ist jetzt ein Uhr morgens und ich gehe in Richtung Plaza San Francisco. Ohne die Straßenkinder herrscht hier geradezu Grabesruhe. Heute Nacht werde ich früh ins Bett kommen.

Eine Gruppe junger Männer blockiert den kompletten Gehsteig. Es scheint sich um Gangmitglieder zu handeln, die die Stadt durchstreifen und durch eigentümliche Pfiffe miteinander kommunizieren. Und dann sehe ich es: Einer von ihnen kniet vornübergebeugt auf dem Asphalt und hält sich den Kopf mit beiden Händen, als drohe sein Schädel auseinanderzubrechen. Zwischen seinen Beinen wird eine hellrote Blutpfütze mit jedem Tropfen größer. „Ahhh!", schreit er schmerzerfüllt.

Ich steuere auf den Verletzten zu und nehme aus den Augenwinkeln auf der anderen Straßenseite zwei erwachsene Männer wahr, die mit finsteren Blicken das Geschehen verfolgen – offensichtlich diejenigen, die das Gangmitglied zusammengeschlagen haben.

„Hallo", piepse ich schüchtern in Richtung dessen, der die Schmerzen hat.

„Wer ist das?", keucht der Junge.

„Ich heiße *Chi*", erwidere ich.

„*Chi*, Gott sei Dank, dass Sie hier sind", verkündet er. „Ich bin *Pedro, Danielas* Freund."

„Was ist passiert?"

„Diese Männer", flüstert er. „Sind sie immer noch da?"

„Da stehen welche auf der anderen Straßenseite und beobachten uns."

„Es ist ein *Batir*, *Chi*", gurgelt *Pedro*. „Sie haben mich mit ihren Knüppeln auf den Kopf geschlagen, weil ich betrunken war."

Er versucht seinen Kopf zu heben, um mir in die Augen zu sehen, doch sein Nacken verkrampft sich und sein Kopf sackt wieder nach unten.

„Weil es ein *Batir* ist", wiederholt *Pedro* mit schmerzverzerrter Stimme. „Es ist ein *Batir*, ich lebe auf der Straße."

Pedro weigert sich, ins Krankenhaus zu gehen, also untersuche ich ihn auf der Straße. Zunächst taste ich seinen Kopf ab, um herauszufinden, ob sich etwas an seinem Schädel verschoben hat. Doch er kann nach wie vor gut sehen und reagiert, wie es sein sollte. Außer einer Platzwunde und trotz seiner Schmerzensschreie scheint er also keine ernsthaften neurologischen Schäden davongetragen zu haben. Dennoch könnte es zu inneren Blutungen in seinem Kopf kommen, die stärker werden und ihn umbringen. Mir bleibt im Moment nur übrig, seinen Kopf mit Wasser, Peroxyd und einer antibiotischen Creme zu reinigen. Deshalb dränge ich ihn, ins Krankenhaus zu gehen, doch er winkt erneut ab.

Die einzige Möglichkeit, so etwas wie Würde oder Macht zum Ausdruck zu bringen, haben Straßenkinder nur, indem sie Widerstand zeigen, seien sie nun groß oder klein. Und sie weigern sich, dieses bisschen Selbstbestimmung aufzugeben, ist sie doch einer der wenigen Aspekte eines menschenwürdigen Lebens, der ihnen geblieben ist. Sie schreien der Gesellschaft trotzig entgegen: „Ich bin kein Hund, mit dem ihr machen könnt, was ihr wollt. Ich bin ein Mensch."

„Hey, *Chi*", sagt *Pedro*, als ich gehe.

„Ja?" Ich drehe mich um.

„Danke." Er dreht seinen Kopf in einen unbequemen Winkel und nimmt zum ersten Mal Augenkontakt mit mir auf. Trotz seiner starken Blutung bin ich mir sicher, dass *Pedro* diese Schläge und die, die noch kommen werden, überleben wird. Ich hoffe, ich behalte Recht.

„Gern geschehen, *Pedro*, wirklich gern geschehen." Ich gehe ein paar Schritte, dann drehe ich mich um und füge hinzu: „Bitte sorge dafür, dass *Daniela* heute Nacht gut auf dich aufpasst. Wir sehen uns morgen."

* * *

Ein paar Tage später bin ich auf der Plaza San Francisco unterwegs. In einer Ecke des Platzes entdecke ich wieder *Pedro*, der mit *Daniela* bei einer Gruppe älterer, betrunkener Männer sitzt. Warum überrascht es mich nicht, dass *Pedro* mit einem übel zugerichteten rechten Bein zu kämpfen hat?

„Was ist passiert?", frage ich ihn.

„Gewalt", stellt er fest, „sie wollten mein Geld."

„Hast du es ihnen gegeben?"

„Ich habe ihnen gesagt, sie sollten sich verpissen."

„Was haben sie dann gemacht?"

„Sie haben auf mein Bein eingetreten und mir mein Geld abgeknöpft." Er sieht an sich hinunter und die Erinnerung scheint ihm doch zuzusetzen.

„*Pedro*", frage ich vorsichtig, „macht es dir eigentlich Spaß, Prügel einzustecken?"

„Nein", sagt er, „aber ich lasse mich auch nicht brechen. Sie sehen in mir nur einen wertlosen Straßenjungen – trotzdem habe ich ein Recht auf Respekt, auch ich habe meinen Stolz."

„Ja, ich denke auch, dass du wertvoll bist", sage ich, „doch jetzt bist du verkrüppelt und wertvoll."

Wildes Gelächter seiner betrunkenen Kumpel. „Jaja, wir haben jetzt zwar einen verkrüppelten *Pedro*, aber einen echten Kerl mit dem Mut eines Löwen! Hört nur, wie er brüllt!"

„Ach was, er ist einfach dumm", erwidert *Daniela*. „Durch die Schläge auf den Kopf sind wohl auch ein paar von seinen grauen Zellen verloren gegangen."

„Und es ist ja nicht so, dass er vorher allzu viele davon übrig gehabt hätte", wirft einer von den Betrunkenen ein. „Baahh! Baahhaaaa! Baaahhaaa!", lachen die anderen.

„Ich bin ein Mann mit Rechten", protestiert *Pedro*. „Lacht ihr nur, ich weiß, dass ich Recht habe. Sie können mich schlagen, soviel sie wollen, ich werde nicht klein beigeben!" Er schiebt seine Brust soweit heraus, wie es ihm möglich ist, ohne sein ausgestrecktes Bein zu bewegen.

„Okay, *Che Guevara*," gehe ich auf ihn ein, „du hast meinen Respekt. Das Einzige, was hier gebrochen ist, ist dein Bein."

„Ist es das?!"

„Ja. Hast du das nicht gemerkt?"

„Oh, Dr. *Chi*, die wundersame Kraft des Alkohols. Du trinkst, bis du nichts mehr spürst."

„Du musst ins Krankenhaus."

„Nein, kein Krankenhaus. Ich gehe da nicht hin."

„Du musst ins Krankenhaus", wiederholt *Daniela* ungerührt.

„Nie und nimmer." Er fuchtelt mit den Armen. „Sie können mich doch versorgen, Dr. *Chi*."

„Nein, das kann ich nicht. Du brauchst einen Gipsverband, so etwas kann ich hier nicht machen."

„Dann tun Sie das, was hier möglich ist."

„Ihr beide macht meinen Job hier manchmal ganz schön schwierig, aber in Ordnung." Ich zeige auf drei der Betrunkenen „*Larry, Curly* und *Moe* auf der Zuschauertribüne, zieht los und besorgt mir ein paar Pappkartons."

„Ja, Señor Boss. Wir sind schon unterwegs, Boss." Zehn Minuten später bringen mir die jungen Männer einige Schachteln. Ich reiße sie auseinander, falte die Wellpappe zu langen Streifen zusammen, dass so etwas wie steife Streben entstehen, und zeige sie *Pedro*. „Siehst du, wie hart das ist? Probier mal, das mit der Hand durchzubrechen."

Pedro versucht, durch die zusammengefaltete Pappe durchzuboxen. „Aua!"

„Anscheinend betäubt deine Trinkerei nicht jeden Schmerz."

Sorgfältig platziere ich die Streben rings um das Bein und umwickle das Ganze dann mit Unmengen von Leukoplast.

„Hey", mault Pedro, „ich kann mein Bein nicht mehr bewegen."

„Genau so soll es sein."

„Oh. Okay." *Pedro* lächelt. „Danke!"

„Und wenn du das nächste Mal in Schwierigkeiten geraten möchtest" – ich stehe auf und wische mir die Hände ab –, „könntest du mich bitte vorher anrufen?"

Während der nächsten zehn Tage liegt *Pedro* auf dem Bürgersteig der Plaza San Francisco und *Daniela* versorgt ihn mit Essen und Schmerzmitteln. Sie kümmert sich Tag und Nacht um ihn. Zwar versucht er mehrmals aufzustehen und herumzulaufen, doch sie zwingt ihn dazu, sich wieder hinzulegen und sein Bein zu schonen. Das ist nicht unbedingt der optimale Start für den Epilog auf *Marias* Leben, aber wenigstens stelle ich fest, dass *Daniela* jetzt sehr genau überlegt, was sie tun muss, bevor sie handelt. Sie sorgt sehr bewusst für *Pedro*. *Natalia* hat sie bei ihrer Großmutter untergebracht, die das Mädchen weitaus besser behandelt, als *Daniela* es je tat.

Auf der Straße hat der Kampf des Lebens gegen den Tod einen Zwillingsbruder im Kampf des Überlebenswillens gegen Resignation und Todessehnsucht. *Marias* Tod hätte *Danielas* Untergang bedeuten können, doch die Art und Weise, wie wir alle damit umgegangen sind, hat *Danielas* Liebe zum Leben – und den Lebenden – nur gestärkt.

22. FROHE WEIHNACHTEN

23:00 Uhr, 23. Dezember 1997
Plaza San Francisco

Fetzen weihnachtlichen Geschenkpapiers wehen über den Platz, zwischen Verkaufsständen hindurch, in denen Händler fein geschnitzte Weihnachtskrippen neben aufgeblasenen Actionfiguren feilbieten. Es ist die Zeit, in der man Weihnachtsramsch verkauft, um zu überleben, in der man Jesus kommerzialisiert, damit Essen auf den Tisch kommt. Ist das so falsch? Erst kommt das Fressen, dann die Moral, oder etwa nicht?

„*Joven, Joven* – junger Mann, junger Mann." Eine *Cholita* winkt mir zu. „Kommen Sie her. Haben Sie Interesse an einer Zwölf-Liter-Wasserpistole, mit der man dreißig Meter weit schießen kann? Garantiert! Sie sehen aus wie ein guter Vater, der sich um seine Kinder kümmert und auf der Suche nach einem Weihnachtsgeschenk für seinen Sohn ist."

„Es tut mir leid, aber ich bin gar nicht verheiratet und habe auch keine Kinder."

Ein Mann mit Schnauzer bellt herüber: „Wie gefällt Ihnen diese Krippe hier mit dem süßen Jesuskind und echtem Heu?"

„Nein, danke."

Ich drehe mich weg und erblicke eine große, junge Frau mit einer Plastiktüte in der Hand und einer karierten Schürze um die Hüften, die ihre birnenförmige Figur unterstreicht. Einen Monat ist es gerademal her, dass ich sie das letzte Mal gesehen habe, doch sie wirkt um Jahre gealtert. Es ist *Daniela*.

„Hallo, *Daniela*", rufe ich ihr zu.

„Hallo", antwortet sie lakonisch.

Seit *Maria* gestorben ist, gibt es so etwas wie eine besondere Beziehung zwischen uns. Mir gegenüber kann sie Gefühle zeigen.

„Was machst du so zur Zeit?", frage ich und nicke in Richtung ihrer Tüte.

„Ich verkaufe Weihnachtskarten", sagt sie.

„Kann ich sie mal sehen?"

„Natürlich." Sie reicht mir drei Karten. „Sehen Sie die gute Papierqualität? Vorne drauf ist das Jesuskind in der Krippe mit einem Stern oben am Himmel."

„Du bist eine gute Verkäuferin, nicht wahr?"

„Es hängt alles an der Präsentation."

„Wie läuft das Geschäft?"

„Furchtbar." Der niedergeschlagene Tonfall ist wieder da.

„Warum?"

„In dieser Jahreszeit ist der Konkurrenzkampf besonders scharf. Manche Händler haben schönere Karten und verkaufen sie zu niedrigeren Preisen."

„Verdienst du denn genug Geld, um zu überleben?"

„Ach wissen Sie, es geht schon irgendwie. Ich habe genug Geld, um *Natalia* und mich zu versorgen, doch es dürfte ruhig etwas mehr sein. Aber was kann ich noch tun, um die Konkurrenz auszustechen?", fragt sie.

Ein Weg bestünde darin, bessere Karten zu kaufen und andere Straßenkinder aus dem Geschäft zu drängen. Vielleicht verdienst du dann zwei Dollar am Tag, *Daniela*.

„Eigentlich schien es eine gute Idee zu sein", fährt sie fort, „auf jeden Fall profitabler als der Verkauf von Kaugummis oder Saft. Es gibt zu viele Schuhputzer, deshalb kann man davon nicht mehr leben. Und vor ein paar Wochen hat kaum einer Weihnachtskarten verkauft. Aber jetzt macht das jeder."

„Was machst du nach Weihnachten?"

„Weiß ich noch nicht." Sie sieht zu Boden. „Ich werde schon etwas anderes zum Verkaufen finden, schätze ich."

„Wo wohnst du jetzt?"

„Auf der Straße", sagt *Daniela*. „Aber *Natalia* wohnt bei meiner Mutter. Ich bin in ihrem Haus nicht willkommen, wir streiten einfach zu viel."

Schweigen.

„Ich habe *Pedro* verlassen", fährt sie fort und schaut einer aufgebrezelten jungen Frau hinterher, die gerade vorbeischreitet. „Er ist und bleibt ein Alkoholiker. Letzten Monat bin ich weg, doch ich vermisse ihn trotzdem." Sie starrt wieder zu Boden, als hätte sie etwas fallengelassen.

„Wie ging es euch miteinander, nachdem *Maria* gestorben war?"

„Wir waren traurig, alle beide. Irgendwie fühlten wir uns verloren und konnten ihren Tod nicht vergessen."

„Hat das eure Beziehung belastet?"

„Kann ich nicht sagen, doch das ist jetzt auch egal. Oder etwa nicht?"

„Trinkst du immer noch?", frage ich sie.

„Immer weniger", sagt sie.

„Du bist jetzt ziemlich allein auf der Straße, ist das nicht zu gefährlich?"

Sie bringt ein dünnes Lächeln hervor. „Keine Sorge, *Chi*, was mein Leben auf der Straße angeht, habe ich die Erfahrung einer alten Frau. Ich kann gut auf mich aufpassen."

Schweigen.

„*Daniela*, ich möchte, dass überall auf der Welt die Menschen deine Geschichte kennenlernen. Ich möchte ihnen sagen, wer du bist. Erzähle mir, wie du auf der Straße gelandet bist."

„Warum sollten Sie das hören wollen? Das ist keine besonders tolle Geschichte."

„Wir möchten sie hören, weil du wichtig bist."

„Ich wichtig?" Sie lacht, die Hand auf der Brust, will es nicht glauben, kann es nicht glauben. Für Straßenkinder interessiert sich überhaupt nie jemand, es sei denn, er will ihr Geld oder ihren Körper.

„Ja, das bist du und ich will von dir lernen", erzähle ich ihr. „Du musst mir etwas beibringen."

„In Ordnung, aber kaufen Sie mir dann ein paar von meinen Karten ab?", fragt sie.

„*Daniela*, ich kaufe dir ein paar Karten ab, egal, was du mir erzählst", sage ich ihr.

Schweigen.

„Okay, was wollen Sie wissen?", fragt sie.

„Erzähle mir von deinem Zuhause und warum du es verlassen hast", sage ich. Wir setzen uns auf eine von den Parkbänken und ich drücke den Aufnahmeknopf meines Diktaphons, das ich so oft wie möglich bei mir trage.

Daniela schaukelt leicht hin und her, als würde das ihrem Verstand helfen, sich in die Vergangenheit zurückzuversetzen. „Seit sechs Jahren bin ich jetzt Straßenkind. Vorher hatte ich bei meiner Großmutter gelebt, aber sie ist gestorben. Meine Mutter hat getrunken und mich ständig geschlagen, am ganzen Körper, mit Kabeln, *Chicotes* (Peitschen), Messern, Fäusten und Stöcken. Als Kind war ich nur ein einziges Mal glücklich, und zwar, als ich von Zuhause fortging. Das war, als ich zehn Jahre alt war, da bin ich zu meiner Großmutter gezogen. Ich war so froh, weil sie mich verstanden und nicht misshandelt hat. Aber dann ist sie mir einfach so weggestorben. Ich weiß, das hört sich jetzt ziemlich egoistisch an."

„Wo ist dein Vater?", frage ich.

„Ich habe ihn nie kennengelernt", sagt sie.

„Hast du noch Geschwister?"

„Ich hatte zwei Schwestern, aber die ältere ist vor zwei Jahren gestorben."

„Wieso ist sie gestorben?", frage ich.

„Sie war im Gefängnis und wurde sehr krank", klagt *Daniela*. „Meine jüngere Schwester ist genauso wie ich. Sie ist auch auf die Straße gegangen, weil sie von den Misshandlungen meiner Mutter die Nase voll hatte. Jetzt lebt sie in einem Waisenhaus. Ich glaube, ihr geht es dort gut."

„Siehst du sie gelegentlich?"

„Ab und zu."

„Was ist geschehen, nachdem deine Großmutter gestorben war?", frage ich sie.

„Das war vor sechs Jahren, und seitdem lebe ich auf der Straße. Irgendwann habe ich diese Frau getroffen, *Valeria*." *Daniela* sieht auf, als würde der Name sie aufrichten. „Sie hat mir klargemacht, dass die Straße gefährlich ist, und mir erlaubt, bei ihr zu wohnen. Aber *Valeria* hat schließlich Krebs bekommen und Tabletten genommen. Dabei war ich so glücklich, dass ich dort leben durfte. Warum musste sie sterben?"

„Wie ist es, ein Straßenmädchen zu sein?"

„Das Leben auf der Straße ist übel", sagt *Daniela* mit zusammengekniffenen Lippen. „Als Straßenkinder sind wir unser ganzes Leben lang misshandelt worden. Die Leute sehen uns an und sehen doch nur dreckige Kinder und behandeln uns schlecht. Ich gebe zu, dass Straßenkinder Drogen nehmen und manchmal auch stehlen, aber die Leute verstehen nicht, in welcher Situation wir auf der Straße leben. Sie machen sich die Probleme dort nicht klar. Und es liegt auch nicht nur am Leben auf der Straße, dass wir schlimme Dinge tun. Oft ist die Ursache schon in unseren Familien zu finden, wir haben schlechte Eltern. Aber die Leute wollen das nicht wissen, sie hören nie zu."

„Was würdest du gerne einmal werden?", frage ich sie.

„Mein Traum ist es, die Straße zu verlassen", sagt sie. „Ich möchte etwas aus meinem Leben machen, möchte Dinge verkaufen. Einige meiner Freundinnen haben ihr Leben geändert und ich kann das auch. Irgendwann habe ich die falsche Abzweigung genommen und bin in der falschen Richtung unterwegs gewesen. Doch das will ich ändern wegen meines kleinen Mädchens, wegen *Natalia*. Ich möchte an einem Programm teilnehmen, wo man mir Geld gibt, damit ich etwas verkaufen kann – damit ich meiner Kleinen helfen kann. Alles liegt in Gottes Hand."

In Gottes Hand? Abgedroschen. Prägnant. Glaube ich das? Manchmal ist mein Glaube an Gott so schwach, dass ich es mit der Angst zu tun bekomme. Nach Monaten, in denen ich mit dem Wissen durch die Straßen gewandert bin, dass derjenige, der heute hungert, auch morgen noch hungern wird, bin ich ins Grübeln gekommen.

„Glaubst du an Gott?", frage ich *Daniela*.

„Ja."

„Warum glaubst du, dass es einen Gott gibt?" Ich finde es seltsam, dass ein Mädchen, das die Hölle auf Erden erlebt, an einen Gott im Himmel glaubt.

Sie sieht mich fragend an. „Selbstverständlich gibt es einen Gott, Don *Chi*. Glauben Sie nicht an Gott?"

„Doch", sage ich. „Natürlich tue ich das." Ich hole tief Luft. „Erzähl mir von *Maria*", sage ich.

„*Maria* ist gestorben, weil sie krank war", stellt *Daniela* fest. „Wir sind ins Krankenhaus gegangen, aber sie ist trotzdem gestorben. Ich vermisse sie sehr." *Daniela* weint. „Als ich aus dem *Yassela* herausgeworfen wurde, ging es ihr noch gut, erst auf der Straße ist sie krank geworden. Sie wurde kränker und kränker, also habe ich sie ins Krankenhaus gebracht. Und dann ist sie eines Nachts einfach gestorben." *Daniela* schluchzt. „In dieser Nacht bin ich einfach nur durch die Straßen gelaufen, einfach nur gelaufen …" *Daniela* reißt sich zusammen. „Und dann habe ich Sie getroffen. Wir haben den ganzen Tag im Kranken-haus verbracht, als wir mein Baby aus dem Leichenhaus herausholen wollten, haben Totenwache gehalten und haben sie begraben. Ich ver-misse sie so sehr. *Natalia* ist jetzt ganz allein und wird niemanden ha-ben, der mit ihr spielt. Sie soll nie – *nie* – auf der Straße leben."

„Was wünschst du dir noch für *Natalia*?", frage ich, froh, dass wir endlich ein so gutes Gespräch führen können.

„Sie soll nicht so misshandelt werden wie ich, als ich so alt war wie sie", sagt *Daniela* und ihre Stimme wird wieder fester. „Ich möchte nur das Beste für sie, will, dass sie arbeiten und lernen kann und nicht so endet wie ich."

„Was würdest du dem Präsidenten von Bolivien gerne mitteilen?", frage ich *Daniela*.

„Wir Kinder Boliviens sind wichtig, weil wir die Zukunft sind. Wenn es noch mehr Straßenkinder gibt, wird Bolivien untergehen. Bauen Sie mehr Schulen und schützen Sie uns vor Gewalt."

„Wie kann ich den Straßenkindern helfen?"

„Bauen Sie ein Heim für uns, Don *Chi*. Wir brauchen ein Heim, wo man uns versteht. Bitte verstehen Sie mich nicht falsch – die meisten Leute in den Heimen behandeln uns nicht schlecht, im Großen und Ganzen sind sie gut zu uns. Es gibt die einen Sozialarbeiter, die uns verstehen, aber auch die anderen, die uns schlecht behandeln und der Grund sind, warum wir wieder auf die Straße zurückkehren. Bauen Sie ein Heim für uns, Don *Chi*."

Ein Heim bauen? Ist sie verrückt geworden? Wie soll ich ein Heim für die Kinder bauen? Ich habe noch nicht einmal einen Job, habe kein Geld und spreche die Sprache nicht fließend.

„*Daniela*, es gibt genügend Heime in La Paz, in die ihr gehen könnt."

„Ja, aber ich möchte in einem Heim leben, das Sie gebaut haben."

„Warum? Was ist so besonders an einem Heim, was ich gebaut habe?"

„Sie. Sie verstehen uns."

„Du weißt, dass ich ziemlich streng mit den Kindern umgehe, und einige Leute sagen, dass ich wirklich hart mit euch bin."

„Ich weiß, aber das ist in Ordnung, weil Sie das Beste für uns wollen. Die Kinder hören auf Sie."

Ein Heim? Das ist ein unerfüllbarer Traum. Wer soll sich um die Kin-der kümmern, wenn ich weg bin? Wer stellt ihnen Essen auf den Tisch?

„Möchten Sie jetzt ein paar Weihnachtskarten kaufen?"

„Wieviel kosten sie?"

„Ein Boliviano pro Karte und sechs Bolivianos für ein Päckchen. In jedem Päckchen sind zehn verschiedene Karten. Jede Karte feiert das Jesuskind." *Daniela* wühlt durch ihr breites Spektrum von Karten und holt ein Päckchen Karten hervor, das an den Ecken nicht verknickt ist und dessen Klarsichtfolienverpackung noch intakt ist. „Sie sind wunderschön", versichert sie mir.

„Ich schicke sie an meine Freunde in der *Park Street Church* in Boston", erzähle ich *Daniela*. „Die bekommen sie dann gerade noch rechtzeitig zu Ostern."

„Warum kaufen Sie nicht gleich zwei Päckchen?", schlägt sie vor. „Sie haben doch sicher viele Freunde." Sie wirft mir ein Lächeln zu und zwinkert schelmisch.

„Natürlich." Ich nehme ein weiteres Päckchen. Sie ist wirklich eine gute Verkäuferin.

„Danke, Don *Chi*", sagt sie zu mir. „Feiern Sie Weihnachten?"

„Ja", sage ich ihr.

„Und wie? Wahrscheinlich machen Sie ein großes Festessen und dann singen Sie Weihnachtslieder?"

„Nein", sage ich.

„Was dann?"

„Ich gehe in die Kirche und bete", sage ich, „denke an Christus, seine Geburt und seinen Tod. Und an andere Dinge."

Daniela sieht mich an und fragt sehr vorsichtig: „Sie denken an Ihre Schwester, nicht wahr?"

„Woher weißt du von meiner Schwester?"

„Sie haben mir bei unserer Totenwache von ihr erzählt, erinnern Sie sich nicht?"

„Oh, doch." Normalerweise erzähle ich keinem Fremden von meinen Erlebnissen mit meiner Schwester. Aber *Daniela* ist keine Fremde und ich bin froh, dass sie sich an meine Geschichte erinnert. Die Nacht ist ruhig. Menschen gehen still vorüber und die Weihnachtshändler packen langsam ihre Sachen zusammen. „Irgendwie", sage ich, „ist Weihnachten keine leichte Zeit für mich."

„Ja, es ist schwer", stimmt sie zu.

„Pass gut auf *Natalia* auf, ja?" Ich habe noch zu tun und wende mich zum Gehen. „Dir scheint es besser zu gehen als noch vor einem Monat."

Sie sieht in ihre Tüte und seufzt tief, als sie noch Dutzende von Weihnachtskarten zählt. „Na ja. Ich muss los und den Rest der Karten verkaufen. Frohe Weihnachten, Don *Chi*."

Daniela geht langsam die Treppe hinunter und verschwindet in der Dunkelheit. Vermutlich war ich heute Nacht ihr letzter Kunde. Sie ist in einer Art von wirtschaftlichem Darwinismus gefangen. Die Ungelernten, die Obdachlosen, die Ineffizienten werden in eine Arena der Armut getrieben und gezwungen, für eine winzige Summe Bolivianos gegeneinander anzutreten. Viele von ihnen sterben, einige kommen ins Gefängnis und nur die zähesten werden als schlecht ausgebildete, schlecht bezahlte Arbeiter Teil der Produktionsmaschinerie. Durch dieses System wird die Gesellschaft ihre unprofitablen Elemente zu dem relativ niedrigen Preis der Gefängnisse und Verbrennungsanlagen los.

Boliviens Wirtschaftssystem kann ich nicht ändern, ich bin noch nicht einmal Bolivianer. Aber – hat *Daniela* nicht um deutlich weniger gebeten? Sie möchte, dass ich ein Heim für die Straßenkinder baue, eines, in dem die Menschen die Straßenkinder verstehen. Eines, wo die Menschen geduldig mit ihnen sind. Eines, wo die Menschen ihnen Fähigkeiten beibringen, mit denen sie auf einem lukrativeren Markt als dem der Schuhputzer, der Kaugummiverkäufer oder der Bettler konkurrieren können. Eines, wo die Mitarbeiter sie auch dann noch annehmen, wenn sie aus dem Alter der süßen, kleinen Waisenmädchen herausgewachsen sind. Eines, wo die Menschen ihnen Flügel verleihen.

Aber wie soll ich das anstellen? Ich brauche die nötigen Mittel dazu. Ich brauche Menschen, die mir ihr Geld und ihre Zeit und sogar ihre Herzen geben. Ich brauche den hundertprozentigen Einsatz aller.

Und doch – wie du gesagt hast, *Daniela* –, es liegt alles in Gottes Hand.

23. VICKI

7. Januar 1998
Alonzo de Mendoza

Was geschieht mit Straßenkindern, wenn sie erwachsen werden? Ganz offensichtlich werden einige von ihnen nie erwachsen. Ein paar von ihnen sterben auf der Straße und ihre Seelen kommen, das hoffen wir, an einen besseren Ort. Ein paar von ihnen überleben. Was ist besser, sterben oder leben? Für beides sprechen gute Gründe.

Man weiß nur sehr wenig darüber, was aus Straßenkindern wird, wenn sie erwachsen sind. Es gibt keine Forscher, die einzelne Straßenkinder über Jahre hinweg beobachten. Meistens ist eine Untersuchung ihrer Lebensverhältnisse nicht mehr als ein kollektiver „Schnappschuss" der gesamten „Population". Manchmal werden die Kinder über ihre Vergangenheit befragt, ein paar Tage lang beobachtet, selten mehrere Monate lang. Doch letzten Endes will die Welt nicht wirklich wissen, wie viele von ihnen von Mutter Natur getötet werden, von Krankheiten, von anderen Straßenkindern oder von erwachsenen Gewalttätern, wie viele Selbstmord begehen, wie viele von ihnen obdachlose Erwachsene werden, wie wenige es sind, die überleben und ein Zuhause finden und einen sicheren Platz in der Welt.

Ich stehe mitten auf dem Platz Alonzo de Mendoza. In den letzten Monaten habe ich mir mehr und mehr angewöhnt, diese Kinder als „meine" Kinder zu betrachten. Werde ich miterleben, wie sie aufwachsen und in einigen Jahren Erwachsene sind? Werden sie so lange überleben? Werden sie sich ihre Menschlichkeit bewahren, während sie durch Betonröhren kriechen? *Alejandro* tippt mir auf die Schulter. „Sehen Sie diese Männer da drüben?" Er deutet auf eine entfernte Ecke des Parks. „Sie haben früher im *Bururu* gelebt."

„Was ist aus ihnen geworden?"

„Sie haben sich für die ‚Freiheit' auf der Straße entschieden", sagt

Alejandro, nicht ohne Verachtung in seiner Stimme. Meine Nachforschungen haben ergeben, dass ungefähr 10 Prozent der Obdachlosen in La Paz Erwachsene sind – die meisten von ihnen Alkoholiker. Ich nähere mich den etwas über zwanzig Jahre alten Männern und stelle mich vor. Als sie hören, dass ich der „Arzt" des *Bururu* bin, sagt einer der Männer: „Ich habe früher dort gewohnt. Wie geht es Señora *Lydia*?"

„Ihr geht es gut", sage ich. „Warum haben Sie das Haus verlassen?"

„Als ich achtzehn wurde, musste ich gehen, weil ich kein Straßenkind mehr war, und seitdem lebe ich auf der Straße." *Danielas* Wunsch nach einem Waisenhaus, das die Kinder besser versteht, kommt mir in den Sinn.

Die Uhr schlägt elf. Ein Mädchen, das ich kenne, an dessen Namen ich mich aber nicht erinnern kann, zeigt mir einen etwa fünf Tage alten Schnitt in ihrem linken Arm. „Wie hast du dich verletzt?"

Sie weicht meinem Blick aus. „Ich habe mich aus Versehen geschnitten." Ich schätze, dass sie noch zwanzig weitere Rasierklingenspuren auf jedem ihrer Arme hat. Da immer mehr Kinder uns umringen, versuchen wir, an einem anderen Ort unser Gespräch fortzusetzen, doch die Menge folgt uns.

„Wartet dort drüben auf der anderen Seite des Parks", raunze ich die Kinder an und sie gehorchen widerwillig.

„Was ist wirklich passiert?", frage ich.

Sie mustert weiterhin den Boden und flüstert: „Mein Freund war wütend auf mich."

„Warum?"

Sie tut so, als hätte sie nichts gehört.

„Warum?", wiederhole ich.

„Weil er mich gewollt hat und ich wollte nicht."

„Was ist dann geschehen?"

„Er hat eine Rasierklinge genommen und versucht, mir das Gesicht zu zerschneiden."

„Und?"

„Und ich habe mein Gesicht mit meinen Armen geschützt." Wir sitzen auf dem Betonboden und sie zeigt mir ihren Arm. Behutsam drücke ich auf ihren sechs Zentimeter langen Schnitt bis Eiter austritt. Sie zuckt und wendet den Kopf ab, während ich sorgfältig ihre Wunde reinige und ein lokales Antibiotikum daraufstreiche. Zum Abschluss drücke ich ihr antibiotische Tabletten in die Hand und hoffe, dass sie sie so nimmt, wie es sein muss.

Die DOT-Strategie der Weltgesundheitsorganisation, das „Directly Observed Treatment" – also die Patienten genau zu überwachen, um sicherzustellen, dass sie ihre Medikamente regelmäßig nehmen – funktioniert gut bei Tuberkulose- und AIDS-Patienten. Die Überwachung wird aber wesentlich schwieriger, wenn man nicht weiß, wo sich die Patienten aufhalten. So wie die Straßenkinder – für einen Augenblick sichtbar, im nächsten schon wieder unsichtbar. Tot. Schlafend. Auf der Suche nach etwas Essbarem. In einem Waisenhaus. Wer weiß das wirklich? Wen interessiert das überhaupt?

Ich setze mich auf eine Bank zu vier Straßenjungen. Aus den Augenwinkeln bemerke ich ein dreizehn oder vierzehn Jahre altes Mädchen, das ich hier noch nie gesehen habe. Sie ist ungewöhnlich schlank und in ihrem Gesicht, das im Gegensatz zu den runden Köpfen der anderen Kinder eher oval ist, sieht man keine Spuren von Narben oder Verletzungen. Ihr sorgfältig gekämmtes Haar fällt schwarz und glänzend bis auf ihre Schultern. Sie trägt Lidschatten und Lippenstift und hat eine schwarze Lederjacke an, die zu ihren schwarzen Stiefeln passt. Ein schwarzes Halstuch, wie es gerade unter den wohlhabenden Highschoolmädchen in Mode ist, wärmt ihren Hals.

Wahrscheinlich lebt sie erst seit Kurzem auf der Straße; kein obdachloses Mädchen sieht nach einer Weile noch so aus. Und dennoch sieht es so aus, als ob sie mit allen Straßenkindern befreundet sei. Wie ein Schmetterling flattert sie von einer Gruppe zur nächsten, lacht, flirtet und verabschiedet sich schließlich huldvoll. Nun kommt sie zu mir.

„Dr. *Chi*", sagt sie, „ich habe Schmerzen in meinem Bauch."

Ich vermute, dass mittlerweile alle wissen, wer ich bin. „Wie heißt du?", frage ich sie.

„*Vicki*", antwortet sie.

„*Vicki*, ich muss dir zuerst ein paar Fragen stellen", sage ich. „Ich sammle Informationen über die Straßenkinder von La Paz. Hättest du Lust, dich an meiner kleinen Umfrage zu beteiligen?"

„Natürlich, hört sich interessant an."

„Wie alt bist du?"

„Dreizehn, fast vierzehn", stellt sie fest, die Hände in die Hüften gestemmt.

„Seit wann lebst du schon auf der Straße?"

„Seit sieben Jahren", sagt sie offen und ehrlich.

„Warum bist du von Zuhause weggelaufen?"

Vicki verschränkt die Arme und sieht auf den Boden. „Weil meine Eltern Alkoholiker sind."

„Wo schläfst du?"

„Im Stadtteil Eturades. Im Nordosten."

„Nimmst du Drogen?"

„Ja. Verdünner, Klebstoff und Alkohol."

„Sonst noch etwas?"

„Marihuana und Crystal."

„Hattest du schon einmal Geschlechtsverkehr?"

„Ja." Sie nickt.

„Bist du schon einmal vergewaltigt worden?"

Ein Schatten huscht über ihr Gesicht, als sie „Ja" sagt.

„Von wem?"

Sie deutet zu der Bank, auf der ich zuvor gesessen habe. Die vier Jungen sitzen dort immer noch.

„Welcher von ihnen ist es gewesen?"

„Alle vier", sagt sie mit fester Stimme. „Vor ein paar Wochen."

Ich bringe nur noch ein „Das tut mir leid" heraus. Was soll ich auch sonst sagen? Braucht sie jemanden, mit dem sie reden kann, einen Seelsorger? Möchte sie, dass ich dafür sorge, dass die Jungen ihre gerechte Strafe bekommen? Aus Feigheit sage ich nichts weiter und sie wartet darauf, dass ich das Thema wechsle. „Dann erzähl mir doch mal was über deine Bauchschmerzen", fordere ich sie auf.

„Es tut schon seit drei Tagen weh."

„Wann hattest du zum letzten Mal deine Tage?"

„Vor einer Woche."

„Hast du Durchfall?"

„Nein."

„Tut es beim Pinkeln weh?"

„Ja."

„Musst du öfter aufs Klo als sonst?"

„Ja."

Ich öffne meine Medizinkiste und gebe ihr ein paar Tabletten gegen Blasenentzündung. „So", sage ich, „womit verdienst du dein Geld?"

Sie wirft mir einen Blick zu, als würde ich auf ihre Kosten Witze machen. „Ich verkaufe meinen Körper", erläutert sie.

Auch wenn ich eigentlich keinen Grund dazu habe, bin ich entsetzt. Sie ist doch noch ein Kind! Äußerlich aber gebe ich mich unberührt.

„Seit wann machst du das?"

„Seit einem Jahr", stellt sie ungeniert fest.

„Wieviel bekommst du dafür?"

„Eine Nummer kostet sechs Bolivianos." Einen Dollar. Wenn ich in den Vereinigten Staaten eine Arztpraxis eröffne, verdiene ich innerhalb von Sekunden das, was sie bekommt, wenn sie ihren Körper einem Fremden hingibt. Der Wert der Unschuld? In vielen Ländern dieser Erde unschätzbar. Ihr Preis? Auf einer Straße in der Dritten Welt ein Dollar.

Vicki wechselt das Thema und redet über alles Mögliche, was ihr gerade durch den Kopf geht. Sie hüpft von einem Thema zum nächsten, doch nicht aus Unsicherheit, sondern einfach, weil es sich so ergibt. Dann geht sie zu einer Gruppe von Straßenmüttern und erkundigt sich nach ihren Kindern. An der Art, wie sie steht, wie sie die Jungen behandelt, als wäre sie einer von ihnen, sieht man – sie hat Mumm. Aus ihrer Stimme spricht Selbstsicherheit und Widerstandskraft und ihre aufrechte Haltung scheint es geradezu herauszuschreien: Du kannst mich mal, Welt, mit all deinen Problemen und Katastrophen, ich habe Zukunft, eines Tages wird einer kommen und mich retten.

Sie schlendert zu der Bank mit den Jungen, die sie vergewaltigt haben, und setzt sich zwischen sie. Ein bisschen plaudern sie noch, dann inhalieren sie zusammen und driften gemeinsam ins süße Nichts.

24. NICHT ALLE STRASSENKINDER

1:00 Uhr, 15. Januar 1998
Alonzo de Mendoza

Ich entdecke *Vicki* auf einer Bank im Alonzo de Mendoza Park. In einer Hand hält sie sich einen mit Verdünner getränkten Baumwollstreifen und in der anderen etwas, was wie ein Schinkenbrötchen aussieht. „Dr. *Chi*", ruft sie, „was machen Sie denn hier heute Abend?"

Diese Frage verstehe ich nicht wirklich, schließlich bin ich beinahe jede Nacht hier. „Ich wollte dich treffen", sage ich. „Wie geht es dir? Hast du die Tabletten genommen? Sind deine Bauchschmerzen besser geworden?"

„Ja", sagt sie. „Es tut nicht mehr so wahnsinnig weh. Haben Sie Hunger?" Sie hält mir ihr Brötchen hin.

„Nein, danke", sage ich und setze mich neben sie auf die kalte Betonbank. Wieder trägt sie ein vergleichsweise modisches Outfit und ich kann ihr Parfüm riechen, das mir der Andenwind zusammen mit ihrem schwarzen Halstuch ins Gesicht weht. „Ich will sichergehen, ob mit dir alles in Ordnung ist."

„Ob mit mir alles in Ordnung ist?" Sie schaut mich fragend an und erwartet anscheinend eine Erklärung, doch bei diesem Thema bin ich selbst unsicher. „Ja, mir geht es gut", sagt sie. „Es war furchtbar, als sie mich vergewaltigt haben, aber jetzt ist es vorbei. Wir kommen wieder gut miteinander klar."

„Ihr kommt miteinander klar?", frage ich. „Wie könnt ihr miteinander klarkommen, wo sie dir das angetan haben?"

„Dr. *Chi*." Sie legt ihr Brötchen neben sich und nimmt einen tiefen Zug Verdünner. „Sehen Sie sich doch einfach mal um hier. Das ist der Alonzo de Mendoza."

Ich sehe mich um. Straßenmütter stehen herum und sehen ihren Kindern beim Spielen zu, Straßenmädchen inhalieren ihren Verdünner und lallen unverständliches Zeug, Jungs lehnen cool an den Mauern des Parks und prahlen wild gestikulierend mit ihren Gewalttaten der letzten Nacht. Die meisten haben ihr Tagewerk erledigt – Kaugummi oder Getränke verkaufen, stehlen, Autofenster reinigen, in Bussen singen, Bibelverse aufsagen, Schuhe putzen, Gräber gießen oder einfach nur betteln.

„Jeder ist hier vergewaltigt oder wird vergewaltigt, Dr. *Chi*", sagt sie zu mir. „Oder beides. Selbst ein paar von den Jungs sind schon vergewaltigt worden. Die Männer auf der Straße vergewaltigen uns, unsere Eltern vergewaltigen uns, unsere Verwandten vergewaltigen uns, Fremde vergewaltigen uns, was soll's. Und wenn wir beide fertig sind mit reden, werde ich meinen Körper für sechs Bolivianos verkaufen, das ist so sicher wie das Amen in der Kirche. Verstehen Sie also, warum ich diesen Jungen, die mich vor anderen Männern beschützen, nicht sage, dass sie sich verpissen sollen? Das sind meine Freunde und wir alle hier sind eine Familie. Wir müssen das sein. Mag sein, dass wir mal einen Familienstreit haben, aber wir vertragen uns auch wieder miteinander."

Ich versuche durchzuatmen und keine Emotionen zu zeigen, denn wenn ich schockiert reagiere, könnte das *Vicki* ärgern oder verletzen. Doch dann stelle ich eine dumme Frage. „Wie kannst du deinen Körper für sechs Bolivianos verkaufen?"

„Das ist nun mal der übliche Preis. Sehen Sie die Mädchen, die da drüben stehen?" Ich mache eine Gruppe von Dreizehn-, Vierzehn- und Fünfzehnjährigen aus. „Die nehmen dasselbe. Es ist nun einmal der beste Weg, an Geld zu kommen. Die meisten Männer sind so betrunken, dass man ihnen das Geld einfach stehlen kann, wenn sie nicht bezahlen wollen. Ein paar von ihnen sind sogar so voll, dass sie den Unterschied zwischen Männlein und Weiblein nicht mehr erkennen und mit einem Transvestiten ins Hotel gehen. Die Transen verprügeln sie dann und nehmen ihnen ihr ganzes Geld weg." *Vicki* lacht.

„Also", stelle ich klar, „gibt es Hotels, die einem Mann und einem dreizehnjährigen Mädchen ein Zimmer vermieten."

„Ja natürlich", sagt sie, so als hätte ich überhaupt keine Ahnung, wie die Welt funktioniert – was in vielen Bereichen auch der Fall ist.

„Ich schätze, das macht Sinn", sage ich. „Wenn manche Läden bereitwillig Geschäfte machen, indem sie Verdünner an Straßenkinder verkaufen, dann werden andere auch an der Kinderprostitution verdienen wollen. Traurig, traurig."

„Ja schon, aber wie sollten wir überleben, wenn es weder Verdünner noch billige Hotels gäbe?" Sie nimmt einen Zug von ihrem Verdünner. Mir wird klar, dass ich sie nicht überzeugen kann, solange sie in diesem Zustand ist. Nicht, weil sie Verdünner inhaliert, es ist eine andere bewusstseinsverändernde Droge, die ihre Wahrnehmung blockiert: die Droge der Selbstverachtung. Aber trotzdem – wie kann ich einer Linie von Entwürdigung und Missbrauch, die sich durch mein ganzes Leben zieht und schließlich zu einem kaputten Selbstwertgefühl geführt hat, eine andere Richtung geben? Ich sitze und zittere, denn mein Allerwertester ist mittlerweile durch die kühle Betonbank eiskalt geworden.

„Ich muss jetzt gehen", sagt sie. „Geld verdienen."

„Warte", sage ich, „geh nicht", muss aber eine Begründung schuldig bleiben.

„Warum nicht? Ich habe keine andere Wahl, verstehen Sie denn nicht? Ich muss Geld verdienen."

„Warum verkaufst du keine Süßigkeiten oder Getränke? Oder putzt Schuhe?"

„Ich mache nun mal das", sagt sie und präsentiert mir ihr Outfit.

„Verstehe", sage ich, „aber warum kannst du nicht einmal eine Nacht Pause machen? Ich möchte mehr aus deinem Leben hören."

„Meinem Leben? Ich bin dreizehn und Straßenkind. Was müssen Sie sonst noch wissen?"

„Ich will die Details wissen."

„Nein", sagt sie und ich weiß nicht, ob ich sie verärgert habe.

„Ich möchte, dass die Welt von deinem Leben erfährt, dass sie weiß, womit du zu kämpfen hast. Dein Leben ist so wichtig wie das eines jeden anderen. Genauso wichtig wie meines oder das des Präsidenten."

„Nein, das ist es nicht", schnappt sie zurück und will meine Worte nicht mehr hören. „Hören Sie auf, mich zu veräppeln." Sie wendet sich zum Gehen.

„Ich gebe dir fünfzehn Bolivianos, wenn ich dich interviewen darf."

Vicki wirft mir einen Blick zu, als sei ich eine Erscheinung. Warum sollte ihr irgendjemand Geld dafür bezahlen, dass sie ihm aus ihrem Leben erzählt? Ich kann an ihrem Gesichtsausdruck erkennen, dass ihr diese Gedanken durch den Kopf schießen. Oder sollte ihre Geschichte vielleicht doch interessant genug sein, um Gehör zu finden? Es sieht so aus, als ob sie mein Angebot gern annehmen würde, aber zögert, weil sie überlegt, ob sie mich noch auf zwanzig oder fünfundzwanzig Bolivianos hochhandeln kann. Als ihr klar wird, dass es ihr eigentlich ganz guttun würde, wenn sie sich ihre ganze Geschichte mal vom Herzen reden könnte, und das Geld dabei nur eine untergeordnete Rolle spielt, setzt sie sich neben mich. Ich schalte mein Diktaphon ein. Sie holt tief Luft und ich merke schnell, dass *Vicki* reden kann. Und das ist wunderbar.

* * *

„Seit ich sieben Jahre alt war, bin ich mehrmals von Zuhause weggelaufen und wieder zurückgekommen. Meine Mutter hat mich einfach zu viel geschlagen.

Sie hat das mit Stöcken getan, manchmal mit einem Gürtel.

Mein Vater war ein „asoziales Element" und ein Dieb. Sie haben sich sehr oft gestritten. Manchmal hat mein Vater von mir verlangt, dass ich ihm eine Schere gebe, damit er meine Mutter erstechen könnte. Ich habe „Nein!" gesagt, während er sie brutal zusammengeschlagen hat. „Nein, bitte!", habe ich gesagt, er hat mich weggestoßen und ich habe in einer Ecke geweint. Das alles hat mir große Angst gemacht, und deshalb bin ich immer wieder von Zuhause weggelaufen. „Was soll ich nur machen?", habe ich mich ständig gefragt. Jahr um Jahr ist vergangen und meine Mutter hat nicht aufgehört, mich zu schlagen. Also hat mich meine Schwester irgendwann mitgenommen auf die Straße. Ich war also abwechselnd auf der Straße und zu Hause.

Irgendwann hat sich mein Vater von meiner Mutter scheiden lassen und eine andere Frau geheiratet. Auch meine Mutter hat wieder einen Mann gefunden, der sehr nett war. Aber dann hat sie sich wieder von ihm getrennt und einen anderen Mann ins Haus geholt. Zu der Zeit hatte mein Vater schon Kinder mit der anderen Frau, weshalb er für uns kein Geld mehr übrig hatte. Das hat mich sehr traurig gemacht. Dazu kam, dass mich meine Mutter nicht in die Schule geschickt hat. Eigentlich hat sich nur noch meine Großmutter um mich gekümmert. Meine Mutter hat mich sehr viel geschlagen, und deshalb bin ich oft weggelaufen. Als mir dann eines Tages eine Frau Waren im Wert von zweihundert Bolivianos gestohlen hat, hab

ich Prügel bezogen, bis ich in die Hose gemacht habe. Also bin ich weg-
gelaufen, bald ging es mit Stehlen los und mit Gummilösung inhalieren.

Wenn mich die brutalen Männer erwischt haben, wurde ich verprügelt,
und wenn ich das nicht wollte, haben sie gesagt: „Nun gut, dann machen
wir ein bisschen Liebe, irgendwo in einer dunklen Ecke.“ Wenn ich mit
Schreien gedroht habe, wurde ich noch fester geschlagen und sie haben mich
erst laufen lassen, wenn ein paar Straßenjungen gekommen sind und mir
geholfen haben.

Irgendwann bin ich nach Cochabamba gefahren, wo aber dieselbe Ge-
walt herrschte, und jetzt bin ich hier. Ich habe auch schon einmal in einem
Waisenhaus gewohnt, aber meine Mutter hat mich dort schnell aufgestöbert
und nicht in Ruhe gelassen. Deshalb bin ich wieder weg von dort. Dennoch
habe ich immer wieder versucht, ein besseres Verhältnis zu meiner Mutter
zu bekommen. Doch eines Tages hat sie mich sogar mit einem Messer an
der Hand verletzt. Danach hat mich meine Großmutter zum Haus meines
Vaters geschickt, aber der war drogenabhängig und hat versucht, mich zu
vergewaltigen, weil ich meine Stiefschwester genervt habe. Er wollte mich
schlagen, aber ich habe ihn gebeten, es nicht zu tun. Also hat er mich in ein
Zimmer gebracht und mir gesagt, ich solle meine Hosen runterlassen. Ich
habe ihm gesagt: „Nein, Papa, bitte. Nein, Papa, bitte. Nein, Papa, bitte.“
Und dann hat er gesagt: „Okay, aber halte die Klappe und sage keinem,
was ich gesagt habe.“

Aus Angst vor ihm bin ich also wieder weggelaufen. Das war in Santa
Cruz. Mein Vater hat mich aber bald aufgestöbert und zurück zu meiner
Mutter geschickt. Die hat zu der Zeit mit einem ekelhaften Kerl zusam-
mengelebt, der ständig an meiner Schwester und mir herumgefummelt hat.
Ich habe oft eine Menge geweint und meine Mutter war böse. Sie hat im-
mer gesagt: „Verflucht sei der Augenblick, in dem du geboren wurdest, denn
nur wegen dir sind dein Vater und ich auseinander.“ Und Großmutter
meinte immer: „Geh deiner Mutter aus dem Weg.“ Ich habe versucht, so
wenig wie möglich zu Hause zu sein, aber meine Mutter hat mich immer
gefunden und geschlagen.

Mein Stiefvater hat mir einmal zu Weihnachten ein Radio, ein Bügelei-
sen und einen Mixer geschenkt. Doch dann ist er mit meiner Mutter nach
Hause gekommen und sie waren beide betrunken. Im Rausch wurde er
immer aggressiv, also hat er mich angeschrien: „Faule Imilla [Mädchen],
warum arbeitest du nicht?“, und hat mir meine Geschenke wieder wegge-

nommen. Ich habe protestiert: „Aber das sind meine Weihnachtsgeschenke von dir." Und er hat geantwortet: „Du sollst arbeiten, faule Imilla; kauf dir deine Sachen selber." Dann habe ich voller Wut das Radio nach ihm geworfen und ihn beinahe getroffen. Meine Mutter hat natürlich Partei für ihn ergriffen: „Warum tut mir diese Hexenimilla das an? Warum arbeitet sie nicht?"

Und so habe ich angefangen, nur noch auf der Straße zu leben, wo ich Jungen und Mädchen getroffen und mit ihnen Verdünner inhaliert habe. Doch selbst da ist meine Mutter immer wieder aufgetaucht und wollte was abhaben vom Stoff. Ich hab ihr aber nichts gegeben und gleich wieder Dresche bezogen. Manchmal hat sie sogar ihr Baby fallen lassen. Wenn meine Mutter mal nicht betrunken ist, tut ihr das alles ziemlich leid, aber die meiste Zeit schreit sie mich an.

Ich lebe jetzt komplett auf der Straße."

* * *

Vicki beendet die Geschichte ihrer dreizehn Jahre mit einem Seufzen. Wir warten, bis sich der Seufzer in unseren Ohren gesetzt hat, und sehen zu, wie drei Mädchen aus dem Park kommen, um ihre Körper zu verkaufen.

„Könntest du dir vorstellen, wieder in einem Waisenhaus zu leben?", frage ich.

Vicki spricht in das Diktaphon, als handele es sich bei ihm um ein Mikrofon der UN-Vollversammlung. „Viele Straßenkinder haben Angst vor Waisenhäusern, weil sie den Menschen nicht trauen, die an diesen Orten arbeiten. Sie könnten uns verletzen oder uns bestehlen und uns beschimpfen, weil wir sind, wie wir sind."

„Hast du Angst?", frage ich sie.

„Ich habe Angst", sagt sie, wobei sie ihr Halstuch so schnell löst, als hätte es sie gewürgt. „Ich habe Angst, dass meine Mutter mich dort aufstöbern könnte. Sie hat mich noch immer gefunden, wenn ich in einem Waisenhaus gewesen bin. Zwei Heime habe ich schon durch und sehe keinen Sinn darin, in noch eins zu gehen."

Sollte ich sie ins *Yassela*-Waisenhaus bringen? Wäre das *Yassela* gut für *Vicki? Mercedes* ist aus dem *Yassela* weggelaufen, *Daniela* wurde hinausgeworfen. Daran sind viele Menschen schuld; aber das ändert nichts an dem Ergebnis: Zwei Mädchen sind wieder auf der Straße, ein Baby ist tot.

„Abgesehen davon, Dr. *Chi*", unterbricht *Vicki* meine Gedanken, „bin ich abhängig von Verdünner. Ich nehme Drogen. Sie werden mich also niemals in einem Waisenhaus aufnehmen. Das sind Orte für Kinder, die ihre Eltern verloren haben. Sie wollen dort keine Kinder, die wie ich schon eine lange Zeit auf der Straße gelebt haben."

„Glaubst du nicht, dass du aufhören könntest, Drogen zu nehmen, *Vicki*?"

„Dr. *Chi*, verstehen Sie denn nicht?", fragt sie und ihr flehender Blick drängt mich, die Dinge aus ihrem Blickwinkel zu betrachten. „Sie sind doch schon lange genug hier, Sie müssen es doch wissen. Wir nehmen Drogen, weil wir uns betrogen fühlen. Was soll ich drum herumreden – ich *muss* die Drogen nehmen, weil sie mich meine Sorgen vergessen lassen. Natürlich ruiniert mich das Zeug, aber ich *muss* meine Sorgen vergessen, denn ohne den Stoff schneide ich mir die Pulsadern auf und sterbe."

„Du lebst also in voller Absicht auf der Straße?", frage ich sie.

„Ich bin froh, wenn ich Essen habe, und keine Not, wenn ich unterstützt werde. Ich bin nicht froh, wenn ich mich allein fühle, wenn ich spüre, dass mich keiner unterstützt. Und so fühle ich mich auch jetzt – einsam und ohne Unterstützung. Ich bin immer einsam." Ganz sachlich wird *Vickis* Blick jetzt. Sie möchte einfach nur, dass ich sie verstehe, dass ich weiß, wie sie sich fühlt. Sie will kein Mitleid, sie ist auch nicht niedergeschlagen.

„Du sagst, dass du einsam bist, aber du scheinst eine Menge Freunde zu haben", sage ich.

„Ich habe Freunde, aber sie sind manchmal böse."

„Weißt du", sage ich ihr, „wenn du die Straße verlässt, kannst du deine alten Freunde behalten und neue Freunde kennenlernen. Vielleicht findest du ja auch welche, die nicht böse sind. Und du hättest es nicht mehr mit gewalttätigen Männern zu tun."

Wieder hat *Vicki* einen Einwand: „Ich würde die Straße ja gern verlassen, aber ich habe keine Geburtsurkunde, weil sich meine Eltern nie um sowas gekümmert haben. Wenn ich so ein Dokument hätte, könnte ich arbeiten gehen, zum Beispiel Teller waschen, aber ich habe weder diese Bescheinigung noch andere Ausweispapiere. Manchmal frage ich Leute, ob sie nicht eine Hausangestellte brauchen, aber sie fragen immer zurück: ‚Hast du korrekte Papiere?' Ich sage: ‚Nein, aber ich kann arbeiten. Vertrauen Sie mir.' Trotzdem – sie wollen immer eine Geburtsurkunde oder irgendeine andere Garantie, doch ich habe nichts dergleichen."

Vicki holt tief Luft. Sie weiß nichts von Biografien und Öffentlichkeitskampagnen, aber sie ahnt, dass irgendjemand – vielleicht nur eine Handvoll Menschen – eines Tages ihre Worte lesen könnte. Deshalb möchte sie das Bild ihres Lebens abrunden und schließt: „Das Wichtigste in meinem Leben sind meine Schwestern. Sie leben immer noch bei meiner Mutter, also sehe ich sie nicht sehr oft."

„*Vicki*", sage ich zu ihr, „du bist für mich auch wie eine Schwester, meine jüngere Schwester. Wie kann ich erreichen, dass du die Straße verlässt, wie kann ich dir und all den anderen Straßenkindern helfen?"

„Wie Sie uns helfen können?", wiederholt sie. „Es gibt immer wieder Leute, die Straßeneinsätze machen, uns mit verschiedenen Aktionen unterstützen. Eigentlich ist das eine gute Sache. Sie helfen uns bei verschiedenen Dingen und geben uns Essen. Ich fände es toll, wenn Sie uns im medizinischen Bereich helfen würden, weil wir dafür kein Geld haben."

Sie sieht auf ihre Hände hinunter, in denen sie ihr Halstuch wie eine Wassermühle herumdreht. „Und" – sie sieht mich an, überlegt, wie sie es in Worte fassen soll – „Sie können helfen, indem Sie den Leuten ganz einfach erklären, wie wir sind."

„Warum glauben die Menschen, dass Straßenkinder böse sind?"

„Weil wir immer schmutzig sind", sagt sie. „Weil wir keinen Ort haben, wo wir schlafen können, und weil wir inhalieren, wobei sie natürlich mitkriegen, wenn wir high sind. Dazu kommt, dass immer wieder Leute von Straßengangs überfallen werden und wir dann mit denen in einen Topf geworfen werden. Ich denke, es gibt gute Menschen und schlechte Menschen, die uns nicht verstehen wollen. Und es gibt böse, aber auch gute Straßenkinder."

25. TANZE MIT MIR

23:00 Uhr, 25. Januar 1998
Alonzo de Mendoza

Vicki ist für mich wirklich wie eine Schwester. Sie fragt mich, wie es mir geht, und interessiert sich für das, was ich tue. Es ist seltsam, denn die meisten Straßenkinder sind nur an sich selbst interessiert und reden ausschließlich über ihre eigenen Probleme – was ja eigentlich auch normal ist, wenn man sich am Ende der Nahrungskette befindet.

Im Lauf der Monate erzähle ich *Vicki* einiges aus meinem Leben: dass ich in einem taiwanesischen Elternhaus aufgewachsen bin, stets versucht habe, nur die besten Noten zu bekommen, und dann Medizin studiert habe. Auch von *Mingfang* erzähle ich ihr – aber nicht alles, etwas behalte ich für mich, nämlich das, was nach dem Tod meiner Schwester passiert ist.

Wenn ich nachts durch die Straßen wandere, um den Kindern zu helfen, versuche ich jedem von ihnen zu verstehen zu geben, dass es etwas Besonderes ist. Doch „meine kleine Schwester *Vicki*" behalte ich besonders im Blick.

Gerade eben hat sie mit einigen anderen Straßenkindern *choro-moro* gespielt, ein bizarres bolivianisches Kinderspiel: Eine Mannschaft bildet eine Reihe, wobei jedes Kind den Kopf zwischen die Beine seines Vordermannes steckt. Die Gegner stellen sich dahinter auf und springen von dort aus nacheinander auf die menschliche Schlange auf, landen also auf dem Rücken des letzten Kindes und arbeiten sich von dort aus vorwärts. Je mehr Mitglieder der springenden Mannschaft sich oben halten können, desto mehr Punkte bekommt sie. Um das zu verhindern, schüttelt sich die Schlange natürlich hin und her. Irgendwann tauschen die Teams ihre Rollen. Für mich ist es ein Beweis für *Vickis* ungebrochenen Geist, dass sie dieses Jungenspiel mitspielt.

Ich lasse mich mit ihr auf einer Betonbank nieder.

„Wissen Sie, *Chi*", sagt *Vicki* mir, „Sie sind bekloppt."

„Bitte was?", frage ich.

„Sie haben mich doch gehört: *Tonto!*", wiederholt sie leidenschaftlich. „Sie verstehen doch Spanisch, oder etwa nicht?"

„Warum bin ich *tonto*?", frage ich.

„Sie hätten die ganzen Monate lang Ihren Spaß haben können, stattdessen hängen Sie hier bei uns auf der Straße herum."

„Du bist doch auch hier, oder?"

„Jau, aber ich habe auch keine andere Wahl", verteidigt sie sich. Es bricht mir das Herz, sie so etwas sagen zu hören. Ihre Hoffnungslosigkeit, die sich mit ihrem Selbsthass verbündet, wird noch dafür sorgen, dass sie nie von der Straße wegkommt.

„Du hast sehr wohl eine Wahl", widerspreche ich ihr. „Du siehst sie nur gerade nicht. Ganz abgesehen davon ist es gar nicht so schlimm, mit euch herumzuhängen."

„Ich denke, es ist ziemlich langweilig."

„Trotzdem – warum, meinst du, verbringe ich wohl einen Teil meiner ‚besten Jahre' bei den Straßenkindern?", frage ich sie.

„Ich weiß es wirklich nicht." *Vicki* dreht ihr Gesicht in den Wind, der ihr durch das Haar streicht.

„Denk mal darüber nach", sage ich.

„*Chi*, mit dem Verdünner kann ich nicht klar denken."

„Dann hör für ein paar Minuten mit der Schnüffelei auf und denk nach." Ich versuche schon seit Wochen, sie von dem Zeug wegzubekommen.

Vicki stopft sich ihr Baumwollknäuel in den Ärmel und holt tief Luft. „Ist es wegen dem Sex?"

„Bitte?" Ich versuche zu überspielen, dass ich beleidigt bin. „Hältst du mich etwa für einen Freier?"

Vicki sieht mich an und neigt den Kopf. Aus vielen traurigen Gründen scheint es für *Vicki* beruhigender zu sein, in mir eine Art Freier zu sehen als einen erwachsenen Mann, der sich um ihr Wohlergehen sorgt.

„Warum sollten Sie sonst hier sein", fragt sie, „wo Sie doch auch mit Ihren Freunden das Leben genießen könnten? Oder mit Ihrer Freundin?"

„Sag du es mir", sage ich.

„Sie wollen uns helfen?", fragt sie.

„Ja", sage ich. „Das gehört dazu."

„Ähm." Sie holt ihren Stofffetzen hervor und nimmt einen tiefen Zug Verdünner. „Es ist diese christliche Sache."

„Was ist ‚diese christliche Sache'?"

„Diese christliche Sache", sie atmet aus und ihre Worte bilden in der kalten Luft ein weißes Wölkchen, „ist, dass Sie gute Werke tun müssen, damit Gott Sie lieb hat."

„So in der Art", sage ich. „Aber meine Werke besorgen mir kein Ticket in den Himmel, verstehst du?"

„Das tun sie nicht?", fragt sie.

„Nein."

„Sie sind also hier, weil Sie hier sein wollen. Weil …"

„Weil was?"

„Weil Sie Gott lieben?"

Wiederholt sie nur ein Klischee? Etwas, was sie ein anderes Straßenkind während einer Busfahrt hat aufsagen hören?

„Ja", sage ich. „Bei dem meisten, was ich im Leben tue, bildet das den Hintergrund und ich bin lieber hier als irgendwo anders auf der Welt. Weil ich gern sehe, wie Kinder wieder Kinder werden. Weil ich in jedem Kind das Gesicht Gottes erkennen kann."

„Sie sind nicht nur dumm", lallt sie in ihrem zugedröhnten Tonfall, „Sie sind verrückt."

„Vielleicht", piepse ich. „Aber ich bin glücklich. Glücklicher als ich jemals zuvor gewesen bin. Das hier ist einer der wenigen Orte auf der Welt, wo ich mich wirklich lebendig fühle, wo ich den Eindruck habe, dass ich dem Himmel wirklich nahe bin."

Vicki belässt es dabei. Sie wird später darüber nachdenken, später wird es in ihr sacken. Sie plappert weiter. Und weiter. Sie redet so viel, dass ich sie manchmal ausblende. Manchmal kommt es mir so vor, als würde sie nur reden, um sich selbst zu hören. Es ist, als würde sie sagen: „Ja, Welt, ich existiere." Vielleicht sollte ihr die Welt einmal sagen, dass sie ruhig ab und zu mal die Klappe halten könnte. Nein, das wollte ich nicht gesagt haben. Die Welt hat ihr schon viel zu oft den Mund verboten.

„Wenn mir jemand hilft", stellt sie schließlich fest, „dann werde ich überleben und die Straße verlassen. Dann kann ich lernen und arbeiten gehen."

„Du wirst was?"

Verlegen murmelt sie: „Ich möchte Kosmetikerin werden."

Irgendwie verstehe ich heute ihr Spanisch nicht so gut. „Was willst du werden?"

„Eine Kosmetikerin!", schreit sie. *Vicki* träumt davon, Menschen wieder aufzurichten, sie schön aussehen zu lassen. Wenn ich bedenke, wie hässlich ihr eigenes Selbstbild, ihr ganzes Leben ist, dann finde ich diesen Wunsch ungeheuer rührend, irgendwie traurig und vollkommen wunderbar.

„Eine Kosmetikerin, hm?", frage ich. „Vielleicht kannst du dann auch mich ein bisschen verschönern. Aber das ist unmöglich, oder?"

Vicki lacht. „Am liebsten lackiere ich Fingernägel", sagt sie. „Irgendwann einmal habe ich an einem öffentlich gesponserten Kurs teilgenommen, wo ich gelernt habe, wie man auf Leinwand malt, Siebdruck macht und töpfert."

„Ich glaube, du wärst eine gute Kosmetikerin." Tatsächlich hat sie heute Nacht einen großen Schritt in diese hoffnungsvolle Zukunft getan. „Hast du mich gehört? Ich habe gesagt, du wärst eine gute Kosmetikerin."

Sie stimmt weder zu noch widerspricht sie. Stattdessen lehnt sie sich über die Betonbank und will mich auf den Mund küssen, doch ich drehe das Gesicht weg und lasse nur ein Bussi auf die Backe zu. Bolivianische Frauen küssen sich auf die Wangen, wenn sie auseinandergehen, aber *Vicki* geht nicht, und weil sie bleibt, wird unsere Situation etwas peinlich. Eigentlich müsste ich jetzt etwas sagen, aber was würde es helfen? Sie ist erst von den Eltern abgelehnt worden und dann von der Welt. Von mir ebenfalls zurückgestoßen zu werden – braucht sie das jetzt auch noch?

Kleine Schwester, ich möchte dir gerne sagen, dass du vielleicht zu tieferen Gefühlen – auch Mitgefühl – fähig bist, als ich es je sein werde, doch leider gehst du manchmal in diesen Tiefen unter, ertrinkst in deinem Selbsthass.

Wir tun so, als sei nichts geschehen, und wir fachsimpeln darüber, wie man Menschen schöner machen kann.

* * *

Heute Abend trägt *Vicki* Freizeitkleidung, keine Arbeitsklamotten, sie hat weite lila Jogginghosen und einen Schlabberpullover an. Es wäre Zeit für sie, zur „Arbeit" zu gehen, aber sie schlendert mit mir über den Alonzo de Mendoza. Manchmal nimmt sie sich den Abend frei und begleitet mich, wenn ich meine Straßenpatienten behandle.

Heute Abend sucht meine kleine Schwester ganz besonders Körperkontakt zu den Jungen, schmiegt sich an sie, legt den Arm um sie. Diesen Anblick kann ich kaum ertragen, also konzentriere ich mich auf meine Arbeit. Um 1:35 Uhr packe ich meine Sachen zusammen und will gerade nach Hause gehen, als *Vicki* noch einmal neben mir auftaucht. „Wir sollten mal zusammen auf eine Party gehen, *Chi*", sagt sie und versucht, mir in die Augen zu sehen. „Sie können mich doch in einen Club ausführen."

„Ich glaube nicht, dass das eine gute Idee wäre." Mit einem ernsten Blick versuche ich, die Kontrolle zu übernehmen.

„Kommen Sie schon, *Chi*, was haben Sie denn gegen ein Tänzchen und ein paar Gläschen? Das tut doch keinem weh." Für Straßenmädchen bedeutet „tanzen", dass der Mann die Getränke bezahlt und das Mädchen dafür mit ihm schläft.

„*Vicki*", sage ich, „du weißt doch, dass ich nicht tanze. Schau dir doch nur meine beiden linken Füße an. Dazu kommt, dass ich das Rhythmusgefühl eines Huhns habe."

Sie kichert. „Ich werde das Huhn schon zum Tanzen bringen." Sie greift nach meinem Arm und schwingt mit ihrer Hüfte gegen meine.

„Nein." Ich wehre ihre Hand ab und trete zurück. „*Vicki*!" Ich sehe ihr geradewegs in die Augen. „Nein."

Vicki lässt sich auf eine Bank fallen und schmollt. Ich setze mich dazu, aber mit Sicherheitsabstand. Kaltes Schweigen. Ihr Blick schweift in die Ferne und sie seufzt, dann schnieft sie. *Er will nicht mit mir tanzen.* Ich kann die Worte in ihrem Kopf hören. *Er will nicht mit mir tanzen.* Sie glaubt mir dieses Mal. *Er will nicht mit mir tanzen!* Sie sieht mich an, geradewegs in die Augen, und verengt ihren Blick – aus Hass oder aus Neugier? „Ich wünschte", sagt *Vicki*, „ich wünschte, es gäbe mehr gute Männer wie Sie hier draußen."

Ich auch, sage ich zu mir selbst. Ich auch.

„Sie kommen morgen wieder", fragt sie, „nicht wahr?"

„Natürlich."

Sie steht auf und schlendert zu den Straßenjungen hinüber. Je weiter sie geht, desto langsamer wird sie, dann dreht sie sich um und sieht mich an. Auf ihrem Gesicht liegt der Ausdruck von Schmerz – und wenn nicht Schmerz, dann die traurige Frage nach ihrem Schicksal. Wann? Wo? Wie?

Ich auch, *Vicki*. Ich auch.

26. REGEN

14. Februar 1998,
Calle de las Americas (eine Straße, die am Alonzo de Mendoza entlang-
führt)

Der Alonzo de Mendoza braucht eine Dusche. Für diesen Zweck zieht sich der Park offensichtlich nackt aus. Prostituierte und Betrunkene sind in Deckung gegangen – irgendwo, bloß weg – und nun ist der Alonzo frei von allem menschlichen Beiwerk, um vom sauren Regen wütender Andenwolken gereinigt zu werden. Er ist die Bühne für einen funkelnden, prasselnden Steptanz unzähliger springender Wassergeister. Und ich bin der einzige Zeuge dieses monströsen Schauspiels.

Warum bin ich hier draußen? Gestern habe ich der jungen Tina versprochen, dass ich mich heute Abend noch einmal um die Ursache ihrer Schmerzen im Unterleib kümmere. Sie ist nicht hier. Ich schon. Dennoch – auch wenn die Chance, sie hier abzupassen, nur eins zu hundert ist –, wäre sie gekommen und hätte mich nicht angetroffen, dann hätte ich ihr Vertrauen verloren und eine Menge Glaubwürdigkeit. Ich drehe mich wie ein Kreisel in meiner Goretex-Jacke und suche die menschenleeren Straßen ab. Niemand. Irgendwann ist es Zeit, nach Hause zu gehen.

Aber was ist das? Ich muss schmunzeln. Es gibt noch einen anderen Menschen, der so verrückt ist wie ich und durch dieses kalte, strömende Wasser läuft. Es ist ein Mädchen, von Kopf bis Fuß in Lila gekleidet, das auf mich zusteuert, den Kopf unter einer Kapuze versteckt und die Arme verschränkt, um sich warm zu halten.

„*Vicki*!", rufe ich. „Bist du das?"

Sie wartet, bis sie bei mir ist, bevor sie mir eine Antwort gibt. „*Chi*!" Ein greller Blitz macht ein Foto von unseren Gesichtern, als wir uns gegenüberstehen. „Furchtbare Nacht, nicht wahr?", frage ich und wundere mich, dass sie hier draußen ist.

„Das kannst du wohl sagen!", überschreit sie den grollenden Himmel.

„Komm, wir stellen uns irgendwo unter", rufe ich.

Wir stapfen den Bürgersteig entlang, machen einen großen Schritt über einen dort liegenden Betrunkenen, den weder der Regen noch das Erbrochene vor seiner Nase zu stören scheinen.

„Wo sind die anderen Kinder?" frage ich.

„Kommen Sie mit, ich bringe Sie zu ein paar von ihnen." Sie wendet sich nach Norden. Humpelt sie oder kommt mir das nur so vor? Wir marschieren etwa fünf Minuten lang, bis wir drei orangefarbene Telefonzellen erreichen, deren Glasscheiben dicht beschlagen und von Graffitis übersät sind.

„Wo wirst du heute Nacht schlafen?", frage ich sie.

„Auf der Straße", sagt sie. „Wo denn sonst?"

„Kannst du dich irgendwo vor dem Regen schützen?"

„Danach suche ich ja gerade", sagt sie.

„Wo sind die anderen?"

„Na hier", sagt sie und zeigt auf die Telefonhäuschen, hinter deren Scheiben ich jetzt schemenhaft jeweils vier Augenpaare ausmachen kann. Ich öffne eine der Zellen und sie wackeln völlig unkontrolliert, denn die Kinder beginnen auf und ab zu hüpfen. „Joven *Chi*! Joven *Chi*! Kalte Nacht, hmm?"

„Ja, es ist ziemlich kühl", sage ich, gehe zur nächsten Telefonzelle und entdecke noch mehr Kinder.

„Ich habe Halsschmerzen", krächzt ein Junge und ein Mädchen jammert: „Sieh dir meinen Mund an." Die Lippen der Kleinen sind daumendick angeschwollen als Folge einer allergischen Reaktion auf Verdünner.

„Meine Unterlippe ist aufgesprungen." Während ich die beiden behandle, stehen bereits andere Kinder im Regen an. Kurzerhand mache ich aus der Telefonzelle ein Behandlungszimmer. Als ich fertig bin, zupft mich *Vicki* am Ärmel. „Ich muss mit Ihnen reden."

Wir gehen zu einer Telefonzelle, die nur von einem zehnjährigen Jungen mit Namen *José* besetzt ist. „Ich muss mit *Chi* reden", gibt *Vicki* Bescheid. „Raus mit dir!"

„Bist du verrückt?", mault *José*. „Es regnet."

„Ich muss aber mit *Chi* über etwas Privates reden."

„Mir doch egal", erwidert er.

„Nur für ein paar Minuten, *José*", sage ich ihm. Der Junge verlässt grummelnd die Zelle.

„Was ist los?", frage ich sie.

„Mein Bauch tut weh", sagt sie.

„Warum tut er weh?"

„Einer der Jungen hat mich in den Bauch geboxt." Sie hält sich den Unterleib.

„Warum hat er das getan?"

„Weil ich es ihm nicht besorgt habe." Der Regen trommelt gegen die Scheiben des Telefonhäuschens und dämpft jedes Wort.

„Was hast du gesagt?", frage ich.

„Er wollte mich. Sie wissen schon."

„Oh", erwidere ich. „Was hast du da gemacht?"

„Ich habe Nein gesagt", sagt sie ohne eine Spur von Stolz oder Scham.

„Und dann?"

„Und dann hat er mich vor Wut in den Magen geschlagen. *Chi*, es hat so weh getan, dass ich in die Knie gegangen bin und angefangen habe zu weinen. Und dann ist er weggegangen."

Mein Puls steigt dramatisch und mir ist nicht länger kalt. Eine Stinkwut habe ich auf den Jungen, ich möchte ihn mir vorknöpfen und ihm eine Abreibung verpassen. *Vicki* ist doch noch ein Kind, sie ist arm, sie ist obdachlos und sie ist ein Mädchen. Ein Paar Schläge und sie wäre übel dran gewesen. Ich wollte, ich wäre da gewesen, als sie sich vor Schmerzen krümmte, als sie zitternd auf dem Betonboden lag. Ich wollte, ich hätte sie trösten können. Aber ich war nicht dabei. Sie hatte niemanden, an dessen Schulter sie sich hätte ausweinen können.

„Warum hast du mich nicht angerufen?", frage ich sie. „Ich habe dir Geld gegeben und meine Telefonnummer, damit du mich jederzeit anrufen kannst."

„Ich weiß, aber ich habe nicht daran gedacht", haucht *Vicki*. „Ich hatte zu viel Angst."

„Wo ist der Junge jetzt?"

„Keine Ahnung" – *Vicki* verschränkt die Arme – „und es ist mir auch egal."

„Oh nein, es ist dir nicht egal, sonst hättest du mich nicht gesucht. Oder liege ich da falsch?"

„Nein", flüstert sie und das Wort kommt als kleines Atemwölkchen aus ihrem Mund. „Mir ist es egal. Mir ist alles egal. Haben Sie das noch nicht gemerkt, *Chi*? Mir ist egal, was mit mir passiert. Ich bin doch nur Müll, also lassen Sie mich in Ruhe."

„Ausgeschlossen, ich werde dich nicht in Ruhe lassen."

Oh *Vicki*, du erwartest, wie Müll behandelt zu werden, deswegen bist du nie enttäuscht. Du versteinerst dein Herz. Niemand kann ein totes Mädchen verletzen. Und dennoch – wer bin ich, dass ich diesen Schutzmechanismus aufbrechen und dir beweisen will, dass du lebst? Was hast du davon, wenn du weißt, dass du ein Mensch bist, aber kein anderer tut es? Kannst du auf der Straße überleben, wenn du auf deiner Würde bestehst? Kann sich ein Straßenkind Selbstwertgefühle überhaupt leisten? Alle Kinder Gottes sind gleich geschaffen. Aber wer lebt schon so, als ob das wahr wäre? Wenn ein Kind aus der ersten Welt in einen Brunnen fällt, erregt es mehr Mitleid als Millionen Straßenkinder in den Entwicklungsländern zusammen. Soll ich *Vicki* irgendwelche Hoffnungen machen? „*Vicki*", frage ich, „wo ist der Junge? Wenn du nicht wolltest, dass ich mit ihm rede, dann hättest du dich doch wohl kaum im Regen auf die Suche nach mir begeben, um es mir zu erzählen."

Ein Blitz spaltet den Himmel und bringt ihre Augen kurzzeitig zum Leuchten, sogar in dieser Telefonzelle. Sie sagt: „Ich glaube, Sie haben Recht."

„Dann lass uns ihn suchen gehen", sage ich.

„Aber es regnet." Sie hält ihre Handfläche nach oben, so als würde es auch in dem Telefonhäuschen regnen.

„Was sind schon ein paar Tropfen", frage ich sie. „Wie heißt er?"

„*Eric*", sagt sie. Ich öffne die Zelle und wir sehen hinaus. Wollen wir wirklich dort hinausgehen? Auf der Straße missbrauchen die Starken die Schwachen und Gerechtigkeit geschieht höchstens gelegentlich, zufällig, auf jeden Fall nicht in zielgerichteter Weise. Können wir das Gesetz der Straße ändern? José schlüpft wieder in die Telefonzelle. Unsere drei Minuten sind vorbei und wir treten wieder in den Regen hinaus, unsicher, in welche Richtung wir uns aufmachen sollen, aber wir ziehen trotzdem los, die Calle de las America hinunter, beide Köpfe unter Kapuzen verborgen, meine aus Goretex, ihre aus Baumwolle. Wir gehen die gesamte Las America hinunter, biegen ab, nehmen diesen und jenen Weg, biegen wieder ab, schauen in den üblichen Ecken der Innenstadt nach. Etwa vierzig Minuten sind wir unterwegs, vierzig Minuten lang lässt der Regen kein bisschen nach und *Vicki* auch nicht. Sie läuft eine Straße nach der anderen entlang, während ich darauf warte, dass sie aufgibt. Langsam bekomme ich ernsthaft Zweifel, dass wir *Eric* jemals finden werden. Aber *Vicki* kennt jeden Winkel und jede Ecke der Innenstadt und so machen wir weiter.

Irgendwann wird ihr Tempo langsamer. Sie bleibt vor dem Dachüberhang einer Ladenpassage stehen, ich halte erleichtert neben ihr an und warte darauf, dass sie mir sagt, sie wolle aufgeben. Stattdessen holt sie mit dem Fuß aus und tritt ein Knäuel, das unter dem Überhang liegt, eine Gestalt, die ich durch den grauen Nebel, der vom Himmel fällt, noch nicht einmal gesehen hatte. Der Junge schreit auf und hält sich das rechte Bein.

„Miststück!", bellt der Junge.

„Du Arsch!", kreischt *Vicki* zurück. Der Junge sieht mich an. Anscheinend fragt er sich, was ich hier zu suchen habe. Er ist recht groß für einen Teenager, ein Schlag seiner Faust würde mich vermutlich zu Boden strecken. Ich kann mir kaum vorstellen, wie das für *Vicki* gewesen sein muss.

„Beruhige dich und tritt einen Schritt zurück", raune ich *Vicki* zu und ziehe sie von *Eric* weg. Dann stehe ich vor ihm. Mein Herz schlägt schneller und schneller. „Steh auf!", belle ich. Ein Donnern verleiht meinen Worten Nachdruck.

Ein Blitz schlägt in einen Berggipfel ein und ich kann Angst im Gesicht des Jungen entdecken, als sein Kopf sich an der Tür eines Bekleidungsgeschäftes nach oben schiebt. Seine braunen Augen werden größer und seine Oberlippe fängt an zu zucken. Wahrscheinlich hat er mich schon oft durch die Straßen schlendern sehen, hat mir beim Fußball zugeschaut. Wo ist mein Mitleid mit dieser jungen Bestie?

„Was wollen Sie von mir?", fragt er mit zitternder Stimme.

„Hast du *Vicki* heute geschlagen?"

„Nein", antwortet er.

„Du dreckiger Lügner!", bellt *Vicki*.

„Halt die Klappe, *Vicki*", sage ich. „Hast du sie geschlagen?"

Eric sieht zuerst mich an, dann *Vicki*. Anscheinend wiegt er die beiden Elemente gegeneinander ab, die seine Welt bestimmen: Lüge und Wahrheit. Er möchte das Beste aus beidem. „Vielleicht", sagt er.

„Vielleicht?", überbrülle ich den Donner. Ein Blitz spaltet den Himmel in zwei Teile. „Was soll das heißen, ,vielleicht'? Entweder ja oder nein!"

„Ja." Er kriecht seitwärts die Mauer entlang. „Ja. Ja."

Eric ist vermutlich aus einer bettelarmen Familie weggelaufen, die in einer Lehmhütte in El Alto lebt. Gewalt ist für ihn eine Sprache und er kennt ihre verschiedenen Dialekte allzu gut: Knüppel auf den Kopf, Messer in die Seite, Schläge, Tritte, Schnitte, Hiebe. Wenn er spricht, will er, dass die anderen zuhören. Die Straße macht aus jeder Facette der menschlichen Existenz eine brutale Farce. Und jetzt fängt das auch bei mir an, denn ich packe den Jungen am Kragen und nagele ihn gegen die Glastür. Über seiner Schulter hängt ein „Geschlossen"-Schild. „Hör mir gut zu", stoße ich knurrend hervor. „Du wirst *Vicki* nie wieder auch nur berühren. Hast du mich verstanden?" Ich sehe in die stechenden Augen von *Eric*. Er könnte ein Messer aus der Tasche ziehen und mir in die Seite stoßen, wenn ich mich umdrehe. Er könnte die Jungen in seiner Gruppe zusammentrommeln und sie würden mich zusammenschlagen. Mir egal. „Hast du mich verstanden?"

„Ja, Don *Chi*", krächzt *Eric*, anscheinend beeindruckt vom entschlossenen Blick in meinen Augen. „Ich werde sie nie mehr berühren oder schlagen!"

Langsam lasse ich ihn los und er rennt wie ein geölter Blitz die Straße hinunter. Wie benommen stehe ich da und starre auf das „Geschlossen"-Schild. Wieder zuckt ein Blitz und ich sehe mein Spiegelbild in der Glastür. Was habe ich gerade getan? Es ist nicht richtig, Straßenkindern zu drohen. Oder etwa doch? Eigentlich egal, denn sie ist meine Schwester und ich kann sie so nicht nennen, wenn ich das nicht ernst meine. Die wichtigste Regel der Straße lautet „Schütze dich selbst!". Von deiner Geburt bis zu dem Zeitpunkt, wo du deinem Schöpfer gegenübertrittst, ist das alles, was für dich zählt, und auf der Straße sind dein Leben und das deiner Schwester ein und dasselbe. Ich drehe mich um und sehe *Vicki* an, die mich dankbar anlächelt.

Aber mal langsam – sie ist nicht wirklich deine Schwester, *Chi*. Und was wäre passiert, wenn ich *Eric* einfach nur eine Standpauke gehalten hätte? Vielleicht hätte er sich geändert?

Nein – ich will kein Risiko eingehen und alles in meiner Macht Stehende tun, damit meine Straßenschwester nie wieder geschlagen oder vergewaltigt wird. Schweigend gehen wir zurück zu den Telefonzellen.

„Ich bin froh, dass du mir die Geschichte mit dem Jungen erzählt hast", sage ich.

„Ich auch", antwortet *Vicki* und streicht sich das Haar aus dem Gesicht. Sie zieht nur noch selten die schicken Kleider an, die sie anhatte, als wir uns kennengelernt haben. Was ist los? War mein erster Eindruck richtig? Kann ein Straßenmädchen tatsächlich einen „extravaganten" Lebensstil dieser Art nicht durchhalten? Ist *Vicki* auf einem absteigenden Ast? Wir kommen zum Alonzo de Mendoza, der nun sauber daliegt. Die Exkremente sind weggewaschen und die Menschen kehren langsam wieder zurück. Wir gehen weiter. Die Straße glänzt.

Ich winke ein Taxi herbei. *Vicki* gibt mir einen Abschiedskuss auf die Wange. „Ciao", sagt sie.

„Ciao", wiederhole ich. „Hey – nur so nebenbei – die Schimpfworte stehen dir nicht, ja?"

„Okay." Sie sieht zu, wie ich in das Taxi einsteige. Mein Bett wartet auf mich und ich werde heute Nacht trocken und warm liegen, sie aber ist Nässe und Kälte ausgesetzt. Blitze zucken über den Himmel und ein neuerlicher Schauer entlädt sich prasselnd. Regentropfen trommeln gegen *Vickis* Wangenknochen, rinnen ihre Nase hinab und glitzern auf ihren Zähnen – sie lächelt wieder.

Kleine Schwester, stell dich unter.

27. KARTOFFELCHIPS

23:45 Uhr, 2. März 1998
Plaza San Francisco, Innenstadt von La Paz

Wenn etwas jeden Tag passiert, wie kann es dann trotzdem eine Tragödie sein?

Der Verkauf von vorpubertären weiblichen Körpern ist nun nichts Außergewöhnliches mehr in meinen Augen, Zuhälterei und Prostitution gehören für mich zum Alltag. Jede Nacht dieselben dreizehn- und vierzehnjährigen Mädchen und dieselben Betrunkenen und derselbe Preis und dieselben Stundenhotels. Nichts verändert sich wirklich.

Ich behandle selbstzugefügte Schnitte, nur um dieselben Arme am nächsten Abend wieder aufgeschlitzt zu sehen. Ich verschreibe Penicillin gegen Syphilis, damit sich das Mädchen beim nächsten Freier neu infizieren kann. Ich verabreiche Rehydrationsmittel an winzige, unterernährte Straßenbabys, damit sie einen frühen Tod sterben, oder schlimmer, zu Prostituierten heranwachsen, die geschlagen und vergewaltigt werden. Ist das Gottes Plan für mich? Ist das Gottes Plan für diese Mädchen? Ist das ein Witz Gottes? Ist das Seine Glaubensprüfung? Oder hat er uns einfach nur vergessen?

Aber – spielt das überhaupt eine Rolle? Natürlich spielt das eine Rolle für mich.

Alonzo de Mendoza. Ihre Kinder in ihren farbenfrohen *Ahuayos* auf den Rücken gebunden, sitzen die Mädchen zusammen und plappern durcheinander wie amerikanische Teens in einer Shoppingmall an einem Samstagnachmittag. Mitten unter ihnen sitzt *Vicki*, der Stein in meiner sisyphusähnlichen Existenz. Jeden Tag versuche ich, ihr Selbstwertgefühl mit anscheinend wertlosen Worten zu stärken. Jeden Tag dränge ich sie, mit dem Verdünnerschnüffeln aufzuhören. Jeden Tag erkläre ich ihr, wie sie ihr Geld durch den Verkauf von Limonade oder

Süßigkeiten verdienen kann, anstatt ihren Körper zu verkaufen. Jeden Tag kommt sie mit einem Lächeln und einem Nicken zu mir und ignoriert alles, was ich sage. Heute trägt sie rote Jeans und eine lila Baumwolljacke und steht geduldig neben mir, während ich mürrisch und abweisend meinen Gedanken nachhänge, die um das nächtliche Treiben auf dem Alonzo de Mendoza kreisen.

„Hallo", sagt sie.

„Hallo", erwidere ich und presse meine verschränkten Arme etwas fester an den Körper.

„Wollen wir Fußball spielen gehen, *Chi?*"

„Vielleicht später."

Vicki nimmt einen tiefen Zug von ihrem Verdünner.

„Warum schnüffelst du immer noch?", frage ich gewohnheitsmäßig.

„Weil es mir Spaß macht."

„Nun, lass es", gifte ich los und mein Tonfall überrascht mich selbst.

„Alles klar." Sie nimmt einen weiteren Zug.

Schweigen.

„Wie war dein Tag?", frage ich. „Hast du heute Geld verdient?"

„Oh ja, und zwar fünf Bolivianos."

„Ich dachte, dein Preis sei sechs Bolivianos."

„Das war er auch", sagt sie mit einem Lächeln und wartet anscheinend, dass ich reagiere. Zuerst hat sie aufgehört, sich schön anzuziehen. Nicht dass ich scharf drauf wäre, dass sie noch mehr Männern ins Auge sticht, aber jetzt senkt sie auch noch ihren Preis? Vielleicht lag ich falsch, vielleicht war ihr Wunsch, die Straße hinter sich zu lassen, nie stark genug ausgeprägt. Vielleicht helfe ich ihr nur, sich leichter mit einer permanenten Obdachlosigkeit abzufinden. „Auf welcher Straße wirst du heute Nacht schlafen?"

„Auf gar keiner Straße."

„In welchem Hotel?"

„In keinem."

„Wo wirst du dann schlafen?"

„In einem wunderschönen Haus."

Schweigen. In einem wunderschönen Haus? Träumt sie? Oder hat sie einen älteren Mann gefunden, der sie aushält?

„Einem Waisenhaus", stellt sie klar.

„Waaas?" Ich drehe meinen Kopf, um sie anzusehen. Ja, es ist wirklich *Vicki*, die hier mit mir spricht. „Seit wann lebst du nicht mehr auf der Straße?"

„Seit letzter Woche." Sie strahlt.

„Warum hast du mir nichts davon erzählt?"

„Sie haben mich nicht danach gefragt."

„Hmmm." Irgendwie traue ich mich nicht, ihr zu glauben. Es kommt mir vor, als habe ich zwar endlich den Stein den Hügel hinaufgeschoben, dort liegt er aber nun so wackelig, dass ich wette, er wird auf der anderen Seite wieder hinunterkullern. Und dann muss ich ihn wie Sisyphus wieder den Hügel hinaufrollen. Zweifelnd studiere ich ihr Gesicht, sehe ihre glühenden Wangen. Ja, das ist echt! Ich sage nichts und sie sagt nichts, weil wir beide nicht wollen, dass dieser Augenblick aufhört. Schließlich frage ich: „Aus welchem Grund hast du die Straße verlassen?"

„Würden Sie gern auf der Straße leben, *Chi*?" Sie deutet mit dem Kinn auf mich.

„N-nein", stottere ich. „Natürlich nicht."

Schweigen.

„Wie ist das Waisenhaus so?", frage ich.

„Es ist gut." Sie zuckt mit den Schultern. „Sogar wunderschön."

Wie kann ein heruntergekommenes Heim mit Matratzen, die nach Schimmel stinken, wunderschön sein? Nett vielleicht. Aber wunderschön?

„Inwiefern ist es schön?"

„Es ist mein Heim."

„Oh", erwidere ich, durch die simple Antwort zum Schweigen gebracht, die nicht näher an der Wahrheit sein könnte. „Was tust du den ganzen Tag lang?"

„Wir machen Handarbeiten, waschen unsere Kleidung, spielen Spiele und reden. Sie wissen schon, Mädchenkram. Wir reden über Jungs. Manchmal reden wir sogar über Sie."

„Ich bin kein Junge", sage ich ernst. „Das weißt du."

„Ich weiß."

Schweigen. *Vicki* drängt sich heute nicht an mich und auch ihren koketten Augenaufschlag lässt sie sein. Hat sie nun gelernt, sich mir gegenüber wie eine Schwester zu verhalten?

„Also", frage ich, weil ich immer noch versuche, die Puzzleteile zusammenzubekommen, „warum bist du heute Nacht hier auf der Straße?"

„Wir müssen erst um Mitternacht wieder im Heim sein", erklärt sie.

„Oh", sage ich. Ich frage mich, ob sie weiß, wie viel Uhr es ist.

„Wie spät ist es?", fragt sie.

„Halb zwölf."

„Dann muss ich gehen", sagt sie. „Kommen Sie ein Stück mit?"

Wir gehen schweigend die Calle de las Americas hinunter. Ich bin so glücklich und sie ist so glücklich, dass ich eigentlich nicht fragen möchte, was ich eigentlich fragen müsste, doch es muss jetzt sein. „Wie kannst du dich immer noch prostituieren, obwohl du nun in einem Heim wohnst?"

„Das tue ich doch gar nicht."

„Du hast doch gesagt, dass du fünf Bolivianos verdient hast."

„Ich verkaufe Kartoffelchips."

„Wirklich? Seit wann?"

„Letzte Woche habe ich damit angefangen."

Das haut mich um. Sie trägt keine modischen Klamotten mehr, weil sie sich vom Geschäft der Prostitution verabschiedet hat. Ihre Anstrengungen, meine Anstrengungen, unsere Anstrengungen – sie waren nicht umsonst. Nein, das Gegenteil ist der Fall. Indem sie ihre Geschichte erzählt hat, indem sie meine Anstöße aufgenommen hat, indem sie erkannt hat, dass ihr Wert nicht in ihrer Sexualität besteht, indem ich *Eric* für seine Grobheit bestraft habe, indem all diese Dinge geschehen sind und durch ihre Willenskraft hat *Vicki* gelernt, sich selbst zu achten, ihr Leben und ihren Körper. Ein Wunder, ein langsames und beständiges Wunder hat sich hier vor meiner Nase abgespielt und ich erkenne es erst jetzt.

„Wie läuft das Geschäft?", frage ich und meine Worte bedeuten jetzt etwas ganz anderes, unvergleichlich viel Schöneres als jemals zuvor.

„Es ist nicht leicht, den ganzen Tag lang Kartoffelchips zu verkaufen, um genug zu essen zu haben und zu überleben. Manchmal kann ich mir eine Kleinigkeit gönnen, auch wenn ich nun keine Männer mehr habe, die mich ausführen und mir schöne Dinge kaufen."

Wütend hupen sich die Autos und Busse auf der Plaza San Francisco an. Ein paar Straßenmädchen schlendern an uns vorbei und winken uns zu. Wir winken zurück. Und dann bleibt *Vicki* stehen. „Das ist meine Straße", erklärt sie. „Danke für das Gespräch."

„Es war mir ein Vergnügen", antworte ich mit sanfter Stimme. Ich möchte ihr sagen, wie stolz ich auf sie bin, wie glücklich. „Weißt du", sage ich, „wenn du jemals Probleme damit hast, deine Kartoffelchips loszuwerden – ich liebe Kartoffelchips. Meine Mutter sagt mir immer, dass ich zu dünn bin und wie ein kleines Ferkel gemästet werden muss."

Wir lächeln einander an und ich zwinkere ihr zu. Sie weiß mittlerweile, was ich mit diesem Zwinkern meine. Es bedeutet ein „Nein" zur Prostitution und ist Ausdruck der gemeinsamen Überzeugung, dass wir zusammen Schritte hin zu einem besseren Leben machen, eines, in dem wir hoffentlich nie mehr auf die Straße gehen müssen. Ein Zwinkern heißt, dass sie sich auf mich verlassen kann. Auch wenn ich wieder in Boston bin? Ich versuche, jetzt nicht daran zu denken.

„Danke, *Chi*", sagt sie. „Ich liebe ebenfalls Kartoffelchips." Sie hat seit Monaten nicht mehr so breit gelächelt.

Kartoffelscheiben mit einer Prise Salz, in einem Topf Öl frittiert. Eine fettige Tüte wird für einen Boliviano verkauft. Um sechs Tüten zu verkaufen, braucht man ungefähr acht Stunden. Damit hat man einen US-Dollar verdient, einen lumpigen Greenback. Ein Freier bringt ebenfalls einen Dollar ein und das in einem Bruchteil der Zeit. Aber diese Bruchteile der Zeit haben ihr Herz zerbrochen. Indem sie sich auf den längeren, langsameren Weg begibt, nimmt *Vicki* Nadel und Faden und versucht ein lebenswichtiges Organ – ihr Herz – wieder zusammenzunähen, bloßes Fleisch wieder in ein menschliches Körperteil zu verwandeln. Sie ist zurückgekehrt in ihre eigentliche, einzigartige menschliche Existenz.

Ich beschließe, nach Hause zu laufen, statt ein Taxi zu nehmen. Das dauert eine dreiviertel Stunde und ist überhaupt nicht langweilig. Nichts ist heute abend trostlos, alles kommt mir lebendiger vor als sonst. Jeder Lebensweg besteht aus einer Million kleiner Schritte und jeder dieser Schritte sollte gerne und sorgfältig gegangen werden. *Vicki* ist auf ihrem Lebensweg ein gutes Stück vorangekommen. Auch ich mache einen Schritt und verstehe jetzt ein bisschen besser, dass ich hier bin, um mit den Kindern unterwegs zu sein. Um diese kleinen Schritte mit den Kindern zu gehen, egal, in welcher Richtung sie unterwegs sind, egal, ob sie auf den Erfolg zulaufen oder das Versagen. Das Leben ist mehr als Erfolg oder Versagen, das Leben ist der Weg. Und wenn ich mit ihnen gehe, mag es sein, dass ich immer wieder überrascht bin, wo wir vorbeigekommen sind, wohin wir gehen und wo wir sind.

Heute Abend stehe ich im Lichtschein eines kleinen Wunders. Eines kleinen Wunders? *Vicki* hat in ihrem Herzen die Liebe zu sich selbst entdeckt. Das ist kein kleiner Schritt, das ist ein großer Satz und ich will weiterhin mit den Kindern unterwegs sein, egal, wie langwierig das sein mag, weil wir nirgendwo anzukommen scheinen. *Sei mit den Kindern unterwegs, wohin auch immer sie gehen.*

Das hört sich simpel an, aber nichts scheint näher an der Wahrheit zu sein.

28. KOPFNUSS

23:00 Uhr, 10. März 1998
Alonzo de Mendoza

Auf der Straße haben die Teenager, die sich prostituieren, und die jungen Mütter, die einer geregelten Arbeit nachgehen, keinerlei Vorbehalte gegeneinander, die meisten sind eng befreundet. *Mirta*, eine Prostituierte, prahlt, dass sie einem Freier, der nicht bezahlt hat, damit drohte, sie werde seine Frau ausfindig machen. Die anderen – Huren wie Mütter – klopfen ihr dafür auf die Schulter und prophezeien, dass er irgendwann kommen und das Geld auf den Tisch legen werde. *Fernanda* beschwert sich über einen Mann, der auf der Straße arbeitet und ihr fünf Bolivianos gestohlen hat. Sie wollte ihrem Baby von dem Geld eine zweite Windel kaufen. Die meisten Mütter besitzen nur eine Windel, die sie immer wieder im Fluss waschen.

„*Chi*, gib mir den Fußball", sagt *Christopher*, dessen Augen mir völlig geheilt vorkommen, obwohl ich noch keinen Sehtest gemacht habe mit ihm. Ich werfe ihm das Gewünschte zu und er rennt los und kickt eine Runde mit seinem Bruder *Daniel*. Irgendwann schießen sie den Ball versehentlich einem Mann gegen die Brust, der sofort wüst zu schimpfen beginnt auf die Straßenkinder. Doch die beiden Jungen nehmen davon kaum Notiz, sie sind mit Feuereifer bei der Organisation eines großen Fußballturniers.

Ich schneide einen Abszess am Bein eines Straßenmädchens namens *Noemi* auf, um ihre Wunde zu reinigen. Natürlich habe ich sie vorher mit einem Lokalanästhetikum eingerieben und sie merkt es kaum. Mittlerweile bin ich geradezu Profi darin, auf diesen bakterienverseuchten Straßen offene Operationen im kleinen Stil durchzuführen. Irgendwie schaffe ich es auch, den Kindern beizubringen, wie sie Wundinfektionen vermeiden, wenn sie auf Dreck und Exkrementen schlafen. Vorsichtig nähe ich *Noemi* zusammen und sie stapft ohne ein Wort zu sagen davon, beschwert sich auch nicht über mögliche Schmerzen. Seit Monaten bewege ich mich als ein Abgesandter der „Ersten Welt" unter den unsichtbaren Kindern von La Paz. Warum wundert es mich, dass es mir manchmal so vorkommt, als sei auch ich für sie unsichtbar.

„*Joven Chi*, kommen Sie her", trällert *Fernanda*.

„Wie geht es dir, *Fernanda*?"

Fernanda zuckt mit den Schultern. Sie zieht ihren Sohn auf der Straße groß, was soll sie also antworten?

„Was hast du heute gemacht?", frage ich sie.

„Ich habe mich um mein Baby gekümmert." *Fernanda* ist stolz darauf, wie gut das alles klappt mit ihrem Söhnchen, obwohl sie sich, wie alle Straßenkinder, manchmal alles andere als rational verhält – jedenfalls von meinem akademischen Standpunkt aus. Ihr Kleiner und die anderen Kinder in dieser Freiluft-Krabbelgruppe spielen Fangen und lallen unverständliches Zeug, genauso wie es die Kinder in irgendeinem Vorstadtkindergarten der Vereinigten Staaten tun.

„Don *Chi*", klagt *Fernanda*, „mein Baby hat schon wieder Durchfall."

Ich nehme den Buben auf den Arm. Er ist klein für sein Alter. Straßenbabys, die in den dunklen Seitengassen oder den billigen Krankenhäusern von *La Paz* auf die Welt kommen, sind durch die Bank Kümmerlinge. Sie starten auf den letzten Plätzen und fallen dann immer weiter zurück. Während ich mir *Fernandas* Sohn betrachte, gehen mir fast ketzerische Gedanken durch den Kopf: *Vielleicht wärst du besser im Mutterleib geblieben. Da war es wenigstens warm und die Plazenta hat dich mit Nahrung versorgt. Wie dem auch sei, jetzt ist es zu spät. Jetzt bist du draußen und du kannst nicht wieder hinein.*

„*Fernanda*, seit wann geht das so?"

„Seit einer Woche."

„Warum hast du mir das nicht schon vor einer Woche gesagt?"

„Ich weiß nicht – ich habe Sie nicht finden können."

„Ich war genau hier auf der Plaza, und das weißt du auch. Willst du dein Baby sterben lassen?"

„Nein." Sie lässt den Kopf hängen.

„Okay, *Fernanda*. Du kennst die Prozedur. Gib dem Kleinen einmal pro Stunde dieses spezielle Wasser. Wenn es das nicht trinken will, muss ich es ins Krankenhaus bringen."

„Hab ich verstanden", sagt *Fernanda*. „Ich probier´s und bin morgen früh um sieben Uhr wieder hier. Wo sind Sie dann?"

„Genau hier, auf dieser Bank", sage ich.

„Okay." *Fernanda* trägt ihr Baby weg. Mittlerweile hat sich eine Schlange aus Dutzenden von Müttern mit ihren Babys gebildet.

„Okay, wer ist als Nächstes an der Reihe?"

„Ich, *Joven Chi*." Eine ausgesprochen junge Mutter tritt vor, ihr Baby auf den Rücken gebunden. „Meine Tochter hat schlimmen Durchfall."

„Ach was, seit wann?" Ich stelle schnell fest, dass heute Abend die meisten Babys Durchfall haben.

Aus einiger Entfernung beobachten mich ein paar Männer mit wachsendem Interesse. Einige von ihnen haben Anzüge an. Sie scheinen sich über mich zu unterhalten, oder kommt mir das nur so vor? Es ist Freitagabend, das, was man auf der Straße den „Single-Abend" nennt. Vielleicht checken die Männer die Prostituierten in meiner Nähe ab. Oder vielleicht wollen sie, dass ich verhaftet werde. Letzte Woche hat mich ein Mann bei der Polizei angezeigt und angegeben, dass ich Zuhälterei mit Minderjährigen betreibe. Ein Polizist kam zu mir und verhörte mich. Ich – ein Zuhälter? Die Straßenmütter haben lautstark protestiert und den Polizisten geradezu in die Flucht getrieben.

Drei Männer, Arm in Arm, kommen zu mir herüber. Prompt fängt meine Stimme an zu zittern, als ich den Müttern die Durchfallmedizin erläutere, doch ich ignoriere die Herren, die mich anstarren. In dem halben Jahr, in dem ich nun auf der Straße arbeite, bin ich nicht einmal verprügelt worden, und ich hoffe, das wird auch so bleiben. Die drei Kerle schieben sich an den Müttern vorbei und stehen nun direkt vor mir.

„Wer bist du?", fragt der Mann in der Mitte.

„Hey, ich war zuerst hier", ruft eine Straßenmutter. „Warte, bis du dran bist!"

Der Mann holt mit dem Kopf aus und *bumm*! Licht aus. Ein scharfes, stechendes Gefühl, das sich von meiner Stirn in das Zentrum meines Gehirns ausbreitet, nimmt mir die Sicht.

„Aiiiii!", kreischt *Fernanda*. Wenigstens erkenne ich noch ihre Stimme.

Ich spüre, dass ich umfalle, und halte mich an allem Möglichen fest – Stoff, Haut, Fleisch und Knochen. Mein Kiefer schlägt hart auf und ich schmecke Blut. Bin ich noch einmal geschlagen worden? Nun ist die Welt stockfinster. Wo bin ich und warum bin ich hier? Werden sie einen Arzt rufen? Die Polizei? Haben sie mich nicht zu einem Fußballspiel aufgefordert? Aber ich bin doch in keiner Mannschaft! Hoffentlich überlebe ich das. Füße schlurfen, kratzen über den Betonboden. Stechende Schmerzen. Flüche. Der dumpfe Aufprall eines Körpers, der geschlagen und getreten wird. *Hört auf!*, höre ich eine Stimme schreien, *hört auf!* Werden die Mütter verprügelt? Werden die Prostituierten erstochen? Ich habe die Gefahr auf die Mädchen gezogen und sie werden nun zusammengeschlagen. Warum bin ich hier?

Bumm! Bumm! Bumm! Das Licht kehrt zurück, als habe jemand einen Schalter umgelegt. Was habe ich da in der Hand? Die Jacke des Mannes. Ich muss nach ihr gegriffen und uns beide zu Boden gezogen haben. Die Straßenmütter, die Straßenjungen und sogar die ganz Kleinen bilden einen großen Kreis um mich und diesen Hundert-Kilo-Schlägertypen. Wir liegen auf dem Boden, die Mädchen treten ihn und die Kinder ziehen ihn mit aller Kraft an den Haaren, während die beiden anderen Männer versuchen, ihren Freund aus dem Gemenge zu zerren. Irgendwie gelingt es ihnen und sie schleppen ihn weg. In sicherer Entfernung helfen sie ihm auf, starren uns an und rennen dann weg.

„Ist alles in Ordnung mit Ihnen, Don *Chi*?", fragt *Fernanda*. Sie und die anderen Straßenmädchen haben meinem Angreifer die Seele aus dem Leib getreten, er war es gewesen, der „Hört auf!" gerufen hat. Sie haben mich heldenhaft verteidigt und es dem Mann gezeigt, der mich verletzt hat.

„Nun sag doch, bist du in Ordnung?", fragt *Christopher*.

Mein Kopf dröhnt vor Schmerzen, die Welt dreht sich immer noch im Kreis und ich schmecke salziges Blut in meinem Mund. Trotzdem sage ich: „Ja, mir geht es gut."

„Diese Männer waren furchtbar", schimpft *Fernanda*.

„Kennst du sie?", frage ich.

„Nein", ruft sie. „Wir haben sie noch nie gesehen."

„Was wollten sie überhaupt?", frage ich.

„Ich weiß es nicht", sagt sie mir. „Vielleicht Ihr Geld. Vielleicht mögen sie Sie nicht, weil Sie Chinese sind. Vielleicht gefällt es ihnen nicht, dass Sie sich mit uns unterhalten."

„Mhm", mache ich und versuche herauszufinden, welches Geräusch am wenigsten Schmerzen verursacht. „Na gut, ich hoffe, sie kommen nicht wieder."

Ein kleiner Junge, nicht älter als sieben Jahre, spannt seinen Bizeps für uns an und verkündet: „Und selbst wenn sie wiederkommen, wir werden es ihnen schon geben!"

Vorsichtig lasse ich mich auf einer Bank nieder und halte mir Stirn und Kiefer. „Okay, wer ist jetzt an der Reihe?", frage ich. Ich möchte meine Arbeit so schnell wie möglich beenden, damit ich mir Eis besorgen und die Gesichtsschwellung behandeln kann.

„*Joven Chi*, mein Baby hat Durchfall", sagt eine Straßenmutter.

„Oh, wirklich?", nuschle ich und mein Blick fällt unwillkürlich auf ihre Füße. Sie hat den Mann für mich getreten. Sie haben mich in ihre Familie aufgenommen, mit einem wilden Getrete und Gezerre, haben mein Gesicht davor bewahrt, Teil des Straßenbelags zu werden. „Seit wann hat dein Kind schon Durchfall?", frage ich.

„Seit einer Woche."

„Okay, du musst deinem Baby diese spezielle Flüssigkeit gegen den Durchfall geben."

29. BABY

22:00 Uhr, 20. März 1998
Ein Vordach neben dem Casa de la Cultura (dem Kulturmuseum), Innenstadt von La Paz

Heute Nacht ist es kalt. Ich habe gerade die beiden Orte besucht, an denen sich nachts die meisten Straßenkinder aufhalten, den Alonzo de Mendoza und die Plaza San Francisco, wo ich bei einem harten Fußballspiel mitgemacht habe. Schweißgebadet und am ganzen Körper zitternd stehe ich jetzt auf der Treppe, die zum El Cóndor hinunterführt, dem Museum, das bolivianische Kunst und andere Kulturschätze beherbergt. Vor seinen Hintertüren liegen die Körper von Obdachlosen neben- und übereinander wie durcheinandergewirbelte Puzzleteile. Ich kann nicht erkennen, welches Bein zu welchem Kopf gehört in diesem unförmigen Gewirr aus menschlichem Fleisch, das schon um elf Uhr abends fest schläft. Es muss die Nacht des Trinkens sein.

Mittendrin entdecke ich das Gesicht von *César*. Als ich ihm sanft auf sein gutes Bein tippe, zuckt er kurz, schält sich dann aus der Masse und blinzelt mich an, kaum richtig erwacht aus seinem Drogenkoma. Als er mich mit zusammengekniffenen Augen erkennt, dreht er sich zu einem anderen Jungen um.

„*Juan Carlos*", flüstert er in dessen Ohr, „*Chi* ist hier."

Juan Carlos schüttelt den Kopf hin und her, als müsse er sein Hirn an den richtigen Ort bugsieren. Sobald er mich erkennt, steht er auf und schüttelt mir die Hand.

„Hi, *Chi*", sagt er. „Wie geht es dir?"

„Gut", sage ich und gebe ihm meinen berüchtigten festen Handschlag.

„Kannst du uns etwas zu essen geben?", fragt *Juan Carlos*, ganz ohne jammernden Unterton in der Stimme.

„Nein", antworte ich. „Vielleicht hättest du dir von deinem Geld besser was zu essen statt zu trinken gekauft."

Er nickt demütig. *Juan Carlos* und *César* stehen einander so nahe, wie sich Brüder nur nahestehen können. *César* ist freiwillig mit *Juan Carlos* ins Gefängnis gegangen, damit die Gewalt, die *Juan Carlos* dort erwartete, zwischen beiden geteilt werden konnte. Sowohl *Juan Carlos* als auch *César* wurden des Öfteren zusammengeschlagen und *César* trug eine Beinverletzung davon. Nun benutzt er sein gutes Bein, um den Rest seiner Freunde zu wecken. Am Ende der Reihe liegen die obdachlosen Männer, zwischen zwanzig und vierzig Jahre alt, die Tag und Nacht trinken. Diese Erwachsenen sind für die Jungen wie Väter, und jeder dieser Väter hat seinem Sohn beigebracht, wie man schlechte Stimmungen wegtrinkt. Einer, den sie *„Großvater Zeit"* nennen, rappelt sich auf und salutiert schwankend. Er ist der älteste von ihnen. Woher ich das weiß? Die weißen Bartstoppeln verraten es.

„Hallo, Dr. *Chi*!" Er breitet die Arme aus, als wolle er mich umarmen. „Schön, dass Sie vorbeikommen und uns besuchen."

„Das mache ich doch gern", gebe ich zurück und kann mir ein Lächeln nicht verkneifen. „Sie haben wieder mit dem Trinken angefangen, nicht wahr?"

„Trinken hält Leib und Seele zusammen."

„Wessen Seele?"

„Meine Seele! *Ernestos* Seele."

„Aber vergessen Sie nicht Ihre Leber", sage ich. „Und diese jungen Kerle sollten Sie auch nicht zum Trinken verleiten."

„Ohhh! Aber ich sage ihnen doch, dass Trinken eine furchtbare Angewohnheit ist. Dass sie von diesem Gift die Finger lassen sollen! Ich bringe diesen Kindern eine Menge bei."

„Was zum Beispiel?"

Ernesto breitet die Arme aus und sieht zum Himmel. „Also hat Gott die Welt geliebt, dass er seinen eingeborenen Sohn gab, damit alle, die an ihn glauben, nicht verloren werden, sondern das ewige Leben haben. Johannes 3,16. So etwas bringe ich ihnen bei. Die ganze Bibel ist voll von solchen Versen, die die Kinder lernen müssen."

„Ist das einer von den Versen, die Sie früher in Bussen aufgesagt haben?", frage ich *Ernesto*.

„Nein", sagt *Ernesto*. „Ich bin der Sohn eines Pastors. Ich kenne das Wort Gottes in- und auswendig."

Ich lasse es gut sein und behandle die unterschiedlichsten Wunden und Leiden der Jungen und Männer. Nach der Behandlung schlafen sie alle schnell wieder ein. Mitten in dieser Kette von Körpern liegen zwei Frauen, die eine schätze ich auf etwa vierzig Jahre und die andere wirkt wie siebzig. Zwischen ihnen steckt ein kleines Deckenbündel, aus dessen oberen Ende zwei kleine Augen und ein Lächeln herausschauen – die Augen eines Mädchens, das nicht älter als vier Jahre sein kann. Die Kleine schlüpft aus den Decken und kommt zu mir gesprungen.

„Was machst du da?", fragt es mich, während ich das Bein eines Jungen untersuche.

„Ich behandle die Wunden dieser Jungen hier", erkläre ich ihr. Das engelsgleiche Wesen hat eine weiche Fleecejacke mit Kapuze an. Seine rote Cordhose passt zu seinen weißen Plastikschuhen. „Warum?", fragt es.

„Weil sie Schnitte und Prellungen haben und einige von ihnen sind krank", sage ich.

„Warum?"

„Warum? Das sage ich dir erst, wenn du mir vorher eine Frage beantwortet hast."

„Welche?", fragt sie.

„Wo ist dein Zuhause?"

„Zuhause?", überlegt sie, dann gackert sie schrill. „Ha! Mein Zuhause ist hier."

„Wo?"

„Genau hier. Du stehst auf meinem Bett." Sie kichert.

„Wo ist deine Mutter?"

„Da drüben. Die Frau, die da hinten schläft. Und daneben ist meine Großmutter." Sie zeigt auf die beiden Frauen. „Ich schlafe zwischen ihnen, weil es da so schön warm ist. Nachts ist es kalt, weißt du." Sie betrachtet meine Jacke. „Du musst dich auch ein bisschen dicker anziehen."

Oh Mann, was für ein kleiner Neunmalklug ist das denn? Sie hüpft zu meiner Medizinkiste und fängt an, darin herumzuwühlen. Mit großen Kulleraugen holt sie die Fläschchen mit Antibiotikum heraus und schüttelt sie. Dann öffnet sie ein Gläschen und betrachtet jede einzelne Tablette darin, als seien sie ein neu entdecktes Spielzeug.

„Hey, Doktor!", ruft sie. „Was ist das hier?" Sie holt eine dicke Mullbinde heraus und rollt sie wie eine Bowlingkugel den Gang entlang. „Hihihihi!", quietscht sie selbstzufrieden. „Das macht Spaß!"

Ich frage mich, woher nur diese fröhliche Unbekümmertheit kommt bei einem Kind, das unter diesen Umständen aufwächst, aber über die Antwort muss ich nicht lange nachdenken: Dieses kleine Mädchen ist ein Straßenkind der dritten Generation. Seine Mutter und seine Großmutter leben mit ihm auf der Straße, es ist also nicht von Zuhause weggelaufen, nicht von seinen Eltern im Stich gelassen worden und nicht vor Misshandlungen oder sexuellem Missbrauch geflohen.

Doch nun kann ich nicht weiter darüber nachdenken, sondern muss mich auf meine Arbeit konzentrieren. *Césars* Beinverletzung muss gesäubert werden. „Hey, kleines Mädchen", frage ich es, „wie heißt du?"

„Ich heiße *Rosa* und bin drei Jahre alt", antwortet es.

„*Rosa*, möchtest du mir ein bisschen helfen?", frage ich sie.

„Na klar."

„Dann nimm doch bitte die Taschenlampe da und leuchte auf *Césars* Bein."

„Okay", sagt sie, nimmt die Taschenlampe und spielt damit in ihren kleinen Händen herum. „Wie macht man die an?"

„Du musst auf diesen Knopf hier drücken."

Klick. Klack. Klick. Klack. Klick. Klack. Das Licht geht an und aus wie ein Strobo in der Disko. *Klick. Klack. Klick. Klack.* Rosa leuchtet sich in die Augen. „Bua! Ha! Ha! Ha!", lacht sie. „Mir ist schummrig. Bua! Ha! Ha! Ha!"

„*Rosa*, wenn du mir helfen willst, dann musst du das Licht ordentlich auf das Bein dieses Mannes richten."

„Okay, *Chi*."

Ich spritze zweiprozentiges Lidocain ohne Epinephrin in *Césars* Bein. Der Stich lässt ihn kurz aufstöhnen. Das Licht wandert wieder weiter.

„*Rosa*, du musst das Bein beleuchten, sonst kann ich nichts sehen."

„*Uups*. Tschuldige", entschuldigt sie sich. Ich reinige die Wunde und nähe sie mit vier Stichen zu.

„Könnten Sie sich ihr Ohr einmal ansehen?", bittet mich *Rosas* Mutter. „Ich bin *Catia*." Eine alte Narbe zieht sich von ihrer Nase zu ihrem linken Ohr. Sie hat große Tränensäcke und ihre Wangen hängen herunter wie die Lefzen eines Bulldogs.

„Seit wann leben Sie auf der Straße?"

„Seit fünfundzwanzig Jahren", sagt sie. „Schon mein ganzes Leben."

Ein ganzes Leben auf der Straße. Ein Mensch, der noch nie in einem Haus gelebt hat, der als einziges Dach nur den verregneten, grauen Himmel von La Paz kennt.

„*Rosa* kam auf der Straße zur Welt, so wie ich auch", erklärt sie. „Wir haben beide unser ganzes Leben auf der Straße verbracht. Meinen Vater *Ernesto* haben Sie bereits kennengelernt – Sie wissen schon, den Seelenprediger. Ich entschuldige mich für ihn, er ist ständig betrunken." Das Lallen in *Catias* Tonfall zeigt mir allerdings, dass sie ebenfalls mehr als nur eine Gelegenheitstrinkerin ist. *Catia* deutet auf die alte Frau neben ihr und sieht mich an, als sei ich ein Insektenforscher. „Neben mir schläft *Monica*. Sie ist meine Mutter."

Monica setzt sich auf. Sie scheint die Einzige in der ganzen Gruppe zu sein, die nüchtern ist, ernüchtert durch eine tiefe Traurigkeit, wie es scheint – sowohl ihr Mund als auch ihre Schultern hängen herunter. „Ich bin nicht auf der Straße zur Welt gekommen", sagt sie. „Mein Mann und ich haben Pech gehabt und sind ohne es zu wollen hier gelandet."

Drei Generationen auf der Straße. Wie ist das möglich? Ich möchte mir die Lunge aus dem Leib schreien: „Das darf nicht sein!" Aber ich bin so frustriert, dass ich keinen Ton herausbringe. Nur einen abwesenden Blick habe ich übrig für diese Familie.

„Können Sie sich bitte *Rosas* Ohr ansehen?", fragt *Catia* noch einmal. „Ich glaube, es ist infiziert."

„Hey, *Rosa*." Ich erwache aus meiner Benommenheit. „Hey, Señorita Taschenlampe! Komm doch mal her."

Ein Betrunkener am anderen Ende der Reihe starrt mich an und ich vermute, es handelt sich um *Rosas* Vater.

„Was willst du? Ich bin gerade beschäftigt." Sie leuchtet mit der Taschenlampe all ihren alkoholisierten Vorbildern ins Gesicht, während die versuchen zu schlafen.

„*Rosa*", sage ich, „lass die Leute in Ruhe."

„Was ist das?" Sie deutet mit dem Finger.

„Ein Otoskop." Ich halte es ihr vors Gesicht.

„Ein was?" Sie zieht die Stirn in Falten und zuckt mit den Schultern.

„Es ist ein Otoskop. Das ist ein kleines Gerät, mit dem man den Leuten in die Ohren gucken kann."

„Ohh, probier das mal an mir aus."

Obwohl ich ihre Ohren sorgfältig untersuche, kann ich nichts Auffälliges entdecken. Nach der perversen Logik der Straße gehört sie zu den Glücklichen, weil ihre Mutter und Großmutter auch obdachlos sind und mit ihr auf der Straße leben. So wie die Freunde der Familie – ein ganzes soziales Netzwerk. Sie profitiert sogar von der Alkoholsucht der anderen, weil deren Körper für eine vom Alkohol produzierte Wärme sorgen in der Kälte der Andennächte. Und glücklicherweise hat sie eher den Charakter einer kleinen Draufgängerin und gibt nicht so schnell klein bei. Sie ist clever und neugierig und hat die Chance, die Straße lebend zu verlassen.

Rosa hüpft wieder zu dem Deckenbündel und kramt ihr Lieblingsspielzeug hervor. Eine Ente. Was immer an Füllmaterial einmal in ihr gesteckt haben mag, ist lange schon herausgefallen, sie ist vollkommen platt und wird wohl kein Schnattern mehr von sich geben.

Viele Gedanken gehen mir durch den Kopf und ein Bild erschreckt mich besonders: Die zwölfjährige *Rosa* wird von einem betrunkenen Geschäftsmann zu einem „besonderen Freitagabend" mitgenommen. Wird sie sich eines Tages auch ritzen wie *Mercedes*? Wird sie überleben wie *Vicki*, indem sie ihren Körper für einen Dollar verkauft? Wird sie eine vierte Generation von Straßenkindern auf die Welt bringen, ohne dass man ihr dafür einen Orden verleiht? Wird dieser Kreislauf nie enden?

Der Gedanke macht mir das Herz schwer. Nein! Das muss aufhören! Der Kreislauf soll hier durchbrochen werden.

Eine gefährliche Vision. Wenn ich meinen Hoffnungen erlaube, sich auf ein Kind zu fixieren, dann werde ich so lange mit Enttäuschungen und Rückschlägen zu Rande kommen müssen, bis dieses Kind entweder die Straße verlässt – wie *Vicki* – oder bis es einfach nur aus meinem Gesichtsfeld verschwindet – wie *Gabriel* und *Mercedes*. Wo ist meine Geduld? Was ist geworden aus meinem Plan *„einfach nur mit den Straßenkindern unterwegs zu sein, egal wohin sie gehen"*?

Vielleicht sollte ich diese Haltung langsam etwas modifizieren, denn Geduld darf nicht zur Ausrede für Gleichgültigkeit werden. Ich bin zwar mit den Kindern unterwegs, aber ich lenke sie auch in eine bestimmte Richtung.

Doch wie kann man die Ungerechtigkeiten rückgängig machen, die

Rosa durch drei Generationen Obdachlosigkeit hindurch geprägt haben? Wo ist Gott in diesem Morast des menschlichen Elends? Ich weiß
es nicht. Wo sind die Milliarden von Dollar, die die US-Regierung
für Entwicklungshilfe ausgibt? Die fließen wahrscheinlich nur, wenn es
Sinn macht für die geopolitischen Zwecke und die nationalen Sicher-
heitsinteressen der USA. *Rosa*, diese arme Seele, ist also nur dann der
Hilfe wert, wenn sie Öl unter ihren Füßchen hat oder einen nuklearen
Sprengkopf in Richtung Nordamerika schießen könnte. Doch sie hat
weder das eine noch das andere, *Rosa* ist nur ein Kind. Ich werde aber
nicht eher ruhen, bis *Rosa* ein echtes Zuhause gefunden hat.

Die Kleine schmiegt sich in die Arme ihrer Mutter. *Catia* wiegt sie
liebevoll hin und her und küsst sie auf den Kopf. Dann wickelt sie *Rosa*
in mehrere Decken ein und legt sie zwischen sich und die Großmutter. Sie schlafen auf einer Pappmatratze im Schatten einer marmornen
Museumswand.

Wuuuuuhh!, bläst der kalte Wind, doch ein Gackern übertönt ihn:
„Hihihi. Hahahaha!" Obwohl ich nicht weiß, was so witzig ist, lache
ich mit *Rosa*.

30. KIND NUMMER EINS

30. März 1998
Casa de la Cultura

Manchmal kann man sie aus den *Ahuayos* auf den Rücken ihrer Mütter weinen hören. Manchmal sieht man sie, wie sie laufen lernen und zwischen den Flaschen mit Verdünner und den Füßen der Prostituierten umherstolpern. Manchmal kann man sie lachen hören wie alle anderen Babys auf der Welt. Und manchmal sind sie so still, dass man merkt, wie kurz sie davor sind, den harten Straßenbelag für immer zu verlassen. Straßenbabys und Straßenkleinkinder gibt es hier so viele – von einer Straßenecke bis zur nächsten –, dass ich gar nicht weiß, wo ich anfangen soll.

Ich sehe *Rosa* beim Spielen zu. Sie hat nicht nur *mein* Herz erobert, sondern auch das aller anderen, mit denen ich zusammenarbeite, denn sie verkörpert Hoffnung. Und während sie über die Betonplatten hinter dem Museum hopst, bin ich wieder am Sortieren: Wo fange ich an? Mit Kind Nummer Eins. Konzentriere deine Kraft auf *ein* Kind und hole es von der Straße. Stelle sicher, dass sein Leben stabil wird und in die richtige Richtung geht. Dann wende dich Kind Nummer Zwei zu und dann Kind Nummer Drei und so weiter. Bis alle Kinder ein Zuhause haben.

Es ist nicht damit zu rechnen, dass diese Methode zu einem Massenexodus von Straßenkindern führt, aber für mich macht sie Sinn. Da ich nicht für das Gesundheitsamt arbeite, brauche ich mir keine Gedanken über irgendwelche Kosten-Nutzen-Rechnungen zu machen. Ich wurde zum Arzt ausgebildet. Wenn ich einen Patienten sehe, dann behandle ich diesen Patienten so gut es mir möglich ist und tue für diesen Patienten, was immer ich kann. Es reicht mir auch nicht, einfach nur dafür zu sorgen, dass dieser Patient nicht stirbt, um ihn dann wieder wegzuschicken. Meine Verantwortung ist, dafür zu sorgen, dass dieser Patient in absehbarer Zeit auf den Weg des gesunden Lebens findet. *Rosa* soll in dieser Hinsicht meine erste Patientin werden.

„Hallo *Rosa*."

„*Chiiii*!" Sie kommt den Gang hinter dem Museum heruntergerannt und gibt mir einen dicken Kuss auf die Wange. Sie weiß, was sich für eine echte Bolivianerin gehört.

„Wie geht es dir, *Rosa*?"

„Gut!", kreischt sie freudig.

„*Rosa*", flüstere ich ihr zu, „ich stehe direkt vor dir, du musst also nicht brüllen."

„Uups!" Sie hält sich beide Hände vor den Mund.

„Was hast du heute gemacht?"

„Nichts." Sie zuckt mit den Schultern.

„Hast du heute etwas zu essen gehabt?"

„Ja."

„Was hast du heute gegessen?"

„Etwas Brot."

Etwas Brot füllt den Magen und gaukelt ihm vor, dass er nicht unterernährt ist. Brot ist wunderbar, wenn man es zu Fleisch oder Gemüse isst. „Hast du sonst noch etwas bekommen?", frage ich.

„Hmmm …" Sie legt sich nachdenklich die Hand an die Wange. „Großvater hat mir ein bisschen Fruchtsaft gegeben."

„Na, das ist gut", antworte ich. „Wie geht es deinem Großvater?"

„Er ist betrunken." Sie schlüpft in die Rolle eines Betrunkenen, schwankt hin und her und fällt dann plötzlich auf den Boden.

„*Rosa*", schlage ich vor, „warum nimmst du dir nicht die Taschenlampe und sagst allen, dass ich hier bin, während ich ein bisschen mit deiner Mutter rede?"

„*Bueno*!" Sie nickt enthusiastisch und zwitschert sofort los: „*Chi* ist hier!"

„Hallo, *Catia*. Setzen Sie sich doch bitte zu mir auf die Treppe, damit wir ein bisschen reden können."

Catia lässt sich auf der Treppe nieder, während die Leute um uns herum hinauf- und hinuntersteigen. „Wie geht es Ihnen, Don *Chi*?"

„Mir geht es gut, *Catia*, aber wie läuft dein Geschäft?", frage ich, um das Gespräch langsam in die gewünschte Richtung zu lenken.

Sie sieht auf ihr Tablett hinunter, auf dem Gläser mit Fruchtsaft stehen, in denen kleine Stückchen einer komisch aussehenden Frucht herumschwimmen. „Die Geschäfte gehen nicht gut", sagt sie. „Die Leute haben keinen Durst und die wirtschaftliche Lage ist schlecht. Mit dem Getränkeverkauf verdiene ich jeden Tag ungefähr sechs Bolivianos. Zwei davon gebe ich dem Mann, von dem ich den Stand gemietet habe, und dann muss ich ja auch noch die Früchte kaufen und die Konkurrenz schläft auch nicht." *Catia* wiederholt eigentlich nur das, was *Daniela* schon gesagt hat, als ich sie mit ihren Weihnachtskarten getroffen habe. Irgendwo kämpfen sie auch gegeneinander um den einen Extraboliviano, mit dem sie die Ernährung ihrer Töchter etwas abwechslungsreicher gestalten könnten. Wäre Adam Smith, der als einer der Ersten die Segnungen des freien Marktes gepredigt hat, stolz, wenn er sie heute hier sehen könnte? Ein Hoch auf den ungezügelten Kapitalismus?

„*Catia*", frage ich sie, „was wünschen Sie sich für *Rosa*?"

„Wie meinen Sie das?" Sie faltet ihre Hände.

„Wie soll ihre Zukunft aussehen?", frage ich.

Catias Blick geht in die Ferne, wo das für sie unerreichbare Schlaraffenland hinter dem Horizont liegen muss. „Ich möchte nicht, dass sie wird wie ich", stößt sie hervor.

Langsam wende ich ihr meinen Kopf zu und sehe sie an. „Was haben Sie gesagt?", frage ich.

„Ich möchte nicht, dass sie wird wie ich."

Eigentlich möchte ich dem etwas entgegensetzen und ihr Selbstbewusstsein aufbauen, ihr sagen: „Mit Ihnen ist doch alles in Ordnung, *Catia*." Aber das wäre herablassend und unwahr. Sie lässt *Rosa* immer wieder unbeaufsichtigt. Glücklicherweise ist *Monica* immer da. Doch das Geld für Fleisch und Gemüse wird nur allzu oft in eine Flasche umgeleitet und der Alkohol macht *Catia* bösartig. Sie schlägt *Rosa*, haut ihren Kopf erbarmungslos gegen die Betonwand. Wo ist das Sozialamt? Wo ist das Jugendamt? Wo ist der Kinderschutzbund? Alle in den Vereinigten Staaten. Doch an ihrer Stelle hat *Rosa* mich. Meine Aufgabe ist es, unhaltbare Zustände anzusprechen, immer wieder zu ermutigen und hoffentlich nie die Grabrede zu halten.

„Ich möchte nicht, dass sie mein Leben leben muss", sagt *Catia*. Sie sieht mir in die Augen, während ich nun in die Ferne starre.

„Und was für ein Leben ist das?", frage ich zurück.

„Dass sie tagein, tagaus in diesen drei Querstraßen lebt, Fruchtsaft verkauft und sechs Bolivianos pro Tag verdient. Nicht genug, um jeden Tag ein gutes Essen zu haben, aber auch zu viel zum Sterben."

Die Wirklichkeit sieht noch dramatischer aus, denn *Catia* fällt mit jedem Tag etwas weiter zurück, weil sie dem Mann, der ihr den Fruchtstand vermietet, immer mehr schuldet. Sie ist eine Art Sklavin, mit dem Unterschied, dass Sklaven im Haus gehalten werden.

„Was kann ich also deiner Meinung nach für *Rosa* tun?", frage ich in der Hoffnung, dass *Catia Rosa* erlaubt, nachts im *Yassela* zu schlafen und sie tagsüber abholt.

Catia legt ihre Hand auf meine Hand. „Ich möchte, dass Sie *Rosa* adoptieren. Machen Sie sie zu Ihrem Kind."

„Ich?" Mir stockt der Atem.

„Ja, Sie."

„Warum ich?"

„Weil Sie es können und ich nicht."

„Würde sie Ihnen nicht fehlen, *Catia*?"

„Doch." Tränen laufen durch die Falten ihres alternden Gesichtes. *Rosa* ist der Grund dafür, dass *Catia* überhaupt noch lebt. „Das Beste für sie wäre, wenn sie nicht in meiner Nähe wäre, sonst wird sie so wie ich, wenn sie groß ist."

„Oh", sage ich, immer noch verblüfft. „Ich glaube nicht, dass ich *Rosa* adoptieren kann."

„Warum nicht?", fragt sie halb verzweifelt, halb erleichtert.

„Weil", sage ich, „mein Leben verrückt ist. Wenn ich in Bolivien bin, bin ich immer auf der Straße und kümmere mich um die Kinder. Wenn ich wieder in Boston bin, werde ich als Assistenzarzt die ganze Zeit arbeiten müssen. Ganz abgesehen davon – was weiß ich schon vom Vatersein?"

„Ich kenne Sie, *Chi*. Ich beobachte Sie schon seit einiger Zeit. Sie wissen, wie man sich um Kinder kümmert, und sind wie ein guter Vater zu ihnen."

„Warum kann sie nicht ins *Yassela* ziehen?", werfe ich ein.

„Ins *Yassela*-Waisenhaus?" *Catia* schüttelt den Kopf und steht auf, um zu gehen. „Nein. Ich möchte, dass *Rosa* bei Ihnen ist, nicht in einem Waisenhaus."

Auch ich springe auf die Beine. „Ich dachte, Sie wollten, dass *Rosa* ein Zuhause hat. Wenn sie im *Yassela* wohnt, kann sie das Leben auf der anderen Seite kennenlernen. Sie wird das lernen, was sie zum Leben und Arbeiten braucht. Und wenn sie lernt, in einem Heim zu leben, dann wird sie alles daran setzen, die Straße zu verlassen, wenn sie alt genug ist.‟

Catia schließt die Augen und hundert Falten verschwinden aus ihrem Gesicht. „Fragen Sie sie, ob sie gehen möchte. Wenn sie möchte, dann können Sie sie zum *Yassela*-Waisenhaus bringen.‟

Catia und ich gehen zu *Rosa*, die unter dem Denkmal spielt, das nur aus einem großen Kopf besteht. „Hola, *Rosa*‟, begrüße ich sie. „Hättest du Lust, heute Nacht im *Yassela*-Waisenhaus zu schlafen?‟

„Nein‟, sagt *Rosa*.

„Wie wäre es, wenn wir uns das Waisenhaus einmal für ein Stündchen anschauen?‟

„Nein‟, sagt sie. „Ich will hier bei meiner Mama bleiben.‟

Natürlich will sie bei ihrer Mama bleiben, jedes Kind will das. Sie versteht nicht, dass der Rest ihres Lebens auf dem Spiel steht, dass sie, wenn sie auf der Straße bleibt, dort leben und Kinder bekommen wird und sterben wird. „Es gibt Puppen im *Yassela*‟, sage ich.

„Was für Puppen?‟, fragt sie.

„Alle Sorten‟, locke ich.

„Hmmm.‟ Sie überlegt. „Kann ich meine Ente mitnehmen?‟ Sie schwenkt das leblose Stück Stoff in der Luft herum und ich nicke.

„Okay‟, sagt sie. „Meine Ente braucht Freunde. Aber nur für ein Stündchen.‟ *Rosa* weiß nicht, was ein Stündchen ist; sie weiß nur, dass es nicht zu lange dauert. „Nur für ein Stündchen‟, verspreche ich. *Rosa* sieht zu ihrer Mutter hinüber, die auf kaum wahrnehmbare Weise nickt.

„Okay, dann lass uns gehen!‟, sagt sie. „Quaaak!‟

Während ich *Rosa* wegtrage, spüre ich die Augen von *Catia* in meinem Rücken, die ihrem Baby hinterherschaut und hofft, dass das unsichtbare Band zwischen Mutter und Tochter nicht zerreißt. Jedenfalls nicht heute Nacht.

* * *

Die kleine Hand von *Rosa* greift nach meiner Rechten, als meine Linke an die rote Holztür des *Yassela*-Waisenhauses klopft. *Bumm, bumm,*

bumm. Shana, eine übernächtigte Sozialarbeiterin, öffnet die Tür. „Gott sei Dank, dass Sie hier sind, *Chi* ", sagt sie. *„Belinda* hat Ohrenschmerzen und hat die ganze Nacht geweint." *Shana* sieht hinunter auf *Rosa.* „Wer ist das?"

„Das ist *Rosa. Rosa*, sage *Señora Shana* guten Tag", doch *Rosas* quicklebendiger Geist scheint nun etwas gedämpft.

Señora Shana lehnt ihren Kopf gegen die Tür. „Wo haben Sie sie gefunden?"

„Beim *Casa de la Cultura.* "

Sara, die hinter *Señora Shanas* Nachthemd hervorblinzelt, zeigt mit dem Finger auf *Rosa* und ruft: „Wer ist das?" Die gesamte Belegschaft aus kleinen Mädchen und Teenagern in Pyjamas hat sich hinter *Señora Shana* versammelt.

„Das ist *Rosa*", sage ich.

„Warum ist sie nicht zu Hause?", fragt Sara. „Warum schläft sie nicht?"

„Sie hat kein Zuhause."

„Lebt sie etwa da draußen bei dir?", fragt *Sara* ungläubig.

„Sara, ich lebe nicht auf der Straße."

„Das sieht aber so aus."

Sara geht auf *Rosa* zu. „Hey, *Rosa*! Wie alt bist du?"

Verschüchtert hebt *Rosa* gerade mal drei Finger.

„Drei? Drei! Du bist ja noch ein Baby." Die Menge stimmt dem zu. „Komm mit, *Rosa.*" *Sara* nimmt *Rosa* an der Hand. „Hast du Lust, mit meinen Puppen zu spielen?"

Rosa sieht mich fragend an, dann lässt sie meine Hand los. *Sara* führt sie drei Treppen hinunter, Stufe für Stufe, und bei jedem Schritt beschreibt *Sara Rosa* eine der Puppen in *Saras* Welt.

Señora *Shana* und ich gehen in *Belindas* Zimmer und ich behandle die Ohrinfektion mit anästhetischen Ohrentropfen und Antibiotika. Wir bringen *Belinda* ins Bett und gehen in *Saras* Zimmer, wo die Gastgeberin schläft, während *Rosa* auf eine ihrer Puppen einredet: „Und dann hat meine Mama gesagt: ‚Geh runter von der Straße!', und ich bin zu ihr hingerannt. Und dann ist der böse Mann zu Mama gegangen und hat sie nach Geld gefragt ..."

„*Hola*", flöte ich.

Sie sieht zu mir auf und murmelt: „*Chi*, ich will diese Puppe."

Ich beiße mir auf die Lippen. „Es tut mir leid, *Rosa*, aber die Puppe gehört den Mädchen hier."

Rosa sieht mich an, ihre Unterlippe schiebt sich immer weiter vor und *Señora Shana* verlässt den Raum. „Komm mit, *Rosa*", sage ich ihr. „Es ist Zeit zu gehen um drei Uhr morgens."

Da kommt *Shana* mit einer anderen Puppe in der Hand zurück. „Hier, *Rosa*", verkündet sie. „Du kannst diese Puppe haben." Das gute Stück sieht mitgenommen aus – sie hat keine Augen mehr, ein paar Büschel blonder Haare hängen ihr lose am Schädel und sie trägt keine Kleidung. *Das* ist nun wirklich die hässlichste Puppe, die ich jemals gesehen habe, schlimmer noch als *Mr Quak*. *Rosa* aber nimmt die Puppe in den Arm, holt sich eine kleine Bürste vom Bett und kämmt der Zerrupften die Haare. Im ersten Moment möchte ich *Rosa* warnen, denn bei Puppen hilft kein Haarwuchsmittel, doch ich halte mich gerade noch zurück.

„Danke! Danke!", ruft Rosa entzückt, womit sie unweigerlich *Sara* weckt. „*Rosa*", fragt die schläfrige Sara, „möchtest du hierbleiben oder willst du gehen?" Noch bevor *Rosa* antworten kann, nörgelt *Sara*: „Du sollst hierbleiben. Du sollst hierbleiben."

Die anderen Mädchen, die nun auch alle aufgewacht sind, stimmen mit verzweifelten Bitten in den Chor ein, ihre mütterlichen Instinkte sind nun ebenfalls hellwach. „Da draußen ist es gefährlich." *Sara* nimmt *Rosas* Hand. „Bleib hier, dann kannst du in der Wanne baden, in einem Stockbett schlafen und mit uns den ganzen Tag lang spielen!"

Da *Rosa* nicht zu begreifen scheint, wie gut das alles für sie wäre, bildet sich ein Halbkreis um sie und sie sitzt in der Falle, ist gezwungen, eine Entscheidung zu treffen. Also drückt sie sich Mr Quak und ihre neue Puppe eng an die Brust und richtet ihre Augen auf mich, die mich anflehen, sie wegzubringen. Als ich sie gerade hochhebe, findet sie auch ihre Stimme wieder und piepst in ihrem herzerweichenden Babyspanisch: „Ich will zurückgehen."

Ich will *Rosa* nicht mit Puppen und gutem Essen ködern. Sie vertraut ihrer Mutter und niemandem sonst. Vielleicht wird sie in ein paar Wochen oder Monaten unter einem Dach schlafen, aber heute Nacht sind weder *Rosa* noch *Catia* bereit, ihre verregneten, gemeinsamen Nächte aufzugeben. Ich trage *Rosa* aus dem *Yassela* hinaus und wir kehren zu Mutter *Catia* zurück. Und zu Mutter Straße.

31. ROSA MUSS BLEIBEN

23:00 Uhr, 15. April 1998
Casa de la Cultura

Ich habe einen Traum: Eine Bostoner Vorstadtfamilie aus der gehobenen Mittelschicht adoptiert *Rosa*, die Adoptivmutter spielt jeden Tag mit *Rosa*, bringt ihr Spanisch und Englisch bei, der Vater ist sanft und freundlich, *Rosa* besucht eine gute Schule und ist eine Vorzeigeschülerin, und wenn sie nicht gestorben ist, dann lebt sie noch heute.

Und ich habe eine Wirklichkeit: Ich kenne keine Vorstadtfamilie, die bereit wäre, einen Haufen Geld und Zeit in die Waagschale zu werfen, um ein bolivianisches Kleinkind von der Straße zu holen.

Abgesehen davon möchte *Catia* ihr Kind nicht irgendwem zur Adoption freigeben, sondern nur mir. Ich weiß nicht, wie ich mich um *Rosa* kümmern soll, während ich in den nächsten Jahren Sechsunddreißig-Stunden-Schichten als Assistenzarzt schiebe. Überhaupt hört sich das Projekt „*Rosas* Rettung", das bedeutet, dass man sie ihrer Mutter wegnimmt, um sie in die Vereinigten Staaten zu verpflanzen, wo sie ihre Mestizenkultur definitiv vergessen wird, nach einer überholten Form von Kolonialismus an. Aber ist politische Korrektheit wichtiger als die Gesundheit und das Wohlergehen eines Kindes?

Während ich *Rosa* beim Spielen zuschaue, beobachtet *Rosas* Vater mich. Er spricht nicht mit mir, zeigt aber Respekt. Er weiß, dass ich *Rosa* helfen kann, aber er will, dass ich aus seinem Revier verschwinde, dass ich seine Familie in Ruhe lasse.

Catia sitzt mit auf der Treppe, die hinunter zum *Casa de la Cultura* führt, außerhalb der Rufweite dieses Mannes. Wir sehen, wie *Rosa* nach einer Flasche mit Alkohol greift, aus der Großvater *Ernesto* gerade trinkt, doch der scheucht sie weg. *Monica* hebt sie auf und bringt sie zu einer Gruppe Kinder. Jeden Tag lernt *Rosa* das Straßenleben ein bisschen besser kennen. Sie lernt, wie man Alkohol trinkt, wie man sich gegen andere wehrt, wie man vor den „bösen Männern" auf der Hut ist. Sie wird schließlich wissen, wie man kämpft, Verdünner schnüffelt, sich schneidet, rennt, stiehlt, seinen Körper verkauft und männliche Angreifer abwehrt. Das ist gut und schlecht zugleich.

Catia erzählt mir, was heute passiert ist, so wie sie es oft tut. Sie berichtet von ihren Schwierigkeiten und wir reden über *Rosa*. Irgendwie scheint das eine therapeutische Wirkung auf sie zu haben. Interessanterweise bittet mich *Catia* niemals um Geld, egal wie hart die Zeiten sind.

„*Catia*", sage ich, „ich habe *Rosa* nun schon öfter ins *Yassela* mitgenommen und in ein paar Wochen kehre ich nach Boston zurück. Sie müssen jetzt eine Entscheidung treffen. Möchten Sie, dass *Rosa* im *Yassela* lebt?"

„Ich weiß nicht."

„Woran hängt es?", frage ich. „Sie haben mir doch gesagt, dass Sie nicht wollen, dass Rosa für immer auf der Straße bleibt."

„Es ist nicht so leicht."

Catia und ich, wir wollen beide das Beste für *Rosa*, aber das Beste für *Rosa* ist vielleicht nicht das Beste für *Catia*. Sie ist eine Frau, die für fast nichts mehr lebt, außer für ihre hübsche kleine Tochter. Und trotzdem ist sie bereit, die Kleine gehen zu lassen, wenn die Bedingungen stimmen.

„Jedes Mal, wenn Sie *Rosa* zum *Yassela* mitnehmen, bekomme ich Schwierigkeiten", verrät sie mir.

„Wie meinen Sie das?", frage ich.

„Ich will sagen, dass ich jedes Mal geschlagen werde."

Mein Herz sinkt. Die Lungen versuchen erfolglos, einen tiefen Atemzug zu nehmen. „Wer schlägt Sie?"

„Mein *Marido*", murmelt sie. „Er schlägt mich mit den Fäusten, besonders wenn er betrunken ist. Manchmal wirft er auch mit Steinen nach mir."

Als ich *Rosa* das erste Mal ins *Yassela* abgeholt habe, hat ihr Vater ein paar bedeutungslose Grußworte mit mir gewechselt. Das war das einzige Mal, dass wir miteinander geredet haben, und offensichtlich der Auftakt zu seinen Prügelattacken. *Catia* erzählt auch von dem Tag, als *Marido* versucht hat, sie im Fluss zu ertränken, und sie schildert seinen Versuch, sie von einem Berg zu stoßen, und *Rosa*s verzweifeltes Flehen, das nicht zu tun.

„Warum haben Sie mir das nicht schon früher erzählt?", frage ich.

„Ich weiß nicht", sagt sie.

„Schlägt er auch *Rosa*?", frage ich.

„Ja", sagt sie. „Er traumatisiert sie. Wenn er getrunken hat, ist sein Hirn benebelt, dann will er nicht, dass *Rosa* spielt oder lacht, und verlangt, dass sie stillsitzt. Und wenn das Kind mit anderen Männern spricht, wird er eifersüchtig, schimpft irgendwelchen Blödsinn, wie: ‚Das ist nicht dein Vater!', und schlägt sie."

Was für eine Tragik! Indem *Rosa* mit anderen Männern spielt, ist sie auf der Suche nach einem Vater, der ihr Liebe, Wärme und Essen gibt, einem wirklichen Vater. Die Biologie allein ist noch keine Legitimation für den Platz eines Menschen in einer Familie. Jeder kann sich vermehren. Sogar Hunde.

„Wissen Sie", erläutert *Catia*, „*Rosa* ist noch so klein, sie versteht das nicht. Doch vorsorglich schimpfe ich mit ihr, wenn sie mit anderen Männern redet, damit wir beide nicht geschlagen werden."

„Warum verlassen Sie *Marido* nicht?", frage ich *Catia*.

„Das ist nicht so leicht", sagt sie.

„Warum nicht?"

„Weil ich ihn liebe", sagt sie.

Wie kann ich einen Menschen lieben, der mich und mein Kind schlägt? Ja, ja, ich habe von dem Kreislauf der häuslichen Gewalt gehört, aber *Catia* ist immer noch ein vernunftbegabter Mensch – sie kann über diesen Kreisläufen stehen. Oder nicht?

„Er schlägt Sie", sage ich, „und er beschützt Sie. Ich kenne das System. Vielleicht sollten Sie ihn darum bitten, Sie vor sich selbst zu beschützen."

Meine Worte schwirren durch die Luft wie nutzlose Fliegen.

„Er nimmt Ihnen aber nicht Ihr Geld weg, oder?", frage ich.

Sie sagt nichts, wahrscheinlich weil sie sich schämt.

„Er nimmt Ihnen auch Ihr Geld weg?"

„Einen Teil davon, er vertrinkt ja das meiste", sagt sie und lacht plötzlich darüber, wie bescheuert ihr Leben ist. „Nicht wütend werden, *Chi*!"

„Wütend?" knurre ich. „Ich bin schon längst nicht mehr wütend."

Rosa buddelt einen Tunnel unter einem Haufen Decken hindurch. Ihre Mutter und ich sehen uns an. Was für *Rosa* das Beste ist, bedeutet Prügel für *Catia*.

„Also, *Catia*", wage ich zu fragen, „was möchten Sie tun?"

Sie nimmt einen zittrigen Atemzug. „Ich möchte, dass *Rosa* bei mir auf der Straße bleibt. Sie muss bleiben."

Was soll ich machen? Ich darf mit *Rosas* Vater keinen Streit anfangen, das würde die Sache für Mutter und Kind nur noch schlimmer machen. Und ich kann mich auch nicht an den Kinderschutzbund oder das Jugendamt wenden, denn so etwas gibt es hier nicht. Es bleibt mir nichts anderes übrig, als mich auf mein Zimmer zurückzuziehen und zu beten. Ich sehe zu *Catias* Mann hinüber und unsere Blicke treffen sich für einen kurzen Augenblick.

„Wie können Sie diesen Mann lieben?", frage ich *Catia*.

„Liebe ..." Sie atmet aus, schließt die Augen. „Liebe ist ein Fluch."

* * *

Die Zeit wird knapp. In wenigen Tagen werde ich in die Vereinigten Staaten zurückfliegen, um mich auf eine Assistenzarztstelle zu bewerben. Jetzt brauche ich ein weiteres kleines Wunder, das *Rosa* hilft, ein Leben jenseits der Straße kennenzulernen.

Auf der Plaza San Francisco entdecke ich *Catia* hinter ihrem Stand mit Fruchtsäften. Sie rührt in frisch gefüllten Gläsern den Saft um und die Fruchtstückchen treiben nach oben wie Fische, die auf die Fütterung warten. Die Plaza ist ruhig; die Mittagskunden sind wieder an ihre Arbeit gegangen, aber *Catia* rührt immer noch in ihrem Saft herum. „Er ist gegangen, wissen Sie", sagt sie.

„Wer ist gegangen?", frage ich. Ich sehe *Rosa* mit ausgebreiteten Papierflügeln, wie sie die Straße entlangflattert, bis *Monica*, ihre allgegenwärtige Großmutter, sie einzufangen versucht. *Rosa* tritt auf die Bremse und dreht sich in immer enger werdenden Kreisen. Irgendwann wird ihr schwindlig, sie fällt hin und landet auf dem Hintern. „Bahhahah!"

„Mein *Marido*", klärt *Catia* mich auf.

„Was?", frage ich teils schockiert, teils froh und schon in Gedanken an das, was nun zu tun ist.

„Er hat mich gestern verlassen", sagt sie.

„Einfach so", sage ich, „er hat Sie verlassen."

„Ja", erwidert sie.

„Weswegen?"

„Wegen einer anderen Frau", sagt *Catia* und ihre Wangen sacken noch tiefer als gewöhnlich. Sie spricht die Worte langsam und deutlich aus: „Er hat mich wegen einer jüngeren, hübscheren Frau verlassen." Wieder rührt sie ihre Früchte um. „Er hat meine Decke, meine Schuhputzkiste und mein Geld ebenfalls mitgenommen."

Wow, das ist ja wie in einer amerikanischen Seifenoper: Älterer Mann schlägt Frau und Kind, nimmt ihr Geld und verlässt sie wegen einer jüngeren Frau. Allerdings – dass *Rosas* Vater seine Familie im Stich lässt, bedeutet auch neue Hoffnung für mich.

„Wie geht es Ihnen damit?", frage ich *Catia*.

„Gut und schlecht", sagt sie in Gedanken versunken, anscheinend bemüht, dieses Ungemach auf der richtigen Seite der schwammigen Grenze zwischen Segen und Fluch einzuordnen. „Mir geht es gut, weil ich das Geld jetzt für *Rosas* Versorgung einsetzen kann und weil ich nicht mehr geschlagen werde. Mir geht es schlecht, weil er mir nicht egal ist, er war ein Teil von mir." Bevor ihre Tränen die Fruchtsäfte versalzen, wischt sie sich schnell das Gesicht trocken.

Du meine Güte – Reisende sollte man nicht aufhalten, aber ich schätze mal, ihr geht es um mehr.

„Wie kann ich Ihnen helfen, *Catia*?"

„Helfen Sie mir, *Rosa* zu ernähren und zu schützen", sagt sie. „Hören Sie mir einfach nur zu und reden Sie mit mir."

„Okay", sage ich, „das werde ich."

32. ICH MÖCHTE NACH HAUSE

Juni 1998
La Paz, Bolivien

Ich möchte nicht nach Hause. Seit zwei Wochen bin ich aus Boston zurück und in ein paar Monaten werde ich wieder dorthin zurückkehren. Es ist ein wunderschöner Tag in La Paz. Die Sonne wirft breite, frische, gelbe Strahlen hinunter in unsere dünne Luft und auf unsere Köpfe und vertreibt die letzten kühlen Nebelflecken aus La Paz. Das Zickzackmuster der Straßen streckt sich vor mir aus wie Schlangen, die sich ineinander verdreht haben. Langsam gehe ich die Bürgersteige auf und ab und halte nach meinen Kindern Ausschau. Da sind sie. Und dort sind sie. Ich frage sie, ob ihre Nacht gut war oder ob sie in Kontakt gekommen sind mit Knüppeln und Messern. In letzter Zeit wird der Wunsch in mir immer dringender, ich könnte – der vorgezeichneten Richtung meines Lebensweges entgegen – ganz für sie da sein und hier in La Paz bleiben, um meine Kinder zu beschützen und zu versorgen. Ich möchte nicht nach Hause.

Auf der Plaza San Francisco treffen die ersten Schuhputzkinder ein. Die ganze Zeit tragen sie Skimasken, selbst wenn sie Fußball spielen. Sie behaupten, dass die Masken gut gegen die Verschmutzung und die Dämpfe der Schuhcreme sind, manche geben aber auch zu, dass es ihnen zu peinlich ist, ihren Kunden ihre Gesichter zu zeigen. Sie begrüßen mich mit einem festen Händedruck und einem fröhlichen „*Chiiii*" und stellen ihre hölzernen Schuhputzkisten auf den Beton. Für diese Kisten müssen sie hart arbeiten und mindestens fünfzehn US-Dollar zusammensparen, um ihren Kunden einen Platz bieten zu können, wo sie ihre Füße hinstellen können, während ihre Schuhe geputzt werden.

Ich begegne *Mentisan*, einer sechsundzwanzigjährigen Frau, die seit zehn Jahren auf der Straße lebt. Ihr Spitzname kommt von der Lippensalbe, die sie regelmäßig von mir bekommt, um ihre Lippen zu behandeln, die in einer allergischen Reaktion auf Verdünner ständig aufgedunsen sind. Ich weiß gar nicht, wie sie wirklich heißt. Die Kinder fragen mich, an welchem Abend ich wiederkomme, und ich versichere ihnen: „Morgen Abend, da schaue ich bei euch allen vorbei."

Am Rande eines hitzigen Fußballmatches sehe ich *Catia*, die *Rosa* im Arm hält.

„*Hola, Catia*." Ich gebe ihr einen bolivianischen Kuss.

„*Hola, Chi. Rosa*, sag Hallo."

„*Hola*", piepst *Rosa* schüchtern.

„Wie geht es Ihnen heute?", frage ich *Catia*.

„Gut", sagt *Catia*. „Es war eine ruhige Nacht."

„Was haben Sie vor?", frage ich.

„Sie wissen schon: dieselbe alte Leier. Saft und Limonade verkaufen, um Geld zu verdienen."

Rosa puhlt sich einen gekochten Hühnerkopf aus dem Mund und strahlt: „Ich will in dein neues Haus gehen."

Während der letzten beiden Wochen habe ich mit *Catia* die Möglichkeit besprochen, *Rosa* mit mir zusammen im Haus einer Amerikanerin wohnen zu lassen, die in La Paz lebt. Ihr Name ist *Teresa* und sie gestattet der *Iglesia de Dios* ein Zimmer in ihrem Haus zu nutzen, während sie selbst im übrigen Teil des Hauses wohnt. Ich möchte, dass *Rosa* in diesem Zimmer wohnt, bis ich nach Boston zurückkehre, und dass sie danach ins Haus eines Mitglieds der *Iglesia de Dios* umzieht. Sie soll *Catia* oft besuchen, aber sie wird auch lernen, wie man ganz normal in einem Haus wohnt. Und sie wird zur Schule gehen.

„Ich habe nichts dagegen", sagt *Catia*, die gegen die Sonne blinzelt. „*Rosa* kann bei Ihnen und Ihrer Vermieterin wohnen, wie wir besprochen haben, dann habe ich auch mehr Zeit zum Geldverdienen. Sie können Sie mir morgen wieder zurückbringen. Es ist gut für sie, wenn sie eine Zeit lang nicht auf der Straße ist. Die Straße ist nicht gut für kleine Kinder."

„Ich will zu deinem neuen Haus gehen", bettelt *Rosa*.

Ich sehe ihr in die Augen und schmelze dahin. „Sind Sie sich sicher, dass das für Sie in Ordnung ist, *Catia*?"

„Ja, es wird ihr guttun", antwortet sie und ich nehme ihre Antwort ernst. *Catia* legt mir *Rosa* in die Arme.

Rosa beginnt sofort mit aller Kraft auf meine Brust einzuschlagen. „Schultern! Schultern! Schultern! Schultern!"

Ich hebe sie auf meine Schultern und sie fängt an, mir auf dem Kopf herumzutrommeln. „Sage deiner Mama auf Wiedersehen", sage ich ihr. „Tschüss!", kreischt sie.

Rosa reitet auf meinen Schultern über die Plaza San Francisco und wir springen in ein *Truffi*, einen Taxi-Kleinbus. Während sie auf der Rückbank sitzt, reckt sie ihren Hals und blickt aus dem Fenster. Je weiter wir nach Süden fahren, desto größer werden ihre Augen und immer nachdenklicher kaut sie auf ihrem Hühnerkopf, vermutlich eine Leckerei von ihren Großeltern. Da der aber mittlerweile kein Fleisch mehr hat, sage ich zu ihr: „Du kannst jetzt den Hühnerkopf wegwerfen."

„Du bist ein Verschwender!", tadelt sie mich. „*Malo chico!*" Böser Junge, nennt sie mich. Für *Rosa* ist jedes Geflügel ein Nahrungsmittel, selbst wenn es der Schädel eines jämmerlichen, federlosen Vogels ist. Und wir in den Vereinigten Staaten regen uns auf, wenn man uns dunkles Fleisch statt weißem vorsetzt.

Wir fahren fünf Minuten lang schweigend, dann zupft sie an meinem Hemd. „Wohin fahren wir, *Chi*?"

„Zu meinem Haus in Calacoto."

„Wo ist Calacoto?", fragt *Rosa*.

„Das ist ein Stadtteil zwanzig Minuten Richtung Süden."

„Das ist sehr weit. Sehr, sehr weit weg. Sehr weit weg von der Plaza San Francisco." Sie nickt, stimmt sich selbst zu.

* * *

Die Tür öffnet sich vor ihr und *Rosa* betritt vorsichtig das Haus.

„*Hola Doña Teresa*. Ich bin *Rosa*."

„*Rosa*, du bist mir aber eine süße Kleine", sagt *Doña Teresa*. „Fühl dich hier ganz wie Zuhause."

Rosa sieht sich um, als wäre sie in verwunschene Katakomben hinabgestiegen. Während sie einen Rundgang durch das Haus unternimmt, berührt sie argwöhnisch die Stühle, den Teppich, die Fenster und sogar die Wände. Dann zeige ich ihr, wo sie schlafen wird, in ihrem eigenen Zimmer. Vorsichtig geht sie zu dem Bett und streicht mit der Hand über die Tagesdecke. Natürlich hat sie schon einmal ein Bett gesehen, aber noch nie in einem geschlafen.

Sie bleibt im Wohnzimmer stehen, um seine enorme Größe auf sich wirken zu lassen, und schlendert dann in die Küche. Vorsichtig dreht sie ihren Kopf nach links und dann nach rechts. Ihre Augen werden zu Ballons, als sie in einem Regal fünf große Kartons mit Kinderkleidung entdeckt, die von der *Park Street Church* in Boston gespendet wurden. *Rosa* sieht zu mir auf, breitet die Arme aus und hüpft auf und ab. „Babykleidung! Babykleidung! Ich bin ein Baby!", ruft sie.

„Du kannst dir gern etwas davon aussuchen."

Noch bevor ich den Satz beendet habe, ist *Rosa* buchstäblich in einer Kleiderkiste untergetaucht. Nur ihre Beine sind noch sichtbar, während sie sich zum Boden hinunterstrampelt. Ihre gedämpfte Stimme ist unverständlich. Alles, was ich verstehen kann, ist ihre Glückseligkeit, und ich muss lächeln. Irgendwann taucht sie wieder auf. Ich nehme einen Pullover aus einer anderen Kiste und halte ihn ihr vors Gesicht. „Brauchst du einen Pullover?", frage ich. Sie nickt heftig, nimmt den Pullover und lässt ihn auf den Boden fallen.

„Brauchst du Overalls?" Sie nickt wieder, nimmt die Overalls und lässt sie auf den Pullover fallen.

„Brauchst du eine Jacke?" Auch die Jacke landet auf den Overalls. *Rosa* zieht Kleidungsstück um Kleidungsstück aus der Kiste, in der sie sitzt, und wirft es auf den Haufen. Innerhalb von Minuten entsteht dort ein Klamottenberg, der größer ist als sie selbst. „Tüte!", verlangt sie. „Ich brauche eine Tüte."

Ich halte eine große Einkaufstasche aus Plastik auf, und während *Rosa* den großen Haufen Kleidungsstücke heranschleppt, kann man von ihr nur die beiden kleinen Beine erkennen, die unten herausschauen. Eine Stimme aus dem Kleidungshaufen sagt: „*Chi*, ich muss mal Kacka."

Also helfe ich ihr, die Kleidung in die Tasche zu stopfen, und führe sie ins Badezimmer. Dort erkläre ich ihr, wie man eine Toilette benutzt. Nachdem sie mir ausreichend versichert hat, sie würde nicht hineinfallen, verlasse ich das Badezimmer. Aus der Küche kann ich hören, wie ihre baumelnden Füße gegen die Porzellanschüssel schlagen.

„Fertig!", verkündet sie. Ich gehe ins Badezimmer zurück und sehe, dass sie schon wieder vollständig angezogen ist.

„Hast du dich abgewischt?", frage ich sie.

„Was meinst du?"

„Hast du Toilettenpapier benutzt?"

„Wozu?", fragt sie.

Ich reiße eine Handvoll Toilettenpapier ab und halte es ihr hin. „Um dir deinen Popo abzuwischen."

„Um mir den Popo abzuwischen? Mama und ich benutzen das nur, um uns die Nase zu putzen", zwitschert sie fröhlich, doch ich bestehe darauf, dass sie das Papier dafür benutzt, wozu es gedacht ist.

* * *

„*Doña Teresa*, könnten Sie mir bitte helfen, *Rosa* zu baden?"

„Das ist eine gute Idee", sagt *Teresa*.

Vorsichtig drehe ich den Metallhahn auf, bis langsam angenehm lauwarmes Wasser kommt. Das klare Wasser steigt an den Seiten der cremefarbenen Badewanne empor. *Rosa* kommt herein und beobachtet mich neugierig. Ihre großen braunen Augen schauen auf meine Hände, während der Geruch menschlicher Exkremente von ihren Schuhen nach oben zieht.

„Was machst du da?"

„Ich lasse dir ein Bad ein."

Rosa beobachtet mich genau, als ich das Wasser mit der Hand umrühre, um die Wärme gleichmäßig zu verteilen. Sie braucht ein warmes Bad mit echter Seife. Ihre Haut soll von diesem Tag an frei von menschlichen Exkrementen sein.

„Ich kann nicht baden", sagt sie.

„Und warum nicht?", frage ich sie.

„Weil es heute bewölkt ist und kalt", sagt sie. „Ich werde mich verkühlen, wenn ich bade."

Ich betrachte ihr süßes, rundes Gesicht. Natürlich badet ihre Mutter sie nur im kalten, schmutzigen Fluss oder im Waschbecken einer öffentlichen Toilette. Deshalb sagt ihr ihr Überlebensinstinkt, dass sie nur dann baden sollte, wenn es sonnig ist, weil dann das Wasser warm ist und der Wind sie nicht zittern lässt.

„Ich habe ein spezielles Gerät, mit dem man das Wasser warm macht. Fass einmal hinein, *Rosa*."

Rosa streckt vorsichtig ihre putzigen, kleinen Fingerspitzen in das Badewasser. Schnell tauchen sie tiefer und tiefer und sie lässt ein gackerndes Kichern vernehmen, als ihr klar wird, dass dieses spezielle Gerät wirklich funktioniert. Der Durchlauferhitzer, das erkläre ich ihr, macht das Wasser warm, selbst dann, wenn die Sonne weg ist.

Nun hüpft *Rosa* in die Badewanne. Alter Schmutz weicht nach und nach der Behandlung durch eine gute Bürste und warmes Wasser. Sie bespritzt sich selbst und kichert in einem fort, so glücklich ist sie über das warme Wasser. Irgendwann erreicht ihre Begeisterung ein solches Ausmaß, dass sie aus der Wanne springt und pudelnackt ins Wohnzimmer rennt, wo sie jubelnd im Kreis herumrennt und eine dicke Seifenspur hinter sich herzieht. Das Gackern der Kleinen steckt *Doña Teresa* an und auch aus mir blubbert geradezu ein Kichern heraus, als ich hinter ihr herrenne und versuche, sie in ein Handtuch einzuwickeln. Als Nächstes schwingt sie die weiße Gardine zur Seite und schaut mit großen Augen nach draußen.

„*Columpiar! Columpiar!*"

Sie hüpft wie verrückt auf und ab, während ich ihr ein Handtuch überwerfe. Was bedeutet *columpiar*?

„*Columpiar!*", ruft sie. „*Columpiar!*"

Sie drückt ihre kleine Nase gegen die Scheibe und deutet mit dem Finger auf ein hölzernes Schaukelgerüst im Garten darunter.

„Zieh dir deine neuen Klamotten und deine Schuhe an."

Sie saust ins Schlafzimmer und zieht ihr neues Second-Hand-T-Shirt an und will in einen Overall schlüpfen.

„Stopp, *Rosa*, du brauchst auch Unterwäsche."

„Nein, brauche ich nicht."

Ich werfe ihr einen tadelnden Blick zu. „Oh doch, das brauchst du."

Sie hüpft wie ein Gummiball zu den großen Pappkartons und kramt Unterwäsche heraus.

* * *

Rosa lacht in den Himmel, während sie nach oben schaukelt, und feuert mich an: „Höher, *Chi*! Höher, *Chi*!" Ich stöhne auf und tue so, als würde ich sie noch fester anstoßen.

Wir rennen zurück ins Haus und ich blase die Ballons auf, die ich extra für ihre Ankunft gekauft habe. Sie spielt Volleyball mit den bunten Dingern und ihr Gekicher stößt vor zu immer höheren Tonlagen.

Schließlich ist es vier Uhr nachmittags und ich bekomme Hunger. Sie auch, sie weiß es nur nicht. Ich schmiere Erdnussbutter- und Marmeladenbrote in der Küche, während *Rosa* das Wohnzimmer verwüstet, indem sie jedes Brettspiel im Haus öffnet und den Inhalt zu einem einzigen großen Spiel zusammenwirft.

Dann stelle ich zwei Teller mit Broten und zwei Becher Milch auf den Tisch und rufe nach ihr. Voller Übermut und Elan stößt sie die Schwingtür zur Küche auf und ich kann sie gerade noch festhalten, bevor sie ihr ins Gesicht zurückschwingt.

„Lass uns was essen, *Rosa*.“

„Okay. Wofür ist das denn?“, fragt sie und deutet auf den Esstisch.

„Das ist der Esstisch.“

„Wofür braucht man so etwas denn? Warum stellst du das Essen da oben drauf?“

„Man isst von einem Tisch.“

„Wirklich?“, fragt sie sich laut. „Warum?“

„Na ja, alle essen so. Vom Tisch.“

„Wie isst man denn vom Tisch? Keiner isst an so etwas, nicht einmal meine Mutter.“

„Aha“, entgegne ich.

Rosa klettert auf einen Stuhl, greift über den Tisch, nimmt sich das Brot und trägt es zurück ins Wohnzimmer, setzt sich auf den Boden und isst.

* * *

Vier Tage später

Seit vier Nächten schläft *Rosa* in ihrem Bett im Schlafzimmer, ich im Wohnzimmer. Morgens trifft sie ihre Mutter und manchmal verbringen die beiden den ganzen Tag miteinander. Das aufregende Gefühl, das anfangs mit sauberem Wasser, einem warmen Bett und reichlichem Essen verbunden war, löst sich langsam auf und ich bin froh, dass sie sich an diesen Luxus gewöhnt.

Nun ist es neun Uhr abends und ich bringe *Rosa* ins Bett. Leise schließe ich die Tür ihres Zimmers. Während ich in meinem eigenen Bett liege, lasse ich meine Gedanken spielen und eine Welle erhabener Gefühle durchläuft meine Brust. Warum sollte ich *Rosa* nicht adoptieren? Immerhin habe ich mich die letzten Monate um sie gekümmert wie um meine eigene Tochter. Wäre es nicht unmenschlich, weniger zu tun? Die letzten wachen Minuten verbringe ich damit, durch eine Fantasiewelt zu laufen, in der ich *Rosas* Adoptivvater bin und immer noch mit anderen Straßenkindern in Bolivien arbeite.

Mitten in der Nacht werde ich von einem Weinen geweckt. *Rosa*. Ich habe sie noch nie zuvor so weinen gehört. Mit einem Satz bin ich in ihrem Zimmer. Die Tür lasse ich offen, damit das Flurlicht in ihren Raum fällt. Ihr Gesicht ist tränenüberströmt, sie schnieft und kneift ihre Augen zu wegen des Lichtes.

„Ich will jetzt nach Hause", weint sie.

„Warum? Was ist passiert?", frage ich.

„Ich will nach Hause!", brüllt sie und trommelt mit ihren Fersen auf die Matratze. Behutsam hebe ich sie hoch, halte sie in meinen Armen und streichle ihr über den Rücken. Ihre Tränen laufen an meinem Hals hinab.

„*Rosa*", flüstere ich, „du kannst jetzt nicht nach Hause gehen. Morgen früh bringe ich dich zurück. Weißt du nicht mehr, wie wir es immer machen? Du bleibst nachts hier und siehst deine Mama am Morgen."

Ich wiege sie sanft ein paar Minuten lang hin und her; sie atmet langsamer und ihre Augenlider werden schwer. Hat sie sich ausgeweint? Vorsichtig lege ich sie auf ihr Bett und gehe zurück zu dem meinen.

Dann fällt mir ein interessanter Aspekt unserer Biologie auf: Unsere Augen können wir schließen, unsere Ohren aber nicht. So kann ich auch nichts dagegen tun – ich höre, wie *Rosa* nach ihrer Mutter weint. „Ich will nach Hause!", jammert sie, „ich will nach Hause!" Ich schließe die Augen noch fester. Kinder weinen immer, wenn sie geimpft werden; es tut ihnen sehr weh, aber man muss ihnen trotzdem die Spritze geben. Das hier ist nicht anders. Aus ihrer gewohnten Umgebung herausgerissen zu werden, war das bisher Schmerzvollste, was sie ertragen musste, doch sie wird darüber hinwegkommen, sie wird irgendwann einschlafen.

„Ich will nach Hause! Ich will nach Hause!"

Ich stehe auf, gehe in *Rosas* Zimmer und nehme sie in den Arm. Sie schlägt mich ins Gesicht und schreit: „Ich will nach Hause. Ich will nach Hause. *Chi*, ich will nach Hause."

Sie will die Arme ihrer Mutter und ihrer Großmutter.

Ich trage sie zu ihren Schuhen und ziehe sie über ihre Füße. Wir gehen zur Wohnungstür.

„Warte, *Chi*. Warte." Sie hüpft von meinem Arm und rennt in ihr Schlafzimmer. Ich folge ihr. Hat sie es sich anders überlegt?

„Du hast meine neuen Sachen vergessen", sagt sie. Sie möchte dieses Haus für immer verlassen, nicht mehr zurückkehren, und sie möchte ihre neuen gebrauchten Klamotten für ein Leben auf der Straße behalten. Ohne zu diskutieren hebe ich all die Kleidungsstücke auf und stopfe sie in eine Plastiktüte. T-Shirts. Hosen. Overalls. Ihr Gesicht strahlt vor Freude, weil sie so viele Geschenke bekommen hat.

„*Chi*, du faltest sie nicht richtig!"

Sie nimmt die metallblauen Overalls und faltet sie sorgsam zusammen, dann legt sie sie vorsichtig in die Tüte. Ich beobachte sie und mein Herz wird schwer von Traurigkeit. Warum muss *Rosa* auf die Straße zurückkehren? Weil ihre Großmutter die einzige beständige Person in ihrem Leben gewesen ist. Wer bin ich? Nur ein vorübergehender Freund mit einer Menge cooler Spielsachen. Natürlich zieht *Rosa* es vor, auf der Straße zu leben.

„Wo ist meine Ente?", schreit sie.

Ich ziehe ihre gelbe Ente unter der großen, weißen Tagesdecke hervor.

„Da ist meine Ente. Ich habe dich gesucht, Mr *Ducky*." Sie sieht in mein ernstes Gesicht. „Okay, ich bin soweit."

Ich suche in der Schreibtischschublade nach Geld für ein Taxi.

„Schultern. Schultern, *Chi*!"

Ich hebe sie mir auf die Schultern und sie lässt ihr markantes Lachen hören. Es ist ein schrilles Kichern, das aus der Tiefe ihrer Lungen kommt und aus ihrem Mund sprudelt, um sich unkontrollierbar zu verbreiten; wie Wasser, das aus einem Schlauch spritzt, den man vorne zuhält. Ich lächele traurig und kichere mit ihr.

Mit ihrer Kleidung auf dem einen Arm und *Rosa* auf meinen Schultern verlassen wir also das Haus. In dieser ruhigen Gegend sind heute Nacht nur wenige Taxis unterwegs.

„Wie viel kostet es bis zum *Casa de la Cultura*?"

„Fünfzehn Bolivianos."

„Normalerweise sind es nur zwölf."

„Na gut, dann zwölf."

Das leise Brummen des Motors und die knisternde, kalte Luft, die uns in die Gesichter weht, hypnotisieren uns. Der braune, kahle Berghang ist übersät von grünen, weißen und roten Nachtlichtern. Weit hinter dem *Illimani* öffnet der schwarze Himmel eine Million strahlender Augen – seine Sterne – glühend, blinkend, frei. *Rosas* Ente rutscht ihr aus der rechten Hand auf den Boden des Taxis. Ihre Augen sind fest geschlossen. Von was träumt ein Straßenkind? Sicher nicht von Steifftieren und Barbiepuppen oder neuen Sonntagskleidern. Träumt sie von dem Lutscher, den sie gelegentlich bekommt? Träumt sie von einem warmen bolivianischen Tag, an dem sie im Fluss baden kann? Ist das eine von den Nächten, in denen ihr Vater sie umarmt?

Wie konnte ich nur so versagen? Ich war so nahe dran. Nur noch ein paar Nächte, und sie hätte sich daran gewöhnt gehabt, in einem Haus zu schlafen. Und doch – sie braucht ihre Mutter. Irgendwie bin ich wütend auf sie, auf *Catia* und auf mich selbst. Wird *Rosa* eine Prostituierte werden, ein Schuhputzmädchen mit aufgedunsenen Lippen, das unter dem Namen ihres Medikaments bekannt ist? Ich knirsche vor Ärger mit den Zähnen. Was für ein Hochmut von mir, sie ihrer Mutter wegzunehmen, nur damit sie während der dunklen Nächte in der Sicherheit eines Hauses ist. Ihre Nabelschnur ist unter hartem Straßenbeton begraben und es ist beinahe unmöglich, sie zu trennen.

„Ist das Ihr Kind?", fragt der Taxifahrer.

„Hmm?" Die Frage überrascht mich.

„Ist das Ihre Kleine?"

„Nein. Ich bringe es nur zu seiner Mutter zurück." Ich betrachte die Augen des Taxifahrers im Innenspiegel. Er wartet auf eine Erklärung, also setze ich hinzu. „Sie lebt auf der Straße." Der Mann ist noch keine dreißig Jahre alt. Seine Hautfarbe ist ein tiefes Kakaobraun und seine Augen sind undurchdringlich schwarz.

„Wie meinen Sie das?", fragt er mich.

„Sie ist ein Straßenbaby."

„Was?" Seine Stirn legt sich in tiefe Falten.

„Sie ist ein Straßenbaby", wiederhole ich.

Ich bin verwirrt darüber, dass er diese Tatsache anscheinend nicht fassen kann, obwohl er jeden Tag Straßenkinder zu Gesicht bekommt.

„Wo sind denn ihre Eltern?", fragt der Taxifahrer.

„Sie lebt bei ihnen. Ihre Mutter ist eine Straßenhändlerin und ihre Großeltern leben ebenfalls auf der Straße. Dieses Kind heißt *Rosa* und ist jetzt vier Jahre alt."

Es wird ruhig und das Brummen des Autos klingt immer lauter. *Rosa* atmet tief im Schlaf. Die Straßen sind leer, kein Mensch auf den Bürgersteigen. Meine Gedanken schweifen ab.

Dann höre ich ein Räuspern, leise, tränenerstickt, ich höre ein Schniefen. Ein Teil von mir möchte den Taxifahrer nicht ansehen, aber ich tue es, weil ich einfach nur wissen will, ob mit ihm alles in Ordnung ist. Auf seinen Wangen glänzen dünne Tränen, doch er macht keine Anstalten, sie wegzuwischen. Irgendwann tropfen sie von seinem Kinn, schneller und schneller. Sein weißes Hemd bekommt dunkle Flecken.

„Ich habe eine Tochter in ihrem Alter", sagt er sanft. „Sie ist auch vier Jahre alt. Ich liebe sie sehr. Wirklich sehr." Er weint weiter. „Wo schläft sie?"

Ich sage ihm durch den Innenspiegel: *„Casa de la Cultura."*

„Sie meinen, auf dem Bürgersteig vor all den Geschäften?", fragt er. „Ja."

„Wovon lebt ihre Mutter?"

„Sie verkauft Fruchtsäfte auf der Plaza."

„Hat *Rosa* einen Vater?"

„So was in der Art. Er ist manchmal da. Doch wenn er da ist, ist er betrunken und schlägt *Rosa* und ihre Mutter. Glücklicherweise hat er sie verlassen."

„Und warum leben sie immer noch auf der Straße?"

„Rosas Mutter ist Alkoholikerin und das macht es nicht leichter für *Rosa*. Die meiste Zeit kümmert sich ihre Großmutter um sie."

Ich blicke nach unten und betrachte *Rosas* Kopf auf meiner Brust, sehe ihre Augen. Sie ist nun aufgewacht und starrt aus dem Fenster. Mein Herz ist schwer. Wie viel von unserem Gespräch hat sie mitbekommen? Mir kommt es vor, als hätte ich sie verraten. Habe ich gerade ihr rosarotes Mutterbild zerstört, ihr Bild von einem jener beiden Menschen auf dieser Welt, denen sie vertrauen kann?

„Wie geht es dir, *Rosa*?"

„Super", flüstert sie schläfrig. Sie sieht nicht auf, um herauszufinden, wer ich bin. Ihre Augen starren in weite Ferne.

Der Taxifahrer wirft einen verstohlenen Blick auf *Rosa* und zwingt sein Gesicht zurück auf die Straße, so als sei es zu schmerzhaft, sie anzusehen. Wie ist wohl seine Tochter? Lacht sie wie *Rosa*? Was wäre, wenn für jede Träne, die über diesen Straßenkindern vergossen wird, ein Zimmer bereitgestellt würde? Mitleid ist nutzlos – gebt mir Zimmer, gebt mir sauberes Wasser, gebt mir liebevolle Arme. Mitleid hat noch nie ein Haus gebaut.

„Wohin fahren wir, *Rosa*?", frage ich.

„Nach Hause", sagt *Rosa*. „Großmutter sehen."

„Warum?", frage ich.

„Weil sie nicht trinkt", sagt *Rosa*.

Ich setze mich in meinem Sitz zurecht und sehe zum Himmel hinauf, denke über die Verbindung von Worten und Leben nach. „Alkoholiker". Das Wort klingt in meinem Kopf und wird von den Sternen zurückgeworfen. Wir kommen am *Casa de la Cultura* an. *Rosa* ist in meinen Armen wieder eingeschlafen. Ich schiebe sie vorsichtig zur Seite und suche in meiner Hosentasche nach dem Fahrgeld.

„Sie sollten gut auf sie aufpassen", sagt der Taxifahrer. „Es ist kalt heute Nacht. Sie sollten ihr Ihre Jacke geben."

„Sie hat eine Jacke in der Tüte", erwidere ich.

Ich wickle eine kleine Kapuzenjacke um ihren winzigen Körper. Davon wacht sie auf und sie öffnet ihren Mund für ein löwenartiges Gähnen.

„Passen Sie mir bloß gut auf sie auf. Sie sind für sie verantwortlich", bettelt der Taxifahrer, während er die zwölf Bolivianos entgegennimmt.

„Das werde ich", sage ich ihm. „Keine Sorge."

Ich überquere eine der Hauptstraßen und entdecke *Monica*, die bei *Ernesto* und vier anderen Gestalten steht. Zahllose Falten überziehen ihr Gesicht, als sie *Rosa* erkennt. Ihr Lächeln ist völlig zahnlos.

„Hallo, *Chi*", sagt sie. „*Rosa*, war es schön heute?"

„Ja."

„Was hast du gemacht?"

„Ich habe in einer Badewanne gebadet. Ich habe mir die Haare gewaschen. Ich habe meine Klamotten gewaschen. Ich habe eine Menge gegessen. Ich habe mit Spielzeug gespielt." Sie streckt sich nach ihrer Großmutter aus.

„Gib *Chi* einen Gute Nacht Kuss."

Rosa küsst mich auf die Wange und ruft: „Gute Nacht, *Chi*. Wir sehen uns morgen. Dann spielen wir zusammen."

Ich fahre in einem anderen Taxi nach Hause, betrachte zuerst den Himmel und schließe dann meine Augen. Ich will nach Hause. Die Worte hallen von den Sternen wieder und aus jedem Pappkartonbett, aus jeder leeren Flasche Verdünner, aus jedem frischen Rasierklingenschnitt. Ich höre sie als Schrei, als Jammern, als Weinen, als Forderung, als Ruf, als Gebet und ich kann meine Ohren nicht verschließen.

Ich will nach Hause.

Die Tränen rinnen mir das Gesicht hinunter.

NACHWORT

Seit 1998 sind die Wege dieser Kinder in alle Richtungen gegangen.

Nicht lange, nachdem *Rosas* Vater sie und *Catia* verlassen hat, hat das *Bolivian Street Children Project* damit angefangen, *Catia, Rosa* und Großmutter *Monica* zu unterstützen, indem es die Miete für eine winzige Wohnung übernommen hat. *Catia* und *Monica* verkaufen weiterhin Fruchtsäfte und Schulbedarf auf der Straße, aber sie schlafen dort nicht mehr. *Rosa* hat zum ersten Mal in ihrem Leben ein richtiges Zuhause.

Das *Bolivian Street Children Project* wurde mit dem Zweck gegründet, die Aufmerksamkeit auf die Lage der Straßenkinder weltweit zu lenken. Unser Ziel ist es, den verlassenen Kindern in La Paz ihre Kindheit, ihre Rechte und ihre Würde zurückzugeben. Wir arbeiten auch dafür, dass unsere Kinder mit den Fähigkeiten ausgestattet werden, die sie brauchen, um Vorbilder eines tief greifenden Wandels zu werden. In den ersten Jahren waren wir einfach nur auf der Straße unterwegs – wie ich zuvor –, haben mit den Kindern gesprochen und ihre vielfältigen Leiden behandelt. Mit einem wachsenden Stamm an haupt- und ehrenamtlichen Helfern haben wir ungefähr sechstausend Visiten auf der Straße durchgeführt.

2001 hat das *Bolivian Street Children Project* sein erstes Heim eröffnet, das *Hogar Bernabé* in La Paz. Unsere Häuser kümmern sich in besonderer Weise um verlassene Straßenkinder, die keinen Erwachsenen haben, der sie beaufsichtigt oder sich um sie kümmert. Meiner Meinung nach sind es besonders diese Kinder, für die wir eine Berufung haben, auf die wir mit barmherziger Liebe und Freundlichkeit zugehen sollen. Die Straßenkinder von La Paz sind im Schnitt 14,4 Jahre alt und mehr als die Hälfte von ihnen sind Jungen. Fast neunzig Prozent dieser Kinder wurden körperlich misshandelt und mehr als neunzig Prozent dieser Kinder schnüffelt Verdünner. Von den Straßenmädchen sind mehr als die Hälfte schwanger oder hat Kinder und 38 Prozent geben an, sexuell missbraucht worden zu sein.

Mit der Eröffnung von *Hogar Bernabé* habe ich auf recht bescheidene Weise einen der drei Wünsche von *Daniela, Vicki, Gabriel* und anderen erfüllt: ein Heim für sie zu bauen. *Hogar Bernabé* ist das Zuhause von zehn verlassenen Straßenkindern. Wir kümmern uns ganzheitlich um unsere Kinder. Es reicht nicht aus, ihnen Essen und Kleidung zu geben. Wir müssen ihnen die Möglichkeit geben, sich sicher zu fühlen und Liebe kennenzulernen. Neben körperlichen Problemen wie Zahnfäule oder schlecht zusammengeheilte Knochenbrüche von Prügeleien auf der Straße leiden die Kinder an Selbstmordgedanken, Depressionen, posttraumatischen Stresssyndromen, Drogenabhängigkeit und einer Reihe von psychischen Erkrankungen. Manche haben Probleme, sich anderen anzuvertrauen, andere kommen einem zu nahe. Die meisten sind überzeugt, sie würden ja doch irgendwann wieder verlassen. Nicht wenige Neuankömmlinge folgen mir und anderen Mitarbeitern in den ersten Tagen überall hin, weil sie sichergehen wollen, dass wir sie nicht wieder im Stich lassen.

Die Kinder in unseren Heimen leben in einer sicheren Umgebung, mit einem hohen Mitarbeiter-Kind-Schlüssel. Wir lehnen körperliche Strafen ab. Ein vom Haus angestellter Lehrer holt mit den Kindern verpasste Bildung nach. Unsere Mitarbeiter und unser Psychologe helfen den Kindern, körperliche, emotionale und sexuelle Traumata zu überwinden, damit sie erste Schritte in eine Zukunft ohne Mord, Vergewaltigung und Obdachlosigkeit gehen können – vielleicht eine Zukunft mit Frieden in Herz und Geist. Durch eine praktisch/technische Ausbildung oder auch durch eine akademische Laufbahn lernen die Kinder, sich selbst innerhalb des normalen Wirtschaftskreislaufs zu versorgen. Einige der Kinder im *Hogar Bernabé* wollen Anwälte oder Geschäftsleute werden. Durch fleißiges Lernen wurde eines unserer Kinder der beste Schüler seines Jahrgangs.

Manchmal fragt man mich, warum wir nur zehn Kinder im *Hogar Bernabé* haben. Zum einen kann man nicht viele Kinder gleichzeitig von der Straße holen und in demselben Heim unterbringen. Die damit verbundene Instabilität führt häufig zu einem Massenexodus zurück auf die Straße.

Zum anderen haben wir die Erfahrung gemacht, dass durch unseren hohen Mitarbeiter-Kind-Schlüssel mehr als sechzig Prozent unserer Kinder in unserem Heim bleiben, bis sie sich selbst versorgen können.

Andere Gesellschaften, die mit Straßenkindern in größeren Heimen arbeiten, geben insgeheim zu, dass bei ihnen nur ein einstelliger Prozentsatz bis zum Ende durchhält. Damit rehabilitiert unser „Zehn-Betten-Haus" mehr Kinder als zwei oder drei Heime, in denen jeweils fünfzig untergebracht sind.

Unser zweites Heim, *Hogar Renacer*, wurde 2005 als Übergangshaus für Kinder eröffnet, die die Straße erst vor Kurzem verlassen haben. Es wird als Brücke für die Kinder benutzt, die noch nicht in der Lage sind, mit strengeren Regeln und Verantwortlichkeiten zu leben.

2006 wollen wir ein drittes Heim eröffnen.

Die Erfolge des *Bolivian Street Children Projects* sind nicht mein Verdienst. In den letzten zehn Jahren tauchten Spenden immer gerade rechtzeitig in meinem Briefkasten auf, dass ich mein Bankkonto ausgleichen konnte, das oft um mehrere hundert Dollar überzogen war. Ich habe einige heikle Situationen auf der Straße überlebt. Manche nennen so etwas Schicksal. Ich nenne es Gott.

Hinzu kommt, dass 95 Prozent der Arbeit von dem wunderbaren Team getan wird, mit dem zu arbeiten ich als Geschenk empfinde, und zwei hingegebenen Vorständen in Bolivien und Boston.

Ich habe die Wege von vielen der Straßenkinder, die ich in meinem ersten Jahr in La Paz kennengelernt habe, wieder gekreuzt. Einige dieser Kinder habe ich traurigerweise nie wieder gesehen.

Im Jahr 1999 hatte ich das Straßenmädchen *Mercedes* in einem Bus gesehen, der in den Rotlichtbezirk fuhr. Ich habe seitdem nichts mehr von ihr gehört. Wenn sie noch lebt, ist sie jetzt erwachsen. Vielleicht ist sie Prostituierte, vielleicht verkauft sie Zehn-Cent-Getränke an einer Straßenecke in La Paz, vielleicht hat sie geheiratet, vielleicht ist sie Mutter geworden. Vielleicht hat sie aber auch ihren letzten Rasierklingenschnitt getan.

Alejandro kocht in einem Restaurant in El Alto. Damit versorgt er sich selbst, seine Frau und ihr Kind. Er war 1997 der Katalysator für unser Projekt. Er hat mehr für die Kinder getan, als er weiß. Ich bin glücklich über ihn und stolz auf das, was er erreicht hat.

Jorge hat weiterhin im *Bururu*-Waisenhaus gewohnt, bis er in ein anderes ziehen durfte, in dem es mehr Möglichkeiten für ihn gab.

Fernando ist ein paar Jahre nach unserer ersten Begegnung vom *Bururu*-Waisenhaus in ein anderes gezogen.

Von *Gabriel* wird erzählt, er sei nach Cochabamba gegangen, und ich habe ihn nicht mehr gesehen, seit ich 1998 die Läuse aus seinen Haaren gewaschen habe.

Tómas hat das *Bururu* kurz nach dem Unfall verlassen und wurde im ersten Jahr danach ein paar Mal auf der Straße gesehen. Manche Leute im Waisenhaus haben von Anfang an gewusst, dass er nicht lange bleiben würde. Ich denke das nicht. Ein Kind wird versagen, wenn wir von ihm erwarten, dass es versagt.

Anna hat sich 2001 in El Alto selbst getötet. Sie hat sich an einer Metallstange aufgehängt, die als Duschvorhang diente. Ein Straßenjunge, der vorbeiging, sagte den Polizisten, dass *Anna* ein Straßenkind gewesen war, und ist weitergegangen. Niemand sonst hat sich um ihren Leichnam bemüht oder ihn identifizieren wollen.

Javier ist ein Obdachloser, der seine wachen Stunden mit Trinken und Kleinkriminalität zubringt. Als ich ihm sagte, dass *Anna* sich selbst getötet hat, war *Javier* still, schockiert und traurig. Nachdem er seine Freundin und sein ungeborenes Kind verloren hatte, hätte er beinahe geweint, aber er tat es dann doch nicht. Er ging weg. Ich habe ihn seit fast zwei Jahren nicht mehr gesehen.

Marias Grabkammer ist abgerissen worden, weil die Friedhofsgenehmigung nicht erneuert wurde. Obwohl das Verhältnis zwischen *Daniela* und ihrer Mutter weiterhin recht kühl ist, leben sowohl *Natalia* als auch *Daniela* bei *Danielas* Mutter. *Daniela* verkauft Fruchtsäfte an einer Straßenecke in der Innenstadt.

Daniel Chávez ist auch acht Jahre später noch ein Straßenjunge. Er ist momentan einer der älteren Jungen, die die jüngeren Kinder misshandeln und vermutlich auch sexuell missbrauchen. *Christopher Chávez* lebt in einem Heim für Straßenkinder. Ich habe beide seit zwei Jahren nicht mehr gesehen.

Juan Carlos und *César* schlafen weiterhin auf der Straße, oft stehen sie unter Drogen und manchmal begehen sie kleinere Diebstähle.

Vicki hält sich erstaunlich gut in einem Heim für Straßenmädchen. Ich bin ihr 2005 zufällig auf einer der Hauptstraßen von La Paz begegnet, da hatte sie es eilig, zu einem Kurs für Kosmetikerinnen zu kommen. Sie hat eine kleine Tochter und den beiden geht es gut miteinander. Sie hat seit den Tagen der Kinderprostitution und dem Verkauf von Kartoffelchips einen weiten Weg zurückgelegt.

Ernesto, *Rosas* Großvater, ist 2000 auf der Straße an den Folgen seiner Trunksucht gestorben. *Rosa* hat ihren biologischen Vater in den letzten acht Jahren nur einmal getroffen und er hat sie während ihrer kurzen Begegnung nicht einmal erkannt. *Rosas* Großmutter *Monica* verkauft immer noch Halskettchen und andere Kleinteile ab acht Uhr jeden Morgen auf der Plaza San Francisco. Im Lauf der Jahre wurden einige Versuche unternommen, *Catia* in ihrer Verantwortung für ihre Tochter zu unterstützen, aber sie verlor weiterhin ihren nicht enden wollenden Kampf mit dem Alkohol, wobei sie regelmäßig das Leben ihrer Tochter gefährdete. *Rosa* wurde schließlich von einer liebevollen Familie adoptiert. Sie ist gut in der Schule und möchte aufs College gehen.

Im April 2005 verschwand *Catia* von der Straße.

Ich habe meine Assistenzarztausbildung in Innerer Medizin und Pädiatrie 2002 in *Harvard* abgeschlossen. Jetzt bin ich teilweise in Boston und teilweise in La Paz. Ich arbeite mehrere Monate im Jahr am *Boston Medical Center* und dem medizinischen Fachbereich der Universität, wo ich Krankenhausarzt für Pädiatrie und Innere Medizin bin. Meine Doppelrolle als Krankenhausarzt in Boston und Anwalt für bolivianische Straßenkinder ist nur möglich durch die Unterstützung von *Dr. Barry Zuckerman, Dr. Bob Vinci, Dr. Jeff Samet* und *Dr. Jeff Greenwald* von der *Boston University*, welche die Arbeit wertschätzen, die wir für die Randgruppen in Boston und Bolivien tun.

Haben Sie einen Blick bekommen für die unsichtbaren Kinder?

Wirtschaft und Technologie vertiefen die Gräben und erhöhen die Mauern zwischen uns in der entwickelten Welt und den Armen in den Entwicklungsländern. Politische Parteien trüben unseren Blick. Viele aus dem linken Spektrum würden uns gern glauben machen, dass Straßenkinder unschuldige und hilflose Opfer sind. Im Gegenzug sehen die aus dem Rechten diese Kinder eher als gewalttätiges, faules Pack, das sein Los verdient hat. Straßenkinder sind weder gut noch schlecht, sondern vielmehr komplexe menschliche Wesen mit guten und schlechten Qualitäten – genauso wie wir alle.

Sehen Sie die unsichtbaren Kinder? Haben Sie Ihren Blick auf sie gerichtet, sodass Sie sie beurteilen können? Sagen Sie mir, was in einer grauen Welt schwarz und was weiß ist; ich selbst bringe das oft durcheinander. Ist es verkehrt, wenn ein Straßenkind ein Stück Brot stiehlt, damit es einen weiteren Tag überlebt? Ist es richtig, einem Straßenkind

Geld zu geben, wenn man weiß, dass es damit Drogen kaufen könnte? Ist es besser, es mittellos zurückzulassen, wenn man weiß, dass es dann verhungern könnte? Wenn man nur einem helfen kann, sollte man dann eher dem Straßenbaby oder dem Straßenjungen oder dem Straßenmädchen helfen?

Sehen Sie die unsichtbaren Kinder? Ich bin nicht glücklich mit der Richtung, der sich zumindest das amerikanische Christentum gegenwärtig zuneigt. Das „Wohlstandsevangelium" behauptet, dass Christen wegen ihres Glaubens an Gott vom Himmel Geschenke bekommen. Bedeutet das, dass die Straßenkinder nur an Gott glauben müssten, und dann würden sie in einem liebevollen Zuhause mit Essen und Medizin aufwachen? Heißt die allgemein verbreitete Vorstellung, dass Gott denen hilft, die sich selbst helfen, dass die Straßenkinder sich nicht selbst helfen und es deshalb verdienen zu hungern, umgebracht und vergewaltigt zu werden?

Manchmal überkommt mich die Wut. Ich brülle und schimpfe mit denen, die es nicht verdient haben, genauso wie mit denen, die es verdient haben. Was ist Wut, wenn es um das Anliegen der Straßenkinder geht? Vielleicht ist es Leidenschaft. Mit Straßenkindern zu arbeiten, ist profan und oft hoffnungslos. Bei den Straßenkindern geht es immer nur um „mich" – nicht unvernünftig, da sich ansonsten keiner um sie kümmert. Trotz all der Schwierigkeiten versuche ich, bei ihnen zu sein, aber das hat oft seinen Preis. Der Herzschmerz, der Stress, die Wut und Hoffnungslosigkeit haben zu einigen Tälern meines Lebens beigetragen.

Wenn man Straßenkinder kennt, verändert sich das eigene Leben. So viele der Höhen in meinem Leben haben damit zu tun, dass ich bei den Straßenkindern war. Ich genieße es wirklich, wenn ich sehe, wie die Kinder spielen und lächeln, nachdem sie von den verschiedensten Leiden geheilt wurden. Mit einem Straßenkind Fußball zu spielen und mitzubekommen, wie es für eine Millisekunde glücklich ist, ist eines der wertvollsten Geschenke, die ich jemals bekommen habe.

Noch immer ringe ich mit meinem lebenslangen Rätsel: Warum hat Gott meine Schwester Mingfang zu sich geholt und nicht mich? Warum müssen unsere Kinder auf der Straße leiden? Warum lässt er es zu, dass sich soviel Böses an unseren Kindern austobt? Auf intellektueller Ebene habe ich mich mit dem Gedanken abgefunden, dass uns Gott mit einem freien Willen ausgestattet hat. Er lässt unser Böses zu, unsere Nachlässigkeit und unsere Blindheit.

Können Sie sich dazu entschließen, meine unsichtbaren Kinder zu sehen? Meine Kinder bitten um Ihr Geld. Doch noch wichtiger: Sie bitten darum, gesehen zu werden, als Menschen und als Kinder gesehen zu werden. Erzähle unsere Geschichten, haben sie mir aufgetragen. Für *Daniela* haben hundert Dollar aus mir einen reichen Mann gemacht. Die Straßenkinder leben in absolutem Elend. Sie bitten um Verständnis und Empathie und nicht unbedingt um Sympathie und Vergebung. Sie wollen in Würde leben.

Unsere Leben sind kurz und flüchtig. Welches Vermächtnis lassen wir zurück? Vielleicht sind mein Vermächtnis ein paar Straßenzüge in La Paz, Bolivien, in denen alle Kinder ein Zuhause haben.

Unsere Kinder sterben nicht an Krankheiten und Unterernährung. Unsere Kinder sterben, weil sie arm sind. In der Realität sehen die meisten von uns noch nicht einmal dann die Kinder, wenn sie sterben, denn wir wagen es nicht, die Kinder zu sehen. Meine Kinder.

Nein, Sie müssen nicht allen helfen, weil wir das einfach nicht können. Tatsächlich wäre es mir lieber, wenn Sie nur einem helfen. Also einem nach dem anderen. Es gibt weltweit 70 Millionen Straßenkinder. Mit Ihrer Hilfe wird eines davon ein ehemaliges Straßenkind. Ein Kind bekommt ein Zuhause. Und dann zwei. Drei. Vier. Fünf, sechs, sieben ... Ein Mädchen namens *Rosa*, ein Baby namens *Elisa*, ein Junge namens *Jesús* ...

Chi-Cheng Huang, MD
La Paz, Bolivien, April 2006

UPDATE

Seitdem ich die bolivianische Stadt La Paz im Jahr 1997 zum ersten Mal besucht habe, hat sich in meinem persönlichen und auch meinem beruflichen Leben viel verändert. Mein einst so volles Haar z.B. hat sich dramatisch reduziert und meine Taille sich um ein Vielfaches verstärkt. Außerdem – und das ist viel besser – habe ich seitdem eine schöne Ehefrau und drei wundervolle Töchter. Durch sie erfahre ich viel Freude im Leben und lerne das zu schätzen, was wirklich wichtig ist.

In meinem Beruf habe ich die Möglichkeit erhalten, der Gesellschaft, in der ich lebe, zu dienen und sie positiv zu beeinflussen. In meinen Arbeitsbereichen als Vorstandsmitglied des *Lahey Hospital Medical Center* und Leiter der medizinischen Abteilung sowie Professor an der *Tufts Medical School* darf ich jeden Tag das tun, wofür mein Herz schlägt.

Aus dem *Bolivian Street Children Project* ist inzwischen die gemeinnützige Hilfsorganisation *Kaya Children International* geworden, die den Straßenkindern in drei Häusern und mit Ganztagesprogrammen dient und ihnen neue Perspektiven gibt. Geleitet wird diese Arbeit von Sarah Porter, Ximena Alcaron und Pfarrer John Eggen.

Die Hilfsprogramme führen dazu, dass noch vielen kleinen „Rosas" und „Alejandros" geholfen werden kann.

Obwohl *Rosas* Mutter und Vater sowie ihre Großeltern bereits verstorben sind, kämpft sie sich weiter erfolgreich durchs Leben, trotz aller Lasten der Vergangenheit und Herausforderungen der Gegenwart. *Rosa* ist mittlerweile volljährig und entdeckt nach und nach, wie sie ihr Land Bolivien mitgestalten kann.

Auch *Alejandro* konnte dauerhaft dem tragischen Kreislauf des Straßenkinderlebens entfliehen. Mittlerweile hat er eigene Kinder, die glücklicherweise nie die Erfahrung gemacht haben, wie es sich anfühlt, bei Temperaturen um den Gefrierpunkt auf dem Bürgersteig schlafen zu müssen.

Geschichten von ehemaligen Straßenkindern wie *Rosa* und *Alejandro* sind inzwischen weithin erzählt worden und haben sogar die medizinischen Fakultäten von Elite-Universitäten wie Harvard, Boston oder Columbia erreicht.

Die letzten 15 Jahre sind wie im Flug vergangen. Meine Gesundheit hat sich nicht gerade zum Besten verändert – mein linkes Knie schmerzt mich und ich wache so manche Nacht mit Rückenschmerzen auf.

Was sich jedoch nicht verändert hat, ist die Entschlossenheit unseres Mitarbeiterteams bei *Kaya Children International*, die jeden Tag mit den ihnen anvertrauten Kindern entscheidende Schritte im Leben und im Glauben tun.

Eines Tages werde ich meinen letzten Schritt auf dieser Erde gehen. Wenn dieser Tag kommt, kann ich dankbar zurückblicken auf die Liebe meiner Familie, Freunde und meiner Kirche, aber auch darauf, was mich die Straßenkinder von La Paz gelehrt haben.

Wenn Sie uns unterstützen möchten, können Sie das gerne tun über www.kayachildren.org.

Chi-Cheng Huang, MD
Boston, USA, Januar 2013

Eine weitere Biografie bei FRANCKE

Ron Hall, Denver Moore mit Lynn Vincent
Genauso anders wie ich
Eine unglaublich wahre Geschichte
ISBN 978-3-86827-307-6
280 Seiten, gebunden, viele Fotos

Ein moderner Sklave, ein erfolgreicher Geschäftsmann und die unglaubliche Frau, die beide zusammenbrachte.

»Genauso anders wie ich« ist die Geschichte eines gefährlichen Landstreichers, der wie ein Sklave auf den Baumwollfeldern Louisianas aufwuchs, eines Kunsthändlers von Rang und Namen, der in der Welt von Armani und Chanel zu Hause ist, und einer mutigen Frau, die die beiden zusammenbringt, weil sie konsequent ihren großen Traum verfolgt.

Es ist eine wahre Geschichte, die so unglaublich ist, dass kein Romanschriftsteller sie hätte erfinden können.
Sie nimmt ihren Anfang in einer brennenden Hütte auf einer Plantage in Louisiana, in einer mondänen Villa in Hollywood und – mitten im Herzen Gottes. Und sie mündet in einem faszinierenden Projekt, das eine ganze Stadt verändert und Tausenden neue Hoffnung bringt – initiiert von zwei Männern, die unterschiedlicher nicht sein könnten.
Packend und ergreifend schildern Ron Hall und Denver Moore ihre Geschichte, und durch alle Grautöne hindurch schimmert mit jeder Seite intensiver die leuchtende Liebe Gottes.